아리스토텔레스가 전하는 수사학의 9가지 비밀

설득의 원리

아리스토텔레스가 전하는 수사학의 9가지 비밀
설득의 원리

초   판 1쇄 발행 2010년 9월 10일
개정판 1쇄 발행 2014년 5월 1일

지은이 강태완
펴낸이 박경수
펴낸곳 페가수스

등록번호 제2011-000050호
등록일자 2008년 1월 17일
주소 서울시 노원구 화랑로 421 한일휴니스빌 1606호
전화 070-8774-7933 **팩스** 02-6442-7933
이메일 editor@pegasusbooks.co.kr

ISBN 978-89-94651-00-2 03100

ⓒ강태완, 2010.
이 책은 저작권법에 따라 보호받는 저작물이므로 무단 전재와 무단 복제를 금지하며,
이 책 내용의 전부 또는 일부를 이용하려면 반드시 저작권자와 도서출판 페가수스의 서면동의를 받아야 합니다.

이 도서의 국립중앙도서관 출판시도서목록(CIP)은 e-CIP 홈페이지(http://www.nl.go.kr/ecip)에서
이용하실 수 있습니다. (CIP제어번호: CIP2010003020)

※잘못된 책은 바꾸어 드립니다.
※책값은 뒤표지에 있습니다.

아리스토텔레스가 전하는 수사학의 9가지 비밀

설득의 원리

| 강태완 지음 |

페가수스

| 머리말 |

누구나 다 설득과 소통을 이야기 하는 시대를 살고 있다. 그러나 우리 사회 구석구석에서 소통이 잘 안되고 있다는 징후 역시 만연해 있다. 특히 정치영역에서의 소통장애는 우리 사회의 '민주주의 위기'와 바로 직결된다. 소통이 불통될수록, 소통의 근본으로 돌아갈 필요가 있다. 이 책은 소통에 관한 편법과 불통이 판치는 세상에 설득과 소통의 근본을 다시 생각해보고 그 원리를 정리하기 위한 시도이다.

아리스토텔레스의 〈수사학〉은 동서양을 막론하고 소통과 설득 분야를 처음으로 정리하고 체계화한 인류 최초의 그리고 최고의 저서이다. 커뮤니케이션학을 전공하는 입장에서 고전에 기반을 두고서 우리 사회의 소통현실을 좀 더 깊게 다루고 싶다는 욕심을 늘 품고 있었다. 아리스토텔레스의 수사학은 현대 커뮤니케이션 이론에 남긴 흔적이 남다른 설득과 소통에 관한 이론의 보고이자 '말터'다. 커뮤니케이션학을 전공하는 입장에서 〈수사학〉 안에 녹아있는 설득과 소통에 관한 이론의 근본과 뿌리를 찾아내고 해석하는 작업은 묵직하지만 즐거운 작업이 아닐 수 없다.

아리스토텔레스는 〈수사학〉을 쓴 목적이 설득하는데 있는 것이 아니라 설득하는 수단들을 '아는데 있다'고 못 박았다. 〈소피스트적인 논박〉과 함께 아리스토텔레스는 소피스트들에게 '사기' 당하지 않기 위한 교본이자 이론서로 〈수사학〉을 정리했다고 천명한다. 그러나

〈수사학〉을 단지 설득의 작동원리를 체계화한 '이론서'로만 이해하는 것은 그 의의를 너무 낮게 평가하는 것이다. 설득의 원리와 이론을 체득하면, 실제 설득할 수 있는 능력과 기술 역시 틀림없이 제고되기 때문이다. 돌려 말하면, 설득하는 수단이 무언지도 모르면서, 설득을 잘 할 수 있을 가능성 역시 높지 않다는 것이다. 따라서 나는 아리스토텔레스의 〈수사학〉을 설득을 체계화한 '이론서' 임과 동시에 설득 능력을 키우기 위한 '실용서'로도 읽을 수 있다고 보았다. 이론과 실천이 분리되지 않듯이, '수사의 이론체계'를 잘 아는 것과 수사적으로 '말을 잘하는 것'은 동전의 앞뒷면과 같기 때문이다.

이러한 전제에서 나는 아리스토텔레스가 〈수사학〉 전 3권에 걸쳐 조금은 느슨한 형태로 산재시킨 설득에 관한 여러 이론과 기법들을 정리하여 '설득의 9가지 원리'로 재구성했다. 설득에 대한 이해와 소통에 대한 기술이 필요한 독자들이 아리스토텔레스의 원뜻을 쉽게 이해할 수 있도록 〈수사학〉을 풀어보는 것이 이 책의 1차적인 목적이다.

이와 함께 2500여 년 전에 정리된 아리스토텔레스의 이론을 현대 커뮤니케이션이론의 관점에서 재해석하는 시도도 병행했다. 고대 그리스 시대에 정리된 설득에 관한 아리스토텔레스의 설명이 오늘날에도 여전히 유효한지, 유효하다면 그것이 어떻게 적용될 수 있는지, 그 작동원리는 무엇인지 등의 문제를 중심으로 〈수사학〉을 다시 재편집한 것이다. 이를 통해, 현대적 관점에서 고전을 다시 읽는 작업은 재미가 있고 쓸모 있는 일임을 입증해보고자 했다. 이 같은 목적 하에서 이 책은 아리스토텔레스의 〈수사학〉을 다음과 같이 재구성하였다.

효과적인 설득을 위한 '3-3-3 원리'라는 관점에서 에토스·파토스·로고스라는 세 가지 설득수단과 숙의적·과시적·사법적인 세 장르 그리고 효과적으로 메시지를 구성하는 방법으로서 아이디어 착상법·표현법·배열법이라는 세 가지 전략을 차례로 정리하였다. 아리스토텔레스의 〈수사학〉을 위의 9가지의 키워드로 풀어나간 셈이다.

이 책의 1차적인 독자 대상은 설득과 커뮤니케이션에 대해 잘 알고자 하는 사람이다. 나아가 설득과 커뮤니케이션을 실제로 잘하고자 하는 사람에게도 이 책이 도움이 되리라 기대한다.

책을 쓰는 작업도 소통이자 커뮤니케이션이다. 집필하는 내내 아리스토텔레스가 무엇을 말하고자 했는지를 두고 그와 대화하려고 애썼다. 〈수사학〉에 관한 많은 2차 저술의 저자들과도 '정신적'으로 소통하려고 노력했다. 나아가 내 주변의 관련 전공자들이나 전공 학생들과 나눴던 '실제적인' 소통도 이 책을 완성되는데 커다란 도움이 되었다.

이 책의 초고는 2009년 1학기 경희대학교 언론정보학부 전략커뮤니케이션 과목을 진행하면서 정리했고, 2010년 1학기 수사학 과목을 통해 마무리했다. 수업에 참여하여 좋은 아이디어를 내고, 열띤 토론을 했던 경희대학교 언론정보학부 학생들에게 먼저 감사의 뜻을 전하고 싶다. 비판적인 내부 독자인 '공감마루' 커뮤니케이션 연구소 식구들에게도 고마운 마음을 전한다.

  이 책의 기획에서부터 출판에 이르는 전 과정을 자기 일처럼 진행해 준 페가수스 출판사 박경수 사장에게도 고마움을 전한다. 그의 재촉이 아니었으면 이 작업은 무척 더디게 진행되거나 아직도 원고뭉치 상태로 책상 위를 뒹굴고 있었을 것이다. 마지막으로 이 책이 진행되는 전 과정에 늘 함께 하면서 격려를 아끼지 않았던 '가족'들에게 무한한 사랑을 보낸다.

2014년 봄, 천마산 자락에서
강태완

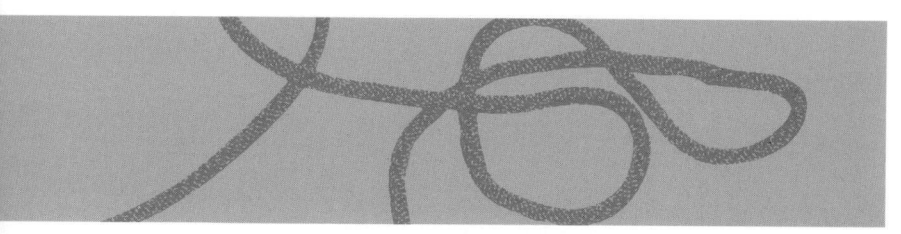

• 차례 •

머리말

1장 아리스토텔레스와 설득의 9가지 원리 ⋯⋯ 13
　| 보론 | 소피스트를 어떻게 볼 것인가 • 22

2장 믿을 만한 사람이 설득력 있는 사람이다
　　_에토스를 이용한 설득 전략 ⋯⋯ 37
　에토스는 뫼비우스의 띠 | 중용 속에 미덕이 있다
　경험이 주는 실천적 지혜 | 사심 없이 자유로운 마음

3장 상대방의 감정을 움직이게 하라
　　_파토스를 활용한 설득 전략 ⋯⋯ 65
　감정은 8가지 정서의 결합 | 분노를 불러일으키는 상황
　위기관리의 수사학 | 파토스의 양면성

4장 논리적으로 타당해 보이게 만들라
　　_로고스를 활용한 설득 전략 ⋯⋯ 87
　생략삼단논법 | 생략 가능한 전제들 | 예증법과 확신의 확장
　실체의 논리와 오류

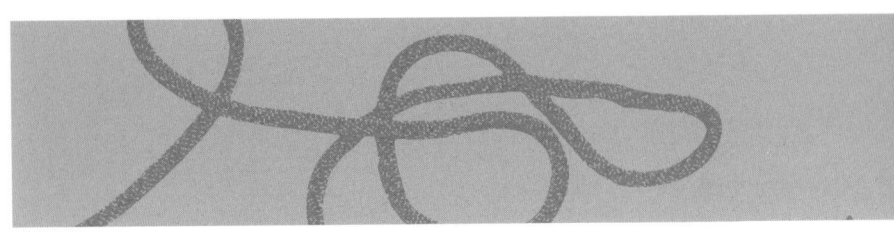

5장 정치적인 설득은 어떻게 이루어지는가
_숙의적인 영역에서의 미래에 대한 숙고 113
숙의, 행복한 삶에 대한 논의 | 토의와 토론의 차이
토론의 논의 구조 | 정책의 시뮬레이션

6장 사법적인 설득은 어떻게 이루어지는가
_사법적인 영역에서의 과거에 대한 판단 143
탐문 · 추리 · 알리바이 | 법적 공방

7장 대중 설득은 어떻게 이루어지는가
_찬사와 비난의 과장 163
과시를 통한 구분과 차별 | 국민 MC와 상징공동체

8장 설득을 위한 아이디어 착상법 185
아이디어 구상 | 토포스와 아이디어의 이동
아이디어의 틀: 프레임 | 프레임과 생략삼단논법
| 실습 | 프레임 분석 • 218

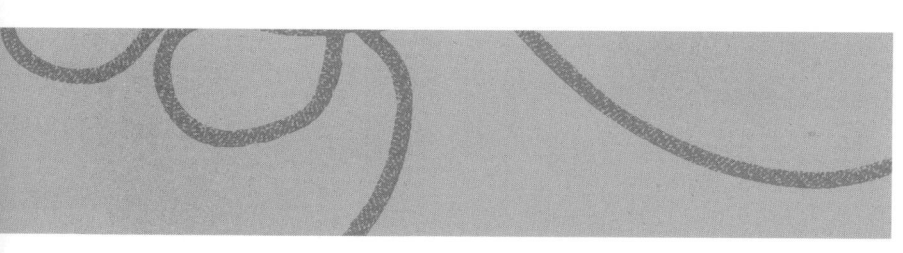

9장 메시지를 표현하는 전략 ⋯⋯ 221
에토스와 대인관계에서의 영향력 | 청중의 공감을 부르는 표현 전략
로고스를 활용한 증명 전략 | 논리적 표현과 일상의 오류

10장 메시지를 배열하는 전략 ⋯⋯ 243
서론부의 구성전략 | 진술부의 구성전략
증명부의 구성전략 | 결론부의 구성전략 | 각 장르의 배열 구조
| 실습 | 메시지의 배열과 필수 쟁점 • 265

11장 아리스토텔레스의 수사학을 넘어서 ⋯⋯ 269
표현된 말과 표현되지 않은 의도 | 고맥락 사회에서 눈칫밥 먹기
'조하리 창'과 자아의 4가지 유형
자아의 4가지 유형과 의사소통행위이론
| 실습 | 조하리 창을 활용한 자아 평가 • 294

에필로그 수사학이 꿈꾸는 커뮤니케이션의 이상 ⋯⋯ 297

참고문헌 ⋯⋯ 302

일·러·두·기

본문에 등장하는 〈수사학〉 인용표기는 아리스토텔레스의 저작을 표시하는 표준적 관례에 따라 임마뉴엘 베커(Immanuel Bekker)가 편집한 그리스어 텍스트 페이지 표시(Berlin, 1831)를 따랐다. 이 표시에 의하면 〈수사학〉은 1354~1420쪽에 걸쳐 편찬되었다. 따라서 본문 중에 등장하는 인용쪽수, 예를 들어 '1354a'는 베커 판 1354쪽 왼쪽 란을 의미한다.

아리스토텔레스의 또 다른 저술인 〈니코마코스 윤리학〉은 베커 판 1094~1181에 해당한다. 이 책의 본문 가운데 수사학의 경우만 저서 표기 없이 베커 판 페이지 표기를 썼으며(예: 1355b), 그 밖에 아리스토텔레스의 저술들은 앞에 저술 명을 밝히고 그 다음에 베커 판 페이지 표기를 병행하였다(예: 니코마코스 윤리학, 1094a).

1

아리스토텔레스와 설득의 9가지 원리

01

　현대 사회를 일컬어 정보사회라고 한다. 말 그대로 각종 정보가 난무하는 사회다. 정보가 모자라는게 아니라 넘쳐서 문제인 사회다. 이 같은 과잉정보 상황에서도 우리는 늘 '소통'을 갈망한다. 정보가 곧 소통을 담보하지는 않는다는 말이다. 정치권에서는 소통정치를 구호로 삼고, 기업에서는 소통경영을 말하며, 소통학이라는 학문분야마저 생겨났다.
　일상으로 돌아와 우리 주변을 보면 늦은 밤까지 소주잔을 기울이며 직장동료나 지인들에게 열변을 토하고, 내 진심을 몰라주는 상대를 붙잡고 서로 소통하려고 안간힘을 쓴다. 서점에 널려있는 '설득'에 관한 실용서들 속에는 내 메시지를 정확하게 전달하여 뜻대로 상대를 움직일 수 있는 비법들이 가득하다. 그러나 책에 담긴 비전秘傳을 활용해서 세상을 설득시킬 수 있을 만큼 소통이 그리 단순한 것은 아니다.
　설득과 소통에 대한 갈망과 아쉬움이 비단 오늘의 문제만은 아니었나 보다. 2500여 년 전 고대 그리스 시대에도 이에 대한 관심이 요즘만큼 치열했다. 흔히 궤변론자라 일컬어지는 소피스트들과 이에 맞선 소크라테스와 그 문하생들, 양자의 관점을 적절하게 종합하여 집대성한 아리스토텔레스에 이르는 일련의 수사학rhetoric 관련 논쟁들이 이를 잘 보여준다.

수사학이 학문적 체계를 이룰 수 있었던 것은 전적으로 아리스토텔레스의 노력 덕분이다. 그러나 이후 2천년이 넘도록 학문적 공백기가 이어진다. 페렐만Perelman, Chaim의 《신수사학》과 툴민Toulmin, Stephen의 《논변의 사용》 등이 출판된 1960년대에 이르러 비로소 수사학을 현대의 관점에서 재조명하는 노력이 다시 시작되었다. 20세기 후반으로 들어오면 광고와 홍보와 같은 상업적인 커뮤니케이션이 증대되고 다양한 영상물들이 뉴미디어를 매개로 광범위하게 확산된다. 이를 계기로 설득의 수사학이 언어적인 차원을 넘어 영상이나 이미지에까지 확장되게 되었다. 이에 롤랑 바르트는 20세기야 말로 '새로운 수사학의 시대'라고 선언한 것이다.

언어와 미디어 환경의 급격한 변화 속에서도 아리스토텔레스의 수사학은 여전히 설득을 위한 수사학의 교과서이자 지침으로서 독보적인 위상을 유지하고 있다. 도대체 그 이유는 무엇일까? 이 책은 바로 이 질문에 대한 답을 찾으려는 사람들을 위한 안내서다.

'아리스토텔레스 이후 하늘 아래 새로운 것은 없다'고 거론될 정도로 역사상 가장 뛰어난 학자라 할 수 있는 아리스토텔레스. 그는 말과 설득에 관한 주제를 수사학이라는 이름하에 이론적으로 정리한 인류 최초의 인물이기도 하다.

아리스토텔레스의 〈수사학〉은 모두 3권으로 구성되어 있다. 1권은 설득력 있게 주장을 펼칠 수 있는 조건과 근거의 유형에 대해 다룬다. 설득의 근거로 활용되는 에토스ethos, 파토스pathos, 로고스logos의 문제이다. 아울러 수사학의 대표적인 세 장르로 사법적, 정치적, 과시적 영역을 소개한다. 수사학 2권은 주로 화자의 에토스에 대한 논의와 다양한 감정들을 묘사하고 있으며 심리발현술 나아가 장르에 따른 수사적 기법들인 생략삼단논법, 예증법, 과장법을 다룬다. 3권은 좁은 의미의 수사학인 미사여구법과 배열법 등을 다루고 있다.

아리스토텔레스는 "수사학의 고유기능은 설득하는데 있는 것이 아니라 설득하는 수단을 아는데 있다(1355b)"고 했다. 아리스토텔레스가 〈수사학〉을 소피스트들에게 사기당하지 않게 하기 위한 교본으로 구성했지만, 설득하는 수단도 모르면서 설득을 잘 할 수 있을 가능성 역시 높지 않다. 따라서 〈수사학〉을 단지 설득의 원리를 체계적으로 정리한 '이론서'로만 이해하는 것은 그 의의를 너무 낮게 평가하는 것이다. 설득의 원리를 체득하고 나면, 설득의 능력 역시 제고될 것이 틀림없기 때문이다. 따라서 아리스토텔레스의 〈수사학〉은 원래 정리한 의도와 달리 설득을 위한 '실용서'로도 볼 필요가 있다.

아리스토텔레스 당시에는 소피스트들을 중심으로 수사적인 실천이 넘쳐났지만, 이를 체계화하는 작업은 없었기 때문에 의도적으로 '이론'이라는 의미를 전면에 내세웠을 가능성이 높다. 반대로 오늘날에는 말과 설득에 관한 '실용서'들이 넘쳐나고 있지만, 아리스토텔레스의 〈수사학〉처럼 확고한 이론적 체계에 기반을 둔 실용서를 찾기가 쉽지 않다. 수사학을 잘 아는 것과 수사적으로 말을 잘하는 것은 동전이 앞뒷면이기 때문에, 환경과 시대의 변화에 따라 전략적 판단과 강세의 변화가 있을 뿐이라고 볼 수 있는 것이다.

그렇다면 〈수사학〉에서 아리스토텔레스는 설득의 비법을 어떻게 전하고 있는가? 어떻게 설득을 해야 가장 효과적일까? 아리스토텔레스는 자신의 주장을 근거를 통해 '입증' 할 때 설득이 가능하다고 말한다. 자신의 주장만 반복해서 외쳐봤자 사람들이 그 말을 믿고 따를리 없다는 얘기다. 근거 없이 주장만 강조하는 것은 '단언' 일 뿐이며, 이렇게 해서는 설득되지 않는다. 아리스토텔레스가 〈수사학〉에서 다루는 주요 내용이 바로 주장의 설득력을 높이기 위해 논거들을 만들어내는 기술들에 관한 것이라 해도 과언이 아니다.

나는 아리스토텔레스가 말하는 설득의 비밀을 '3-3-3 원리' 라고 이름 붙였다. 아리스토텔레스가 전하고자 하는 수사학의 핵심 키워드이자 이 책의 전체적인 구성을 이루는 9가지 개념은 다음과 같다.

1) 효과적인 설득을 위한 세 가지 근거
아리스토텔레스는 효과적인 설득은 근거를 통해 주장을 펼칠 때 가능하다고 보았다. 이때 우리가 말의 기술을 동원하여 제시할 수 있는 근거는 다음과 같다.

- 에토스 : 말하는 사람의 인품이나 지식, 전문성이나 경험 등을 설득의 근거로 제시하는 것을 말한다. 이를 아울러서 화자의 품성이라고 말한다. 말하는 사람의 품성이 듣는 사람에게 믿음을 줄 때, 그가 말하는 내용을 쉽게 믿는 경향이 있다.
- 파토스 : 말을 듣는 사람의 마음을 의미한다. 말하는 사람이 듣는 사람의 기쁘거나 슬픈 감정의 상태를 파악하고, 이를 동원하여 마

표 1 • 설득의 3-3-3 원리

설득 수단	장르	메시지 전략
에토스	정치적	착상법
로고스	사법적	표현법
파토스	과시적	배열법

음을 움직일 때 설득의 효과는 증폭될 수밖에 없다.
- 로고스 : 듣는 사람을 논리적으로 설복시키는 경우를 말한다. 논리는 말 자체에 자기 완결성을 가진다. 말 자체가 타당하게 들리면 듣는 사람은 말하는 사람의 논리를 따라 갈 수밖에 없다. 따라서 논리적 설득은 가장 합리적인 설득 방법이라고 할 수 있다.

2) 설득의 세 장르

효과적으로 설득하기 위해 아리스토텔레스는 설득이 이루어지는 장field을 구분할 것을 요구한다. 말이 전달되는 장이 다르면, 그 말을 듣는 수용자도 달라진다. 서로 다른 수용자를 설득하기 위해서는 설득하는 방법도 달라져야 효과가 극대화된다.
- 숙의적 장르: 이 영역은 정책과 같은 미래의 판단을 다루는 분야이다. 숙의란 심사숙고하여 의논한다는 뜻이다. 오늘날 정치 분야와 같이 한 사회의 미래 방향을 논의하는 장르가 여기에 속한다. 이 장르에서 활용되는 중요한 수사적인 기법은 정책적인 선례나 외국의 사례 등을 동원하는 예증법이다.
- 사법적 장르: 이 영역은 과거의 잘잘못을 놓고 정의의 관점에서 판

단을 내리는 분야이다. 법정에서 이루어지는 검사와 변호사의 공방이 이에 속하는 대표적인 사례이다. 이 장르에서 활용되는 중요한 수사적인 기법은 진실에 가까운 추론을 가능하게 해주는 생략 삼단논법이다.
- 과시적 장르: 이 영역은 결혼식이나 기념식 등 식장에서 행해지는 연설과 같은 분야를 말한다. 과시라는 표현에는 말하는 사람이 찬사를 보내거나 비난을 하는 대상을 드러내 보여준다는 의미가 담겨 있다. 오늘날 대부분의 식장 연설이 여기에 속한다. 이 장에서 활용되는 중요한 수사적인 기법은 듣는 사람들의 마음 상태를 과장되게 표현하여 공감을 이끌어내기에 적합한 과장법이다.

3) 설득 메시지 구성을 위한 세 가지 전략

마지막으로 아리스토텔레스는 설득적인 메시지를 작성하기 위한 세 가지 전략을 제시하고 있다. 착상법, 표현법 그리고 배열법이 그것이다.
- 착상법: 이는 어떠한 아이디어로 메시지를 구성하는 것이 가장 효과적일지를 고민하는 단계이다. 메시지의 사전 구상단계라고 할 수 있다. 설득적 메시지를 작성하기 위해서는 우리 사회에서 상식적으로 통용되는 화젯거리를 살펴볼 필요가 있다. 이 같은 소재들을 모아 놓은 것을 아리스토텔레스는 공간적인 개념을 동원하여 말터(토포스)라고 표현했다. 아울러 말과 말을 연결하는 틀짓기(프레임) 작업도 착상에서 중요하다. 아리스토텔레스는 이를 은유 기법으로 설명하고 있다. 착상이 메시지 전략 전체에서 차지하는 비중은 거의 절대적이다. 착상을 잘하면 표현이나 배열은 그냥 따

라오지만, 착상을 잘못한 메시지의 경우는 아무리 포장을 잘하고 배열을 잘해도 좀처럼 설득력을 얻기 힘들다.
- 표현법: 표현법은 좁은 의미에서의 수사적인 기법을 놓고 고민하는 것을 말한다. 문체에 대한 고민이 이에 해당된다. 〈수사학〉에서 자주 언급되는 대표적인 표현기법으로는 생략삼단논법, 예증법 그리고 과장법이 있다.
- 배열법: 배열은 착상과 표현의 결과로 도출된 메시지를 효과적으로 배치하여 설득의 힘을 배가시키는데 동원되는 원리를 일컫는다. 아리스토텔레스는 메시지를 서론부-진술부-증명부-결론부의 4분할 구조로 구성하는 것이 효과적이라고 보았다.

효과적으로 설득하기 위해 아리스토텔레스가 제안한 이 9가지 원리만 제대로 숙지해도 우리의 설득과 소통 능력은 저절로 올라갈 수 있다고 본다. 이 원리에 대한 상세한 논의는 2장부터 10까지 모두 아홉 장에 걸쳐 하나하나 짚어 나가겠다.

이보다 먼저 우리가 해야 할 일은 아리스토텔레스의 〈수사학〉을 보다 입체적으로 읽기 위한 배경지식을 익히는 것이다. 이를 위해서는 당시 고대 그리스 사회의 말을 둘러싼 환경과 말로 먹고살았던 소피스트들의 활동에 대한 이해가 필요하다. 다음에 이어지는 〈보론: 소피스트를 어떻게 볼 것인가〉 부분은 아리스토텔레스의 수사학이 형성된 배경에 대한 이해를 돕기 위한 설명이다. 따라서 아리스토텔레스의 설득의 원리를 이해하고 활용하는 것이 우선인 독자들은 곧바로 2장으로 넘어가도 좋겠다.

〈보론〉 소피스트를 어떻게 볼 것인가

설득과 소통에 대한 오래된 관심

수사학이 아리스토텔레스 혼자만의 노력으로 체계화 된 것은 아니다. 그가 등장하기 전에는 긍정적인 의미에서든 부정적인 차원에서든 궤변론자라고 부르던 소피스트들의 활약상이 두드러졌다. 기원전 5세기 무렵부터 고대 그리스에서 활약했던 소피스트들은 '지혜를 사랑하는 사람' 이라는 말뜻에서 읽을 수 있듯이 당대의 '현자' 들이었다. 오늘날의 민주주의제도 보다도 더 발달된 원형적 민주제도를 운영한 것으로 알려진 그리스 시대의 소피스트들은 요즘 표현으로 하면 말로 사람을 설득하는 기술을 가르치는 '교사' 이자 '컨설턴트' 였다.

소피스트들은 자문을 구하는 쟁점이 무엇이든 간에 그 속에서 의뢰인에게 유리한 설득 수단들을 발견할 수 있는 기술을 갖춘 사람들이었다. 당시 법정은 자신의 이해관계와 관련한 다툼이 벌어졌을 때, 오늘날과 같이 변호사를 통해 자신의 입장을 대리하는 것이 아니라, 이해당사자가 스스로 자신의 정당함을 입증하는 제도였다. 따라서 말로 사람을 설득하는 남다른 스킬과 노하우를 가지고 있었던 소피스트들의 집 앞에는 이 기술을 배우고 활용하려는 사람들로 문전성시를 이루었다.

고대 그리스 시대에는 '수사적인 능력' 이 그리스 시민 누구나 갖추어야 할 중요한 덕목 가운데 하나였다. 이는 말에 대한 당시의 독특한 시각 때문이다. 당시에는 말을 할 수 있느냐 여부는 동물과 비교해서 인간만이 지닐 수 있는 가장 본질적인 차이였다. 말은 인간을 더욱 인간답게 만드는 도구이자 기술이었던 셈이다. 이에 아리스토텔레스는 "인간에게 있어서 말의 사용이 육체의 사용보다 더 고유하고, 자신의 육체를 스스로 방어할 수 없는 것이 부끄러운 일이라고 한다면, 말로 자신을 보호할 수 없음을 부끄러워하지 않는 것 역시 불합리한 일이다(1355b)"라고 밝혔다. 인간이 자기 몸을 스스로 지키지 못하는 것이 부끄러운 일이듯이 말로 자신을 지키지 못하는 것도 부끄러운 일이라는 얘기다. 따라서 소피스트에게 말을 배워서 법적 분쟁이나 정치적 이해관계 속에서 자신을 지키고자 했던 그리스 시민들의 노력 또한 이러한 관점에서 이해할 수 있을 것이다.

아리스토텔레스가 소피스트들과 공유했던 말에 대한 기대에도 불구하고, 둘 사이에 생각이 갈라지는 지점이 있다. 아리스토텔레스는 자신과 소피스트와의 차이를 다음과 같이 말한다. "한 사람을 소피스트로 만드는 것은 자신의 능력이 아니라 자신의 의도(1355b)"라는 것이다. 다시 말해 설득 능력이 있느냐 없느냐로 소피스트와 자신을 구분하는 것이 아니라, 어떤 의도를 가지고 설득에 임했느냐에 따라 그들과 자신을 구분할 수 있다고 보았다. 결국, 사람을 현혹하려는 의도로 설득을 하면 이는 설득이 아니라 사기이자 궤변이 되지만, 진실을 밝히려는 목적으로 사실에 기반을 둔 설득을 하면 수사적 기법이 된다는 얘기다. 오늘날 궤변론자라 불리며 온갖 험한 비난을 한 몸에 받고 있는 소피스트들에 대한 부정적 평가는 아리스토텔레스가 내린 이러한 평가의 연장선상에 놓여있다고 볼 수 있다.

그렇다면 당시 소피스트들은 어떤 의도를 가지고 소통에 임했을까? 왜 아리스토텔레스는 소통을 능력이 아닌 의도의 관점에서 보아야 한다고 생각했을까? 그리고 소피스트에 대한 아리스토텔레스의 평가는 과연 정당한 것인가? 아리스토텔레스의 설득의 수사학을 정리하는 작업은 필연적으로 소피스트들의 생각을 읽어보는 작업으로부터 출발할 수밖에 없다.

야단법석의 의사소통 환경

수사학이 탄생한 곳은 고대 그리스의 중심인 아테네가 아니라 변방의 시칠리아 섬이었다. 바르트가 쓴 《옛날의 수사학》에서는 수사학의 기원을 소유권 분쟁에서 찾는다. 정치적인 권력이동에 따라 토지소유권이 모호해지면서 이와 관련한 소송이 줄을 이었고, 당사자들의 경제적 이해관계를 관철시키기 위해 법정이라는 새로운 법적 장치가 만들어졌다. 이 법정의 민간 배심원을 설득하기 위한 말에 대한 관심이 수사학의 기원이 되었다는 것이다.(Barthes, 1985)

이처럼 수사학은 의회와 법정이라는 그리스의 독특한 제도적 장치를 배경으로 생성되었다. 의회에서의 말은 중요한 정책적 의사결정을 하기 위한 공적인 수단으로 기능한 반면, 법정에서는 주로 사적인 이해관계의 충돌을 해결하고, 판단하기 위해 말을 동원했던 것이다.

당시 법정은 1년에 200일 정도 열렸고, 재판은 30세 이상의 시민들 중 제비뽑기에 의해 선출된 배심원의 몫이었다. 배심원단은 사적인 사건의 경우 201~401인의 위원으로 구성되었고, 공적인 사건의 경우에는 501인 이상 많게는 2,500명의 위원으로 구성되었다. 정치적 공간인 의회는 1년에 30~40회 소집되었고, 6,000명의 투표인단 (또는 아테네 시민 전체 구성원의 5분의 1) 이 모이면 법적으로 효력을 갖는 결정을 내릴 수 있었다고 한다. 의회에서는 일련의 연설들이 토론 형식으로 있은 후에 참석한 시민들의 투표로 사안이 결정되었다.(김헌, 2008)

이렇듯 그리스의 일상은 말로 시작해서 말로 끝을 보는 형편이었다. 더군다나 법정이나 의회의 청중 수가 최소 200명에서 많으면 수천 여명에 이르는 상황에서 그들의 주목을 끌고 자신이 말하는 바를 정확하게 전달하기는 쉽지 않았을 것이다. 소피스트들이 그리스 시민들에게 사람들을 설득하는 능력을 길러주겠다고 나서고 이 능력을 기반으로 현자의 자리를 차지할 수 있었던 것도 이 같은 야단법석인 의사소통 환경에 기인한다고 볼 수 있다.

당시 소피스트들은 자신들의 능력에 대해 자신만만했다. 프로타고라스는 "내게 배우는 사람은 매일 매일 더 나은 사람이 되며 더 나은 상태로 발전하는 것을 경험하게 될 것이다. 내가 가르치는 것은 개인적인 일 뿐만 아니라 공적인 폴리스도시국가 생활을 하기 위해 필요한 '좋은 생각'을 갖도록 해준다. 특히 폴리스에 관한 일에서 아주 유능하게 행동하고 말할 수 있도록 해 준다"고 공언했다. 실제로 프로타고라스는 돈을 걸고 논변경시logon agonas를 열었고, 웅변을 가르치는 선생들 중에서 강의료가 가장 비싼 선생이라는 유명한 일화도 남아있다. 고르기아스 역시 "의사와 수사학자를 놓고 군중들 앞에서 의사를 뽑으라고 한다면 수사학자를 의사로 뽑을 것이다"라고까지 말할 정도였다. 수사학자가 의사보다 더 나은 의사라는 식의 발상은 요즘 말로 '건방이 하늘을 찌르는 생각'이 아닐 수 없다.

이 같은 소피스트들에 맞서는 최전선에는 잘 알려져 있듯이 소크라테스가 서있었다. 소크라테스는 의사가 수사학에 대해 훌륭한 소양을 쌓으면 수사학자들이 의술에 끼어들 여지가 줄어들기 때문에 의학, 철학, 법학과 같은 진정한 로고스를 다루는 학문과 수사학은 다르다고 반박했다. 나아가 지식을 제쳐두고 믿음만을 근거로 하는 설득과, 지식이나 인식을 바탕으로 하는 설득을 구별하면서, 수사학은 전자에 해당한다고 보았다. 소크라테스는 소피스트들이 겉보기만 아름답고, 의견에 근거를 두고 있으며, 해롭고, 편한 것만을 찾는다고 강하게 비판했다. 결국 지식을 기반으로 하지 않은 로고스, 믿음만을 근거로 한 설득, 재주의 탈을 쓴 아첨으로서 수사학은 '영혼을 홀리는 기술을 가르치는 사기 행위'라고 본 것이다.

플라톤 역시 스승인 소크라테스와 생각이 같았다. 플라톤은 소피스트를 가리켜 배움을 파는 사람이자, 돈을 벌기 위해 쟁론술을 행하는 사람, 심지어 실재보다는 현상과 의견에 근거를 둔 모순을 만들어내는 철학의 거짓된 야바위꾼으로 묘사했다. 소피스트의 수사학은 가변적이고 모순적인 여론이나 상식에 근거하기 때문에 로고스의 영역에 있는 진리의 적이라는 것이다. 소피스트들은 덕을 가르친다고 하면서 실제로는 거짓된 말의 기술을 가르쳤기에 진지한 사상가가 아니며, 부도덕한 실용학문을 퍼트렸기에 철저하게 비윤리적인 존재라는 것이 그의 생각이었다.
(Kerferd, 1981/2003)

플라톤의 눈에 소피스트들은 "자신이 원하는 사람을 설득하고, 무엇이든 증명하고, 가장 약한 논거를 강하게 하여 자기주장을 관철시키는 것을 뽐내는" 사람이었다. 따라서 수사학은 프로타고라스의 주장처럼 폴리스 생활에 필요한 기술이 아니며, 그보다는 '폴리스 생활에 필요한 기술의 한 부분의 허깨비'이며 사람들을 속이는 사기술이라고 보았다.

그러나 플라톤은 수사학이 거짓과 부정의를 포장하는 언어의 화장술이나 감미로운 언어의 요리술이 될 때는 위험하지만, 진리와 정의에 기초한다면 수사학도 이상적일 수 있다는 점을 역설적으로 인정하였다. 이 부분이 바로 플라톤의 제자인 아리스토텔레스가 강조한 소통의 의도와 연관된 대목이기도 하다. 소통의 능력이 문제냐 소통의 의도가 문제냐 하는 생각을 정리한 플라톤은 이른바 '두개의 수사학'을 다음과 같이 구분했다.(Barthes, 1985)

1) 현실의 수사학(즉 나쁜 수사학)은 어떤 담론이든 상관없이 쓰기만 하는 행위인 기교적 산물술logograhpie에 의해 구성되며, 그 목적은 사실임직함, 즉 환상에 있다. 그것은 수사학자, 학교, 고르기아스와 소피스트의 수사학이다.

2) 당위의 수사학은 진정한 수사학이자 철학의 수사학 혹은 변증법이기도 하다. 그 목적은 진실에 있으며, 이를 심리발현술psychagogie (말에 의한 영혼의 성숙)이라고 부른다.

플라톤은 수사학을 "말로 마음을 이끌어 가는 것"이라고 정의했다. 웅변가는 청중의 심성을 알고 판단할 수 있어야 하며, 마음을 쉽게 얻으려면 적절한 연설을 찾아내어 배열하고 꾸밀 줄 알아야 한다는 얘기다. 이 점에서 플라톤의 수사학은 서적이나 글이 아니라 말을 통한 개인적인 대화ad hominatio를 추구한다. 이상적인 대화는 고양된 사랑으로 이어진 교사와 학생간의 대화이다. 이 대화는 소크라테스의 산파술을 연상시킨다. 대화를 통해 누군가를 설득하는 것이 아니라 함께 생각하고 소통하는 일이 진정한 수사학의 역할이라는 것이다. 따라서 플라톤의 수사학은 '사랑의 대화'의 다른 말이다.(Barthes, 1985)

플라톤의 사랑의 수사학

바르트의 《옛날의 수사학》에는 플라톤의 소피스트에 대한 생각을 정리한 홍미로운 개념분류도가 제시되어 있다. 플라톤은 후기 저작(소피스테스)에서 변증법인 '개념분류법'을 발전시켰다. 여기서 개념이란 참된 존재ontos on인 이데아idea를 말하며, 변증법은 참된 존재들의 관계 곧 이데아들 사이의 관계를 밝히는 방법을 의미한다. 플라톤의 개념분류법에 따르면 모든 존재물은 계층적 위계구조hierarchie를 이룬다. 이에 근거하여 '포르피리오스의 나무tree of porphyrios'라는 개념분류도와 존재의 연쇄great chain of beings라는 개념이 발전했다. 28쪽 그림과 같은 개념분류도에 따라 하나의 존재는 생물과 비생물로 구분되고, 생물은 동물과 비동물로 구분되며, 동물은 다시 인간과 비인간으로 구분된다. 바르트는 이 같은 개념분류작업을 '두뇌공학적인 또는 디지털식의 프로그램과 유사'하다고 보았다.(김용규, 2007)

이 방식에 입각한 플라톤의 소피스트에 대해 생각을 개념분류도 방식으로 정리한 것이 29쪽 그림과 같은 바르트의 도식이다. 이 개념분류도에

■ 플라톤의 개념분류도의 예

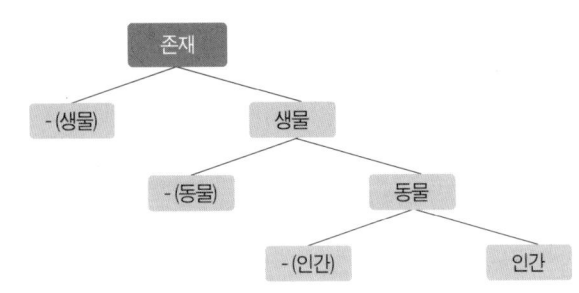

따르면 소피스트에 대한 정의는 가장 마지막 계단인 '금전을 위해'에서부터 한 단계씩 계단을 올라가서 '길들여진 인간'이라는 마지막 계단까지를 포괄하는 개념의 망으로 구성된다. 즉 플라톤은 소피스트를 '금전을 위해-영리로-개인적으로-설득하는-길들여진 인간으로-뭍에 사는 사냥감을 추적하는 추적자'로 보았다. 플라톤의 입을 빌면 "제것으로 하는 기술(장악술/획득술) 가운데 사냥술, 그것 가운데 동물사냥, 그것 가운데 맨땅에 사는 것의 사냥(발짐승 사냥), 그것 가운데 인간사냥(길들인 동물사냥술), 그것 가운데 개인 사냥(설득에 의한 사냥), 그것 가운데 보수를 현금으로 받는 기술, 그것 가운데 지식이 아닌 의견을 교육하는 기술, 그것 가운데 부유하고 명문 출신인 젊은이들의 사냥으로 이루어진 것이 소피스테스술spohistike(플라톤, 소피스테스)"이라는 것이다. 계단을 따라 한 단계씩 내려가면서 이를 좀 더 상세하게 설명해보자.

플라톤은 인간이 이성의 부분logistikon과 욕망의 부분epithymetikon 그리고 격정의 부분ehymoedies으로 구성되어 있다고 보았다. 이성의 부분은 이렇게 저렇게 따져가며 셈하고 논리적으로 추론하는 기능을 하며, 욕망의 부분은 뭔가 모자랄 때 필요한 것을 채우고 쾌락을 좇으며, 격정의 부분은

■ 소피스트에 관한 개념분류도

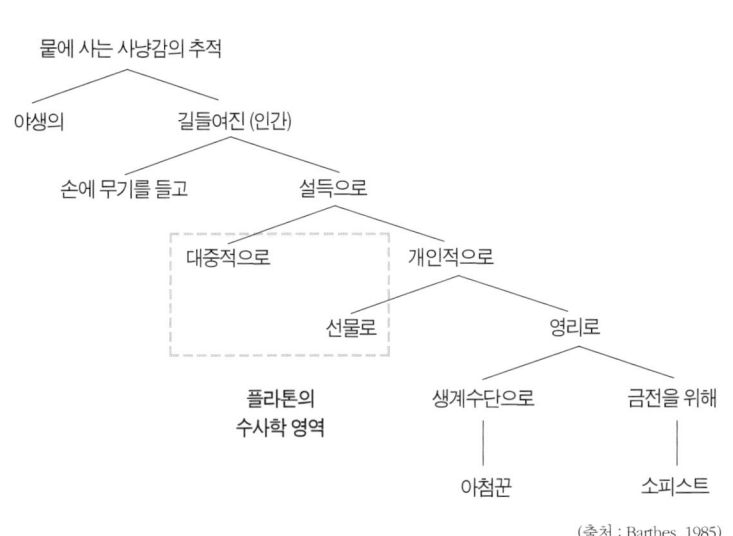

(출처 : Barthes, 1985)

생각과 행동에 에너지를 북돋는 부분이다. 이 가운데 욕망과 격정의 부분은 인간과 야생동물 둘 다 가지고 있는 부분이다. 그렇기 때문에 도식 맨 위의 단계에서 볼 수 있듯이 배가 고플 때 배를 채우기 위해 '뭍에 사는 사냥감을 추적' 하는 욕망과 격정은 인간과 동물이 함께 공유하고 있다.

　인간에게 고유한 부분은 두 번째 계단에 자리 잡고 있다. 즉 '손에 무기를 들고 사냥감을 추적하는' 도구를 사용하는 모습이나 설득으로 사냥감을 굴복(?)시키는 언어를 사용하는 모습이 그것이다. 특히 말 즉 로고스와 이성 즉 프쉬케는 인간을 가장 인간답게 만드는 고유한 것이다. 플라톤은 진정한 인간이라면 로고스인 말이 중심역할을 하면서 프쉬케인 이성을 끌고 가야 한다고 주장한다. 이 점에서 플라톤이 두 번째 계단에 위치한 말에 의한 설득 자체를 전적으로 부정적으로 보았던 것은 아니라는 것을 잘 알 수 있다.

세 번째 계단은 대중과 개인이 대비되어 구분되어 있다. 여기서 대중은 폴리스 중심의 공민으로의 삶 즉 공적인 영역을 의미한다. 반면 개인이란 오늘날의 용어로 사적 영역이다. 플라톤은 소피스트들이 법정을 무대 삼아 설득을 노리지만, 사적인 차원에서만 설득의 기술을 활용하기 때문에 참된 기술이 될 수 없으며, 경험적 수습책에 불과해진다고 보았다. 또한 폴리스 생활에 필요한 기술 자체를 가르치는 것이 아니라 그 한 부분의 '허깨비'만을 가지고 사람들을 속이는 사기꾼이라고 악평하였다. 이 같은 못된 소피스트가 창궐했던 것도 사실이다. 그래서 소크라테스가 칭찬한 유일한 소피스트인 이소크라테스조차 〈소피스트를 반박하며〉라는 연설문에서 다음과 같이 당대의 소피스트의 악행을 비판하고 나섰다.

"지혜를 가르친다는 사람들과 행복을 전수해주겠다는 사람들 자신이 많은 점에서 부족하면서 학생들에게 쩨쩨한 금액을 지불하라고 요구한다는 사실과, 말에서는 모순이 있나 없나 찾아내려 노려보면서도 실천에서는 주의를 기울이지 않는 사실과, 미래에 일어날 일에 대해서는 알고 있는 시늉을 하면서도 현재 필요한 것에 대해서는 한마디 말도 못하고 어떤 조언도 주지 못한다는 사실과, 지식을 갖고 있다고 공표하고 다니는 사람들보다는 오히려 상식에 충실한 사람들이 합의점을 더 잘 찾아내고 더 많은 성공을 거둔다는 사실을 잘 헤아려본다면, 그들(일반대중들)은 저들(소피스트들)을 경멸할 것입니다. 그런 식으로 인생을 살아가는 것은 일종의 객설이며, 아주 치사한 일인 반면 진정 영혼을 돌보는 일은 아니라고 생각할 것입니다.(김헌, 2008)"

다시 말해 노골적인 영리추구와 언행불일치, 현실참여의 부재, 공허한 지식 등이 당대 나쁜 소피스트들이 욕을 먹었던 주된 이유였던 것이다.

다섯 번째 계단에서는 선물과 영리가 대비된다. 선물이란 포틀래치 북서태평양 연안 아메리카 인디언의 선물 분배 행사를 연상시키는 개념이다. 선물은 능동적 투항에 관한 구체적 증거로서 근대적인 '교환' 과 원시적인 '희생' 의 중간에 위치한다.(권용선, 2003) 플라톤은 고양된 사랑으로 이어진 스승과 학생간의 개인적인 대화를 이상적인 수사학으로 간주했다. 바르트에 따르면 이 대화는 응답자(학생)의 양보에 의해 보장받는다. 다시 말해 학생의 능동적인 투항이나 자발적인 희생이 플라톤식 사랑의 수사학의 요체인 셈이다. 이 대목에서 우리는 한 소피스트와 그의 제자 사이에 벌어진 분쟁에 관한 유명한 일화 〈코락스의 딜레마〉를 떠올리게 된다.

연설의 기술에 대한 열정을 가진 한 젊은이(티시아스)가 남을 설득시키는 기술이라는 말을 듣고 자기가 이런 기술을 얻고자 코락스를 찾아갔다. 그러나 코락스로부터 더 이상 배울 것이 없게 되자 티시아스는 스승에게 약속한 보수를 주지 않기로 마음먹었다. 배심원들이 한자리에 모이자 티시아스는 코락스를 다음과 같은 딜레마에 빠트렸다.
"코락스, 당신이 내게 무엇을 가르쳐주겠다고 약속했지요?"
"자네가 원하는 사람을 설득시키는 기술이었지."
"그렇다고 합시다. 당신이 내게 그 기술을 가르쳐주었다면, 내가 당신에게 보수를 받지 말라고 설득하면 이를 받아들여야 하오. 그렇지 않고 당신이 내게 그 기술을 가르쳐주지 않았다면 나는 돈을 지불할 필요가 없소. 당신은 약속을 지키지 않았으니까."
그러자 이번에는 코락스가 반격에 나서며 티시아스를 딜레마에 빠트렸다.
"만일 자네가 나에게 한 푼도 받지 말라고 제대로 설득하면 자네는 내게 돈을 지불해야 하네. 나는 약속을 지켰으니까. 이와 반대로 자네가 나를 설득시키지 못해도 자네는 당연히 내게 돈을 지불해야만 할 것이네."
이에 배심원이 "못된 까마귀(코락스는 그리스어로 까마귀란 뜻)가 못된 알을 낳는 법" 이라는 평결로 둘을 법정에서 내쫓았다고 한다.

코락스와 티시아스는 엠페도클레스와 함께 소피스트의 시원을 일군 원조 소피스트들로서, 이 가운데 코락스와 티시아스가 사제지간이었다. 사제지간에 수사학 수강료를 둘러싼 분쟁을 듣고서 플라톤이 '사랑의 수사학'과 제자의 '희생적 양보'를 언급했는지 모르겠다. 아무튼 이 일화는 동일한 내용에 주인공만 프로타고라스와 그의 제자 에우아틀로스로 바뀐 버전으로 전해져 오기도 한다. 영리를 목적으로 한 소피스트의 활동에 대한 당대의 거부감이 낳은 전설적인 이야기인 셈이다.

개념분류도 맨 아래단계는 영리가 생계수단인지 금전을 위한 것인지에 따라 아첨꾼과 소피스트로 구분된다. 요즘말로 하면 생계형 범죄인지 기업형 범죄인지가 아첨꾼과 소피스트를 구분하는 기준인 셈이다. 그러나 소크라테스가 수사학을 '사법의 탈을 쓴 아첨'이라고 평가한 것을 보면 이 둘 사이에 어떠한 차이가 있어 보이지는 않는다. 다시 플라톤의 입을 빌면 "획득술 가운데 교환술, 그 가운데 매매술, 그 가운데 도매술(무역), 그 가운데 혼과 관련된 것을 취급하는 도매술 중 훌륭함에 대한 말과 배움에 관련해서 파는 부분이 바로 소피스테스술"이라는 것이다.(플라톤, 소피스테스)

정리하면, 이 같은 이항대립의 구조에서 플라톤이 비난했던 소피스트들은 생계나 돈을 위한 영리차원에서 개인의 이해관계에 기반을 둔 설득기술을 전수한 일군의 집단인 셈이다. 반면 플라톤이 꿈꿨던 이상적인 수사학은 공적인 영역에서 대중을 상대로 설득하거나, 개인적인 차원에서 영리가 목적이 아닌 사랑의 선물이나 양보를 매개로 이루어지는 대화였다고 할 수 있다.

상식과 정의의 수사학

소피스트에 대해 소크라테스나 플라톤이 내렸던 적대적인 평가를 반전

시켜 그 의의를 재평가한 근대적인 인물이 헤겔이다. 헤겔은 〈철학사 강의〉에서 "소피스트들은 특히 웅변교사들이었다. 개개인이 민중 사이에서 자신의 가치를 발휘할 수 있(기 위해)…가장 우선적으로 필요한 것들 가운데 하나가 웅변이었다. 최종 결정권을 시민이 갖고 있다는 민주주의적 기본권도 여기에 속해 있다. 웅변은 정황을 권력과 법의 탓으로 돌린다. 그러나 웅변이란 특히 한 가지 사물에 대해 다양한 관점들을 끄집어내어 나에게 가장 유리한 것으로 여겨지는 것과 관련 있는 관점들을 주장하는 것이다. 그러한 구체적인 경우들은 많은 측면들을 갖고 있다. 이 서로 다른 관점들을 파악하는 것, 그것이 바로 교양 있는 사람이 할 일이다. 이 관점들을 강조하고 그에 반해 다른 관점들을 그늘지게 만드는 것, 그것이 바로 웅변이다. (Ueding, 1996)"라고 역설했다.

　헤겔은 소피스트들을 웅변교사로 재평가했고, 나아가 한 가지 사물에 다양한 관점이 존재할 수 있다는 점과 이 가운데 하나의 관점을 강조하고 다른 관점들을 그늘지게 만드는 방식을 웅변이라고 말했다. 이렇게 보면 웅변, 즉 말을 하는 것은 서로 다른 관점상의 '차이'를 제기하는 것이다. '차이'가 존재하지 않으면 '침묵'으로도 충분하기 때문이다. 결국, 말한다는 것은 기존의 생각이나 입장과 다르다는 것을 표시하는 행위이고, 이 점에서 말은 정립되어진 무언가에 대한 '반'으로서의 변증법적 역동성을 표출하는 행위인 셈이다. 헤겔이 재평가한 소피스트의 선두에 정과 반의 변증법과 상대주의 운동을 이론적으로 포착한 최초의 인물인 프로타고라스가 위치하고 있다.

　프로타고라스는 이른바 '인간척도론'을 주창한 철학자이자 가장 유명한 소피스트의 한사람이다. 문제는 말 중심의 활동을 펼친 소피스트에 대한 기록이 반대 진영이라고 할 수 있는 플라톤에 의해 정리되어 글로 남겨졌다는 점이다. 따라서 글속에 등장하는 소피스트들은 늘 문제아로 낙

인쩍혀있다. 적대적인 평가라도 이렇게 기록으로 이름을 남길 수 있다는 점을 고마워해야 할 형편인지도 모르겠다.

프로타고라스가 인간척도론을 주장하는 구절은 다음과 같다. "인간은 만물의 척도이다. 존재하는 것에 대해서는 존재하는 것의, 존재하지 않는 것에 대해서는 존재하지 않는 것의 척도인 것이다." 이 말을 직역하면, 어떤 보이는 대상 혹은 보이지 않는 상황 등에 대한 사람들의 판단이 비록 서로 다르고 심지어 모순될지라도, 모든 판단이 다 나름대로의 정당성을 가지고 있다는 얘기다. 우리는 "같은 강물에 두 번 들어갈 수" 없으며, 같은 음식이라 할지라도 "내 몸이 건강하면 달 것이요, 어딘가 아프다면 아무리 맛있는 음식일지라도 쓰다." 우리가 판단하는 대상으로서 사물 자체는 영원히 움직이고(헤라클레이토스의 만물유전설), 우리의 판단 역시 우리의 감각에서부터 나오기 때문이다.(엠페도클레스의 감각적 인식론)

그렇다면 건강한 나의 감각적 판단과 병약한 상대방의 감각적 판단 가운데 누구의 판단이 더 적절한가? 모든 인간의 판단이 다 유효하다면, 이것은 무한한 상대주의의 함정에 빠지는 것이 아닌가? 이에 대해 프로타고라스는 "아픈 사람이나 못된 사람에게 나타나는 바는 건강한 사람이나 참된 사람에게 나타나는 바와 마찬가지로 참이지만, 후자가 전자보다 더 낫다. 모르는 사람들은 전자를 이해하지 못할 일이라고 하고 후자를 참이라고 말하지만, 나는 어떤 것이 다른 것 보다 더 낫다고 말할 뿐, 아무것도 더 참된 것이라고 하지는 않는다." 즉 참이냐 거짓이냐는 식의 진리판단의 문제가 아니라 무엇이 더 나은지를 묻는 가치판단으로 질문을 전환하고, 그 판단을 하는 인간의 상태를 살펴보면, 최소한 어떤 판단이 더 적절한지 알 수 있다는 얘기다.

그렇다면 한발 더 나아가 인간의 상태에 대한 판단은 누가 어떻게 내리는가? 나에게는 그 사람이 좋은 사람이지만 다른 사람에게는 못된 사람이 될 여지는 없는가? 내가 보기에는 아픈 사람인데 다른 사람이 보기에는 누구보다 건강한 사람이라고 판단할 가능성은 없냐는 말이다. 이러한 상대성의 주관주의를 극복할 수 있는 유일한 방법은 결국 내가 내린 판단의 '공감대'를 확대하는 일이다. 즉 나 혼자만의 판단이 아니라 나와 너 그리고 우리 모두가 공유한 판단이라면 틀릴 가능성이 줄어들 수밖에 없다.

오늘날 상식이라는 말로 통용되는 common sense도 결국 너와 나의 감각sense의 공유common를 토대로 형성된다. 그리고 이 같은 감각의 공유에 절대적인 힘을 미치는 것이 바로 말이다. 나의 감각을 상대방에게 전달할 수 있는 유일한 통로가 바로 말이기 때문이다. 말을 통해 우리는 '나의' 주관적인 감각을 보다 보편적인 '우리의' 공감각으로 전환시키게 된다.

오늘날 민주주의를 움직이는 여론 역시 한 사회 내의 상식적 견해의 집합체인 셈이다. 이때 여론 주도층이 나서서 정보와 설득을 통해 소수의견을 다수의견으로 만드는 과정이 선거라는 정치적 절차를 통해 이루어진다. 민주주의를 움직이는 원리, 즉 설득을 통해 소수의 의견을 다수의 의견으로 전환시키는 것, 여론의 향방에 따라 (정치)권력이 좌지우지되는 것과 같은 민주적 절차와 방법에 대한 생각의 단초가 프로타고라스의 명제로부터 도출되고 있음을 알 수 있다. 이렇게 인간척도론은 절대적 상대주의가 아닌 상호주관적 상대주의를 기반으로 하며, 이를 토대로 오늘날 민주주의를 움직이는 여론의 다양성과 상식의 확장을 위한 설득에 관한 이론적 근거를 훌륭하게 제공하고 있다.

프로타고라스는 상호주관적 상대주의에 입각하여 "모든 논쟁점들에는 각각 서로 대립하는 두 개의 진술이 있다"는 모순이론을 천명한다. 소피스트들의 가장 혁신적인 이론인 모순이론에 따르면, 각각의 문제에 대해 서로 상반되는 두 가지 담론을 작성할 수 있다. 나아가 모든 문제는 동일한 관점을 가지고 검토되어야 하는 두 측면을 제공한다. 프로타고라스는 이를 교육하기 위해 '논쟁법'을 가르쳤다. 여기에는 '찬성이나 반대의 이유 발견하기' '상대방을 제압하기 위한 조직적인 질문법' '궤변' '공론' 등의 내용이 포함되어 있었다.(김용규, 2007) 당시에 프로타고라스가 이 같은 논쟁법을 어떻게 가르쳤는지 구체적으로 알 수는 없지만, 아마도 오늘날의 토론교육과 비교해도 그리 크게 차이가 날 것 같지는 않다.

프로타고라스와 같은 깨어있는 소피스트들은 지혜의 교사로서 폴리스를 이리저리 옮겨 다니면서 제자들을 책임감 있는 개인이자 실천적인 국가시민으로 만들려고 노력했다. 그는 수사학과 변증법적 모순이론을 통해 다음과 같은 생각을 제시했다. 1) 절대적인 진리는 존재하지 않는다. 2) 하지만 어떤 의견이 다른 의견보다 더 나을 수는 있다. 3) 수사학은 절대적인 진리를 보여주지는 않지만, 상대적인 의견을 보편화 할 수는 있다. 이러한 점들 때문에 소피스트의 수사학은 상식에 입각한 현실 민주주의의 초석을 제공하게 된다.

소피스트들의 혁신적인 사상이 아리스토텔레스의 수사학 이론에 일정한 영향을 미쳤을 것으로 보인다. 아리스토텔레스는 일부 소피스트들에게서 목격된 거짓 사기술로서의 악영향만 제거한다면, 진리와 정의의 관점에서 수사학이 아주 유용할 뿐만 아니라, 민주시민으로서 반드시 갖추어야 할 덕목이라고 보았다. 이처럼 아리스토텔레스는 소피스트들 사이의 옥과 석을 엄밀하게 구분하고 소피스트의 상대주의에 입각한 상식과 설득에 대한 관점을 받아들이면서, 여기에 윤리와 정의라는 개념을 결부시키고자 했다. 이 발상의 결과가 〈수사학〉으로 체계화된 것이다.

2

믿을 만한 사람이 설득력 있는 사람이다

에토스를 이용한 설득 전략

02

　아리스토텔레스의 〈수사학〉은 효과적인 설득의 기술을 체계적으로 정리한 책이다. 그는 설득의 효과를 극대화시키는 가장 확실한 방법으로 자신의 주장을 근거를 통해 '입증'하는 것을 들었다. 근거가 수반된 주장을 접할 때, 사람들은 그 주장이 진실임직하다고 믿기 때문이다.
　수사학에 활용되는 근거에는 크게 두 가지 유형이 있다. 즉 기술외적 근거와 기술적 근거다. 기술외적 근거는 주로 사법적인 장르에서 특징적으로 나타나는데, 말하는 사람이 별다른 노력이나 기술을 동원하지 않고 외부에서 주어진 근거를 활용하는 경우이다. 여기에는 법전, 증인의 증언, 고문에 의한 진술, 당사자의 선서, 계약 등이 있다. 이들 근거들은 발언자가 외부에서 동원하기만 하면, 일단 진술의 신빙성을 높일 수 있는 주장으로의 비행이 가능한 강력한 도약대라 할 수 있다.
　예를 들어보자. 나는 A라는 사람이 한 사건의 범인이라고 생각한다. 그래서 사람들을 만날 때마다 "A가 범인입니다"라고 떠들고 다녔다.

그러면 당연히 상대방이 근거가 있느냐고 반문할 것이다. 근거 없이 이런 주장을 백날 떠들어봤자 사람들이 믿지도 않을뿐더러 돌아오는 것은 명예훼손과 무고에 따른 고소일 것이다. 그런데 범행이 일어나던 날 밤 A가 현장에서 어슬렁거리는 것을 누군가 보았다고 하자. 이 목격자의 '증언'은 내가 특별한 '기술'을 동원하지 않고 바깥에서 손에 넣을 수 있는 근거인 셈이다. 이러한 기술외적인 근거를 동원해서 'A가 범인이다'라는 주장을 보다 설득력 있는 메시지로 만들어내는데 성공한다. 만약 A가 자신의 범행을 자백하거나 A에게 살인을 청부한 계약서를 찾아낸다면 내 주장은 더욱 더 설득력을 얻게 될 것이다. 이처럼 기술외적 증거들은 말하는 사람이 특별한 노력 없이 활용하기만 하면 되는 말 바깥에 널려 있는 근거들을 말한다.

자기주장을 뒷받침할 수 있는 기술적 근거를 찾아내는 것이 바로 수사학에서 해야 할 가장 중요한 작업이자 기술이다. 설득에 활용되는 기술적인 근거는 세 가지가 있다. 먼저 아리스토텔레스의 인용을 들어보자.

말을 통해 믿음을 줄 수 있는 세 가지 길이 있다. 첫 번째 길은 말하는 사람의 품성ethos 안에 있고, 두 번째 길은 듣는 사람을 특정한 감정pathos의 상태로 이끌어가는 데에 있으며, 세 번째 길은 증명하거나 증명하는 것처럼 보이게 하는 말 자체logos에 터를 두고 있다. 말하는 사람이 자신을 믿을만한 사람으로 만들게끔 말했을 때, 우리는 그 사람의 품성 때문에 그의 말을 믿는다. 일반적으로 모든 일에 대해서, 심지어 확실성도 없고 애매모호한 것들만 가득 찬 일에 대해서도, 올바른 길을 걷는 사람이 말하면 우리는 더 많이 더 전적으로 그의 말을 믿는다(하지만 이런 일도 그의 말을 통해서 이루어져야지, 단지 말하는 사람이 어떤 품성을 지닌 누구라는 선입견을 통해서만 이루어져서는 안 된다). 연설의 기술을 주제로 글을 쓴 사람들 가운데 몇 명이 그 기술에 관한 자신들의 저술 안에서 '말하는 사람의 정직한 품성이 설득력을 갖추는데 아무런 기여도 하지 못한다' 고 말했지만, 그것은 사실이 아니다. 오히려 말하는 사람의 품성이란, 말하자면 믿음을 주는 데에 있어 거의 최고의 힘이라고 할 수 있다. 그리고 말을 통해 어떤 감정 상태로 끌려들어갈 때, 듣는 사람은 자신의 감정 상태를 통해 말하는 사람의 말을 믿게 된다. 실제로 우리는 고통을 겪거나 즐거워 할 때, 또는 좋아하거나 미워할 때 똑같은 판단을 내리지는 않기 때문이다. 오늘날 연설기술의 저자들은(예를 들어 소피스트) 바로 이 점(즉, 정서적인 설득)만을 다루려고 한다고 말해두고 싶다. 이에 관해서는 여러 감정들을 주제로 이야기하는 대목에서 하나하나가 보다 분명해질 것이다. 한편 각 대상에 대해 설득력 있는 것들로부터 참된 것이나 참되어 보이는 것을 증명할 경우에 사람들은 말 자체를 통해 믿게 된다.(1356a)

아리스토텔레스가 말하는 설득을 위한 기술적 수단이란 곧 에토스, 파토스, 로고스이다. 에토스품성, character는 말하는 사람의 품성을 높이는 기술을 발휘하여 말의 설득력을 높이는 방법이다. 아리스토텔레스는 말의 설득력을 높이려면 발화자의 에토스에 관한 논거를 적절히 제시하라고 권유한다. 에토스는 가장 강력한 설득의 근거이다. 왜냐하면 듣는 사람이 말하는 사람을 한번 신뢰하기 시작하면 말하는 사람의 주장을 곧이 곧대로 받아들이는 경향이 있기 때문이다. 특히 주장의 확실성이 떨어질 때, 에토스는 사람을 설득하는 데 있어 큰 힘을 발휘한다.

파토스정서, sentiment는 듣는 사람의 마음에 호소하는 것으로, 듣는 사람의 감정을 움직이는 근거를 통해 주장을 펼치는 것이다. 다시 말해 파토스는 말을 듣는 사람들에게 일정한 정서적인 틀을 부여하여, 말하는 사람의 말에 동화시키는 기술이다. 결혼식을 진행하는 주례가 하객들의 '기뻐하는' 마음을 반영하여 축하하는 메시지를 펼칠 때, 듣는 사람들은 쉽게 주례의 주례사에 '공감' 하게 된다. 그러나 한편으로 말하는 사람이 우리의 감정을 반영하기보다는 동원하고 조작할 경우, 우리의 판단은 기쁨, 슬픔, 사랑, 미움과 같은 정서로 덮여서 합리적 판단이 흐려질 수도 있다고 아리스토텔레스는 지적하고 있다. 이 기술에만 천착한 경우가 바로 소피스트들이라고 보았던 것이다.

반면 로고스논리, logic는 말 자체로 주장을 증명하는 기술이다. 다시 말해 이야기 자체에서 논리적인 근거를 제시하는 경우로, 말하는 사람이나 듣는 사람과 무관하게 자기증명적인 성격을 지니고 있다. 어느 누군가가 다른 누구에게 이 근거를 제시해도 다 진실임직하게 보이는 근거가 바로 로고스인 것인 셈이다. 물론 이렇게 자명한 것처럼 보이는 논리적 근거를 찾아내는 것은 말하는 자의 능력이자 특별한 기술이라 할 수 있다.

이 세 가지 근거들이 말을 보다 설득력 있게 만들 수 있는 가장 보편적인 수사학적 근거이자 기술이다. 아리스토텔레스는 이를 활용하여 설득할 때 그 효과가 극대화된다고 말했다. 그런데 이런 능력을 어떻게 하면 가질 수 있을까? 아리스토텔레스는 이 같은 기술적인 근거들을 우리가 '만들어내야invent' 한다(1355b)고 보았다. 에토스, 파토스, 로고스를 활용하여 말의 설득력을 높이는 근거를 만들어내는 것이 바로 수사학의 설득 기술인 셈이다. 메시지의 설득력을 높이는 이 세 가지의 근거 유형에 대해 보다 상세하게 살펴보도록 하자.

에토스는 뫼비우스의 띠

동물의 왕국에서 모든 동물들은 자신을 두 가지 방식 중 하나로 정의한다. 하나는 무리 중에서 자신이 차지한 서열로 자신을 정의하는 것이다. 힘이 센 순서대로 먹이를 먹는 닭의 무리처럼, 서열에 따라 움직이는 늑대의 무리처럼 말이다. 다른 하나는 자신이 속한 영역으로 자신을 정의하는 것이다. 말하자면 자기 거주지나 사냥터, 세력권으로 말이다. 인간도 결국은 동물이기 때문에 자신의 심리적인 안정을 유지하기 위해 이러한 두 가지 방식 중 하나로 자신을 정의한다. 그래야만 자신이 어디에 서있는지 알 수 있고 세상이 어떤 곳인지 이해할 수 있기 때문이다.(Pressfield, 2002/2006)

그리스 말로 에토스는 서식지, 즉 동물이나 사람이 살아가는 환경을 뜻한다. 펭귄이 빙산이라는 특수한 서식지 환경에 적응하여 살아가듯이, 사람 역시 자신의 거주지나 세력권 내에서 통용되는 규율과 가치에 적응하는 경우에만 에토스적인 인간, 즉 윤리와 품성을 지닌 인간이 될 수 있다는 뜻이다. 이처럼 에토스는 환경의 기대치에 부응할 수 있는 능력과 연관된 개념이다. 수사학의 경우 이 환경은 말을 둘러싼 세계이다. 수사학에서 에토스는 듣는 사람들로 구성된 환경을 사로잡기 위해 말하는 사람이 지녀야 하는 품성이다.

아리스토텔레스는 말하는 사람이 세 가지 관점에서 듣는 사람에게 신뢰감을 줄 수 있어야 한다고 강조했다. 미덕virtue, 실천적 지혜good sense, 사심 없는 마음good will이 바로 그것인데, 이들이 바로 에토스의 세 가지 하위 개념이다.

말이 신뢰를 낳을 수 있기 위해서는 세 가지 자질이 필요하다. 즉 증명과는 무관하게 믿음을 낳는 요소는 세 가지이다. 이 자질이란 실천적 지혜, 미덕 그리고 사심 없는 마음이다. 만약 말하는 사람이 말한 내용이나 제시한 권고 안에 무언가 잘못이 있다면, 이는 위의 세 가지 자질 모두가 부족하거나 이 중 하나가 부족하기 때문이다. 즉 지혜가 부족하기 때문에 부정확한 의견을 형성하거나, 의견이 옳더라도 악의에 의해 자신이 생각하는 바를 말하지 않거나, 만약 지혜가 있거나sensible 미덕이 있더라도good 사심 없는 마음이 부족할 수 있다. 사심이 개입되면 비록 정확하게 알고 있더라도, 최선의 권고를 행하지 않게 된다. 이처럼 이 세 가지 자질은 모두 필수불가결하다.(1378a)

위의 글을 정리하면, 말하는 사람의 말에 신뢰감을 부여하는 에토스는 세 가지 하위 개념으로 이루어져 있다. 이 가운데 실천적 지혜는 현명함을 의미하는데, 실천적 지혜가 없으면 정확한 의견을 제시할 수 없게 된다. 즉 무지한 판단을 하게 되는 것이다. 미덕이란 선한 것을 말한다. 선하지 않으면 악의에 찬 의견을 제시하게 되어 듣는 사람의 정확한 판단을 그르치게 만든다. 현명하고 선한 사람일지라도 자신의 사심이 개입되면 말하는 사람의 판단이 흐려지게 된다. 따라서 결코 듣는 사람 입장에서 최선의 권고를 할 수 없다. 이렇게 보면 한 사람을 믿을 만하다고 판단하는 경우란 이 세 가지 자질 모두의 요건을 충족할 때인 셈이다.

그러나 문제가 되는 대목은 다음의 구절이다. "하지만 이런 일도 말하는 사람의 말을 통해서 이루어져야지, 단지 말하는 사람이 어떤 품성을 지닌 누구라는 식의 (듣는 사람의) 선입견을 통해서 이루어져서는 안 된다.(1356a)"

이 말이 뜻하는 바는 에토스가 말하는 사람의 품성에 내재한 자질이기는 하지만 말 바깥에서 홀로 존재하는 개념은 아니라는 뜻이다. 다시 말해 에토스는 설득의 한 수단으로 자신의 품성을 적절하게 말에 담아내는 기술이지, 말과 무관한 한 사람의 품성 그 자체를 의미하는 것은 아니라는 뜻이다. 이처럼 아리스토텔레스는 사람의 품성에 기대어 설득하는 것이 이야기 자체에서 흘러나와야 하고 이야기에 종속되어야지, 어떠한 경우에도 품성 그 자체가 설득행위의 주요 근거가 되어서는 안 된다고 보았다. 만약 품성 그 자체가 설득의 근거가 된다면 이는 '기술외적 근거'에 의거하여 호소하는 것이 되기 때문이다. 따라서 아리스토텔레스는 "에토스는 연설자가 좋은 인상을 만들기 위해 보여주어야 하는…그의 외관이지…실제의 개인에 결부된 것은 아니다(1356b)"라고 분명하게 선언하고 있다.

그렇다면 이 경우는 어떠한가. 우리에게 잘 알려진 한 유명 정치인이 있다. 우리는 그가 좋은 품성을 지닌 사람이란 것을 익히 잘 알고 있다. 우리 스스로 이미 이 정치인에 대한 선입견을 가지고 있는 셈이다. 이런 경우 그 정치인이 자신의 품성에 관한 메시지를 말에 담지 않아도 우리는 이미 그의 말을 믿고 따를 준비가 되어 있다. 이 경우는 아리스토텔레스가 말한 설득을 위한 기술적 수단의 하나로 에토스를 활용한 경우로 볼 수 없다. 그럼에도 불구하고 그의 품성이 남다르게 훌륭하다는 사실을 우리가 잘 알고 있다는 점에서 품성 자체가 사람들을 설득시키는 힘을 발휘했다고 볼 수 있다.

역으로 만약 에토스가 말하는 사람의 품성과 독립되어 말 속에만 내재하는 개념이라면 이런 일도 벌어질 수 있다. 즉 말하는 사람이 '사기꾼' 이어서, 말속에 자신을 신뢰할 수 있는 온갖 감언이설을 늘어놓아 사람들을 현혹시키는데 성공했다. 그렇지만 이 사람의 품성이 말과 다르게 형편없다는 사실을 깨닫는 데에는 그리 오랜 시간이 걸리지 않는다. 짧은 시간이나마 이 사람은 자신의 말에 사실과 다른 품성에 관한 메시지를 삽입하여 사람들을 설득하는데 성공했다. 이러한 사기의 기술로 에토스를 활용하는 경우도 성공적인 설득이라고 부를 수 있을까?

이처럼 듣는 사람을 믿게 만드는 말에 내재된 말하는 사람의 품성이란 개념은 상당히 논쟁적이다. 당장 아리스토텔레스의 후계자인 이소크라테스는 에토스와 말하는 사람 자체를 동일시하여 연설자가 이미 가지고 있는 명성을 에토스라고 보았다. 퀸틸리아누스 역시 "훌륭한 사람이 말 잘하는 사람이다A good man speaks well"라고 하였다. 말 잘하는 사람이 훌륭한 사람인 것이 아니라, 훌륭한 사람이 곧 말 잘하는 사람이라는 얘기인 셈이다. 품성과 말의 관계에 있어서 품성을 우선시하는 생각이라고 볼 수 있다. 공자 역시 비슷한 생각을 제시하고 있다. 즉 "덕이 있는 자는 옳은 말을 잘 하지만, 말 잘하는 자가 반드시 덕이 있는 것은 아니라 는 것이다.子曰 有德者必有言 有言者不必有德 -14장 憲問" 이 같은 생각은 결국 "말을 잘하기 위해서는 생각을 잘해야 하고, 생각을 잘하기 위해서는 잘 살아야 한다"는 시각과 연결되는 것이다.

품성이 먼저냐 품성을 드러내는 말이 먼저냐는 논쟁에 대한 대답의 단초를 우리는 아리스토텔레스로부터 다시 찾을 수 있다. 아리스토텔레스는 "수사학의 대상은 판단(1877b)"이라고 하였다. 이 판단을 내리는 주체는 결국 수용자이자 듣는 사람이다. 에토스는 현명한 판단을 내리는데 도움이 되는 '수사적 증거'의 하나일 따름이며, 이 증거를 수용할

지 여부를 판단하는 최종적인 주체는 결국 말을 듣는 수용자일 수밖에 없다. 따라서 말하는 사람 역시 어떻게 하면 수용자들이 자신을 믿을만한 사람이라고 판단할지를 염두에 두고서 자신의 품성에 관한 메시지를 구상하게 될 수밖에 없다. 바로 이 점으로 인해 에토스는 말한 사람이 소유한 특성이 아니라, 수용자가 말한 사람에게 부여한attributed 특성이 된다.

2010년 봄에 입적한 《무소유》의 저자 법정스님의 경우를 예로 들어보자. 우리가 법정스님의 인품에 대해 존경해마지 않는 것이 《무소유》라는 책에 의한 감동이었을까 아니면 무소유를 실천한 스님의 삶 때문이었을까? 스님이 평소 대중 앞에 나서면서 행했던 법문들 가운데 위에서 언급한 에토스의 세 가지 자질 가운데 어느 것 하나라도 언급되었던 경우는 많지 않았을 것이다. 즉 법정스님은 설득의 수단이자 기술로 에토스를 활용하지는 않았다고 볼 수 있다. 그럼에도 불구하고 우리는 스님의 말에 감동받고 설득을 당했다. 무소유를 실천한 삶 자체에서 스님의 '사심 없는 마음'과 '미덕' 나아가 삶을 슬기롭게 살아가는 '실천적인 지혜'의 메시지를 읽어낼 수 있었기 때문이다.

하지만 역으로 생각해보면, 우리가 스님의 존재를 알게 된 결정적인 계기가 바로 《무소유》를 비롯한 스님의 저술이나 법문 때문은 아니었던가? 책이나 말에서 갈파한 언어적인 메시지 없었다면, 우리가 어떻게 법정스님이라는 뛰어난 에토스 소유자의 실체를 알 수 있었겠는가? 스님이 "그동안 풀어놓은 말빚을 다음 생으로 가져가지 않겠다"며 "내 이름으로 출판한 모든 출판물을 더 이상 출간하지 말아 달라"는 유언을 남기자, 오히려 사람들이 《무소유》라는 책을 서로 '소유'하려고 한바

탕 소동을 일으킨 이유는 무엇이었을까? 뛰어난 품성의 스님은 이제 부재하지만, 그가 남긴 말속에서나마 그의 에토스를 좇으려는 사람들의 마음 때문이지 않을까?

바로 이 사례에서 우리는 에토스의 출발지점은 말하는 사람의 품성 자체이지만, 이를 듣는 사람에게까지 알려주는 수단으로서의 말(혹은 책)의 힘 또한 부인할 수 없게 된다. 나아가 이렇게 사람들에게 구축된 말하는 사람의 에토스는 말하는 사람 자신이 지우려고 해도 지울 수 없는, 즉 말하는 사람이나 말 자체와 독립되어 존재하는 '듣는 사람의 것'이라는 점을 잘 보여주고 있다. 앞의 사기꾼 사례에서와 같이 말에 자신의 에토스를 담으려고 하면 할수록, 듣는 사람은 말하는 사람의 인품에 대해 의심할 가능성이 높지만, 역으로 법정스님처럼 자신의 에토스를 말속에서 지우려고 하면 할수록, 사람들은 그를 더욱 믿고 따르게 된다. 이것이 바로 에토스의 역설이다.

정리하면 에토스는 말하는 사람이 지니고 있는 품성에서 발원한다. 그렇지만 말하는 사람 그 자체가 아니라 말에 내재된 설득의 한 수단이 바로 에토스이다. 그러나 에토스에 기댄 설득에 대한 최종적인 판단은 듣는 사람의 몫이다. 듣는 사람 입장에서는 말 속에 말하는 사람의 품성이 드러날수록 그 사람을 믿지 못할 가능성이 크다. 말이 아닌 삶에서 그의 품성을 읽을 수 있을 때 오히려 설득의 힘이 가장 강력해지는 것이다. 이점에서 에토스는 역설적인 뫼비우스의 띠와 같다. 말하는 사람의 것인가 했더니 듣는 사람의 것이 되고, 말에 품성을 잘 담는 기술이라고 정의되지만, 가장 강력한 설득은 말 바깥의 삶에서 찾을 수 있는 역설 말이다.

중용 속에 미덕이 있다

아리스토텔레스의 에토스 개념에 대해 좀 더 상세하게 살펴보기 위해서는 〈수사학〉외에 〈니코마코스의 윤리학〉을 들여다 볼 필요가 있다. 〈니코마코스의 윤리학〉은 아리스토텔레스가 헤르필리스라는 아내와의 사이에 낳은 아들의 이름을 딴 윤리학 교본이다. 이 책에는 아리스토텔레스가 〈수사학〉에 구체적으로 제시하지 않은 에토스의 세 가지 하위 개념 즉 미덕, 실천적 지혜, 사심 없는 마음에 대한 논의가 상세하게 이루어지고 있다. 이를 기반으로 에토스의 하위 개념을 좀 더 살펴보도록 하자.

이 책에 의하면 덕에는 두 가지가 있다. 하나는 지적인 덕이고 또 다른 하나는 윤리적인 덕이다. 예컨대 실천적 지혜는 지적인 덕이고, 사심 없는 마음은 윤리적인 덕이다. 그리고 미덕은 지적인 덕과 윤리적인 덕을 아우르는 총체적 개념이다. 따라서 세 가지 하위 개념에 대한 논의는 미덕에서부터 출발한다. 아리스토텔레스는 이 책에서 미덕에 대해 다음과 같이 말한다.

모든 덕은 사물을 좋은 상태에 이르게 하고 그 사물이 잘 작동하게 한다. 예를 들면 눈의 덕은 눈과 눈의 기능을 좋게 한다. 우리는 눈의 덕으로 인해 잘 볼 수 있다. 그러므로 이것이 모든 경우에 옳다고 하면, 인간의 덕 역시 인간을 선하게 하며 그 자신의 일을 잘하게 하는 품성이라고 할 수 있다.(니코마코스의 윤리학, 1106b)

결국 덕이란 인간을 선하게 하는 품성이라고 정의내릴 수 있다. 그렇다면 선은 무엇인가?

선이란 다른 모든 것이 그것 때문에 행해지는 것이다. 선은 의학에서는 건강이고, 병법에서는 승리이고, 건축에서는 집이다. 그리고 다른 영역에서는 행위와 추구의 목적이 바로 선이다. 그러므로 우리가 행하는 모든 것을 위한 하나의 목적이 있다면, 그것이 바로 선이다. (니코마코스의 윤리학, 1097a)

아리스토텔레스는 "인간의 모든 행위에는 목적이 있다. 그것은 선the good이다(니코마코스의 윤리학, 1094a)"라고 말한다. 인간의 모든 행위의 목적이 선이라고 할 때, 인간을 선하게 만드는 품성이 다름 아닌 덕이라는 것이다. 그렇다면 어떻게 하면 덕스러운 품성을 지닐 수 있을까?

덕은 감정과 행동에 관계한다 … 감정이나 행위에는 과잉, 부족, 중간이 있다. 공포, 자신감, 욕망, 분노, 연민 그리고 일반적으로 쾌락이나 고통은 너무 많이 또는 너무 적게 느낄 수 있는데, 이러한 것은 어느 경우에도 좋은 일이 아니다. 그러나 마땅한 때, 마땅한 일에 대해서, 마땅한 사람들에 대해서 마땅한 동기, 마땅한 태도로 이러한 것을 느끼는 것은 중간적이며 최선의 일이며, 덕의 특징이다. 이와 마찬가지로 행동에도 지나침과 부족함이 있다 … 그리고 여기에서 지나침과 부족함이 일종의 실패라고 하면, 중간은 칭찬받는 것이요, 일종의 성공이다. 이 칭찬받는 것과 성공하는 것은 둘 다 덕의 특징이다. 그러므로 덕은 일종의 중용이다. 이미 알고 있는 바와 같이 덕은 중간이 되는 것을 목표로 삼기 때문이다. (니코마코스의 윤리학, 1106a~1106b)

바로 이 인용에서 "중용 속에 미덕이 있다"는 아리스토텔레스의 중용mesotes의 개념이 등장한다. 중용이란 지나치지도 모자라지도 않도록 정황에 맞게 처신하는 감정이나 행동을 의미한다. 품성이 좋은 인간이란 미덕을 지키는, 즉 정황에 맞게 중용에 입각하여 행동하거나 감정을 유지하는 사람이 되는 것이다. 〈니코마코스의 윤리학〉에서 아리스토텔레스는 중용의 사례에 대해 풍부하게 설명하고 있다. 그 일부만 인용하면 다음과 같다.

명예와 불명예에서 그 중용은 긍지이고, 지나침은 허세이며, 부족함은 비굴이다 … 분노와 관련해서도 지나침, 부족함, 중용이 있다 … 우리는 중간적인 사람을 온화한 사람이라고 부르고, 분노의 중용을 온화라고 부르기로 한다. 분노의 양극단에서 지나치게 분노하면 성급한 사람이라고 부르고 그 악덕을 성급함이라고 하자. 반대로 부족한 쪽의 사람을 분노할 줄 모르는 사람이라 부르고 그 부족을 무성미라고 부르기로 하자.(니코마코스의 윤리학, 1107b)

이러한 일련의 중용의 미덕 리스트를 표로 정리하면 〈표 2〉와 같다. 미덕은 오늘날 리더십의 문제이다. 그리스 말로 덕을 아레테arete라고 한다. 즉 훌륭함excellence을 뜻한다. 모든 사물에는 나름대로 훌륭한 상태 즉 좋은 상태가 있게 마련이다. 그런 훌륭한 상태가 아레테다. 리더란 바로 탁월한 사람이다. 덕이 있는 사람이 대개 한 사회의 명망 있는 지도자이자 리더이기 때문이다.(Heinrich, 2008) 아리스토텔레스가 선을 인간이 추구하는 목적이자 정치학이 추구하는 목적이라고 정의 내렸을 때도 덕이 있는 사람이 나라를 다스릴 때, 국가가 추구하는 최고 목표

표 2 • 아리스토텔레스의 미덕과 악덕의 유형

행위 또는 감정 영역	과잉	중용	부족
공포와 확신	무모함	용기	비겁
쾌락과 고통	방종	절제	둔감
획득과 소비(소규모)	낭비	후함	인색
획득과 소비(대규모)	천박	관후	좀스러움
명예와 불명예(대규모)	야망	아량	소심함
명예와 불명예(소규모)	야망	적절한 야망	야망없음
분노	성급함	인내	자제 결여
자기 표현	자화자찬	진실성	과묵
대화	익살	재치	쌍스러움
사회활동	알랑거림	우정	잘다툼
부끄러움	숫기 없음	겸손	몰염치
분개	시기	의로운 분개	악의

(출처: 아리스토텔레스/홍원표 편저, 2006)

인 선, 즉 다수의 행복이 실현될 수 있다고 보았던 것이다.

우리가 문제로 삼고 있는 리더는 윤리적인 리더가 아니라 설득하는 리더이다. 다시 말해 리더 자체의 품성을 다루는 것이 아니라 어떻게 말 속에 리더의 품성이 드러나게 하느냐가 문제의 초점이다. 아리스토텔레스는 품위 있는 리더의 자질을 드러내기 위해 다음과 같이 권고하고 있다.

이 세 가지(미덕, 실천적 지혜, 사심 없는 마음)가 전부다. 말하는 사람은 이 세 가지를 모두 가지고 있는 것처럼 보여야 듣는 사람을 확신시킬 수 있다. 어떻게 하면 말하는 사람이 지혜롭거나 선하게 보일 수 있을지에 관한 방법은 미덕에 대한 분류로부터 추론되어야만 한다. (1378a)

미덕은 중용 속에 있다고 했다. 말속에 자신의 품성을 드러내는 일 역시 중용의 길을 따르는 것이 좋다고 볼 수 있다. 그렇다면 어떻게 지나치지도 모자라지도 않는 제3의 방법으로 자기를 표현할 수 있을까?

이를 설명하기 위해 설득력과 함께 영향력이라는 개념을 가져와 보자. 설득력은 한 사람이 다른 사람들에게 무언가를 확신하게 하는 힘이다. 설득은 내가 다른 사람에게 하는 행동이다. 반면 영향력은 다른 사람의 생각, 믿음, 행동을 바꾸는 능력이다. 남들이 생각하는 나의 힘이자 다른 사람의 마음에 나를 심는 힘이다. 설득력이 목표물을 찾아 나서는 '사냥'이라면 영향력은 목표물이 스스로 나에게 모여들게 하는 '낚시'인 셈이다. (Chris Widener, 2008) 스스로를 끝없이 노출시키고 광고하는 것이 사냥이라면, 법정스님처럼 (설득을) 행함이 없이 수많은 사람들의 마음에 영향을 미치는 것이 바로 낚시의 전형이다. 앞서 언급한 뫼비우스의 띠와 같은 에토스의 역설에서 벗어날 수 있는 제3의 길이 바로 여기에 있지 않을까?

경험이 주는 실천적 지혜

실천적 지혜 phronesis 는 원리에 맞는 참된 행위능력을 일컫는 말이다. 매 상황에서 올바른 결정을 찾아내는 능력이 바로 실천적 지혜다. 실천적 지혜의 영어 표현은 good sense다. 즉, 일을 제대로 처리할 수 있는 감각이 뛰어난 사람이 바로 실천적 지혜가 있는 사람이다. 아리스토텔레스는 〈니코마코스의 윤리학〉에서 실천적 지혜를 다음과 같이 정의하고 있다.

실천적 지혜가 있는 사람은 무엇이 자기 자신에게 유익하고 좋은지를 잘 살필 수 있는 능력을 가지고 있다. 물론 그것은 어떤 특수한 상태, 예를 들면 어떤 것이 건강과 체력에 유익한지에 대해 숙고하는 것이 아니라 무엇이 전체적으로 좋은 생활에 유익한지에 대해 숙고하는 것이다 … 따라서 일반적인 의미에서도 깊이 생각하는 사람이 실천적 지혜를 갖춘 사람이다.(니코마코스의 윤리학, 1140a)

리더는 자신의 특수한 이해관계가 아니라 전체 사회의 관점에서 무엇이 유익한지를 깊이 생각할 수 있는 능력을 갖춘 사람이다. 실천적 지혜를 갖춘 리더는 좋은 것과 나쁜 것에 대한 참된 이치에 따라 행동할 수 있기 때문에 '인간적인 선과 관련하여 참되고 이치에 맞는 행위 능력'을 갖춘 사람이 된다.

실천적 지혜와 대비되는 개념이 철학적 지혜다. 아리스토텔레스는 철학적 지혜를 본성상 가장 고귀한 것들에 관한 학문적 인식으로 이성과 결합된 최고의 지혜라고 평가하고 있다.(니코마코스의 윤리학, 1141a) 반면 "실천적 지혜는 보편적인 것에만 관여하지 않고 개별적인 것도 알아야 한다. 그것은 실천적이며 개별적인 것과 연관되기 때문이다. 이러한 이유 때문에 지식은 없으나 경험이 있는 사람은 지식이 있는 사람보다 더 실천적이다. 실천적 지혜는 행위와 관계한다.(니코마코스의 윤리학, 1141b)"고 말했다.

철학적 지혜가 이성을 강조한다면, 실천적 지혜는 경험을 강조한다. 우리가 리더에게 기대하는 것은 바로 풍부한 경험으로부터 얻은 지혜이며, 리더는 자신이 화려한 이력의 소유자임을 강조함으로써 자신의 실천적 지혜를 드러낼 수 있다. 물론 이 경우에도 미덕과 마찬가지로 일종의 중용의 법칙이 지배한다.

경험은 시간에 제약을 받는다. 내가 겪었던 과거의 경험이 아무리 화려하다고 할지라도, 거기에서 얻은 지혜가 오늘날에도 통용될 수 있을지 심사숙고해야 한다. 요즘처럼 빠르게 변화하는 시대에는 자신의 경험에 매몰되지 않고 과거경험에서 얻은 지혜를 미래에도 보편적으로 확장하기 위해 남다른 노력이 필요하다. 바로 이 점 때문에 아리스토텔레스도 "실천적 지혜란 인간적인 것과 이에 대해 심사숙고하는 것이 관련된다. 심사숙고한다는 것은 실천적 지혜를 갖춘 사람들의 활동이기 때문이다.(니코마코스의 윤리학, 1141b)"라고 강조하였다.

인터넷에 이명박 전 대통령의 '왕년에 화법'이 자주 거론된 적이 있다. 우리나라 최고 기업의 CEO 경험을 토대로 대권까지 획득한 리더라는 점에서, 이명박 전 대통령이야말로 자신의 경험을 통해 에토스를 전달할 자격이 있는 몇 안 되는 지도자임에 틀림없다. 그러나 유감스럽게도 이 전 대통령이 전하는 메시지에 담긴 경험은 품위와 존경의 대상이기보다 조롱과 야유의 대상이 되고 있다. 이에 관한 신문보도를 인용해보자.

"내가 해봐서 아는데…" MB '왕년에 화법' 설왕설래
이명박 대통령이 인도네시아 순방 중인 지난 7일 기자간담회에서 "은퇴하면 사진작가나 해볼까…"라고 한 발언이 뒤늦게 언론에 공개돼 누리꾼들 사이에서 다양한 화제를 낳고 있다. 디지털카메라의 대중화로 인해 사진 인구가 급증한 상황에서 이 대통령의 사진 취미가 호사가들의 관심을 집중시킨 것. 그러나 16일 보도에 따르면 이 대통령은 사진에 대한 조예가 거의 없는 것으로 드러나 누리꾼들에게 실망감을 안기기도 했다. 이 대통령의 사진 관련 간담회 발언은 1965년 현대건설 입사 후 3개월치 월급을 모아 당시 최고급 카메라인 라이카 M3를 샀다는 것이 전부다. 이후에도 워낙 바빠 이 카메라를 실제 사용한 횟수는 그리 많지 않았다고 한다. 이에 대해 누리꾼들은 "44년 전의 카메라 구입을 근거로 '사진작가'를 논하느냐"며 실망감을 표시했다. 별 뜻 없어 보이는 발언이 누리꾼들 사이에서 논란의 대상이 된 까닭은 지금까지 이와 비슷한 화법의 발언이 잇따랐기 때문이다.

  이 대통령의 가장 대표적은 발언은 "나도 한때 노점상이었다"는 과거 회상형 표현이다. 이 대통령이 젊은 시절 행상이나 청소 일을 하는 고학생 출신으로 자수성가했다는 것은 잘 알려진 사실. 때문에 집권 이후 청와대에 환경미화원이나 어려운 이웃 등을 초청하거나 재래시장에 깜짝 방문해 자신과 같은 처지인 이들을 격려해왔다. 대통령은 이들과의 만날 때마다 버전을 달리해 가며 "나도 한 때는 철거민/청소부/노점상이었다"고 말해왔다. 또한 지난해 8월26일 베이징올림픽 선수단과의 오찬에서는 "나도 15년간 수영연맹 회장을 했고, 세계체육연맹 집행위원도 맡은 체육인"이라고 말했다. 2007년 2월 대선 직전 민주화 논쟁 과정에서는 "나도 민주화 세력"이라고 말했고 CEO들과의 간담회에서는 "나도 CEO출신", TV간담회에서 서울시에 관련된 이야기가 나오면 "나도 서울시장 출신"이라고 말문을 열었다. 또 청와대 관계자들은 "대통령께서 (예상외로) 클래식 음악에도 조예가 깊다"거나 "시와 문학을 즐겨왔다"는 식의 홍보를 시나브로 해왔다.

(동아일보, 2009년 3월 19일)

이명박 전 대통령의 '나도 ○○○ 해봤다"는 인터넷 댓글에서 유행어처럼 떠돌 정도로 네티즌들의 풍자와 패러디의 대상이 되었는데, 기사를 쓴 동아일보 정호재 기자는 이 전 대통령의 '왕년에 화법'을 크게 세 가지 유형으로 구분할 수 있다고 적고 있다.

유형1 동질감 유도형 : "나도 로터리 클럽 회원이다" "나도 체육인이다"…
유형2 서민 강조형 : "나도 노점상이었다" "나도 청소부 출신이다"…
유형3 고정 관념 탈피형 : "나도 클래식 잘 안다" "사진작가 해보겠다"…

유형1과 유형2는 연설의 대상이 되는 수용자 집단과의 친밀감을 강조하기 위해 사용한 에토스 전략으로 볼 수 있다. 유형1의 '동질감 유도형'이란 말 그대로 청중과 각별한 관계임을 부각시키는 차원의 메시지다. 유형2의 '서민 강조형'은 일종의 겸양전략이다. 에토스 자원이 풍부한 사람이 그렇지 못한 사람을 배려하여 그들의 눈높이에 맞추는 겸손어법인 셈이다.

과거, 박정희 대통령이 서민들과 모내기를 끝내고 막걸리를 주고받던 모습이 겸양전략을 활용한 전형적인 홍보 이미지였다. 수용자와의 친밀감을 강조하기 위한 유형1과 유형2의 에토스 전략은 듣는 사람과의 공감대가 형성될 때 효과가 극대화될 수 있다. 말하는 사람은 '친한 체' 하지만, 듣는 사람들이 친하다고 느낄 만한 뭔가가 없다고 판단할 때 이 에토스 전략은 실패할 수밖에 없다. 따라서 이 두 유형의 에토스 전략은 수용자의 정서와 감정을 고려한 파토스 차원의 메시지와 함께 연결될 때 비로소 큰 힘을 발휘할 수 있다.

유형3의 '고정관념 탈피형'은 사람들에게 잘 알려지지 않은 자신의 경험 영역을 소개하거나 미래에 자신이 개척할 새로운 경험영역을 미리 공지하는 차원에서 수행하는 화법이다. 과거의 경험이든 미래의 경험이든 둘 다 기존에 고착된 자신에 관한 이미지를 변화시키려는 차원에서 수행한 계산된 메시지임에 틀림없다. 문제는 이 전 대통령이 이러한 경험을 번번이 적용하며 무한 확장하는 듯한 인상을 주는 대목에 있다. 예컨대 천안함 침몰 사건 때 "내가 배를 만들어봐서 아는데 높은 파도에 배가 올라갔다가 떨어지는 과정에서 생각보다 쉽게 부러질 수 있다. 사고 가능성도 있다"는 말이 대표적인 사례다.

이 전 대통령은 이미 경제 리더로서의 경험을 정치영역에 전이시켜 자신의 실천적 지혜를 성공적으로 확장한 인물이다. 그러나 이 같은 성공에 도취되어 자신의 지혜가 적용되는 영역을 끝없이 확장할 경우, 듣는 사람들에게 "도대체 모르시는 분야가 무엇이냐"는 반발을 불러일으킬 수밖에 없다. 이점에서 "실천적 지혜의 반대말은 경솔함"이라는 아리스토텔레스의 정의에 십분 공감할 수밖에 없다.

같은 연장선상에서 하지현(건국대 의대 정신과) 교수는 "자신이 조금이라도 알고 경험한 분야에 대해 쉽게 언급하는 것은 전문가의 영역을 존중하지 않는다는 느낌을 줄 수 있다"면서 "이는 자신감에서 기인하지만 그 근거가 박약할 때는 문제가 있다"고 비판하였다. 나아가 손석한 연세정신과 원장은 "과거와 달리 전문분야가 세분화된 시대에는 맞지 않는 화법"이라며 "자신의 성공경험을 지나치게 일반화하고 있다"고 평가했다. 무엇보다 '지도자는 만능처럼 보여야 한다'는 전근대식 지위의 남용으로 비쳐질 수 있다고 보았다. (동아일보, 2009년 3월 19일자)

현대 사회의 두드러진 특징 가운데 하나가 이른바 '집단지성'이다. 과거의 지성이 소수의 지식인과 엘리트 집단의 독점적 소유물이었다면, 인터넷과 대중교육의 발달로 대중들 스스로 축적하는 지식이 무한대로 확장되고 있다는 뜻이다. 집단지성이란 결국 대중들이 소유하고 축적한 실천적 지혜라고 할 수 있다. 과거 아리스토텔레스 시대에 소수의 리더에게 요구되었던 실천적 지혜가 오늘날에는 일반 대중에게까지 확장되어 활용되고 있는 형편이다. 이 같은 시대환경 속에서 리더들이 실천적 지혜 덕목을 지나치게 강조하는 메시지 전략을 택할 경우 오히려 집단 지성으로 무장한 수용자의 반발심으로 인해 스스로의 에토스를 훼손시키는 역효과를 불러일으킬 수 있음을 유념해야 할 것이다.

사심 없이 자유로운 마음

리더에게 요구되는 세 번째 덕목은 사심 없는 마음이다. 앞서 밝혔듯이 실천적 지혜는 철학적 지혜와 함께 지적인 덕이고, 사심 없는 마음은 관용이나 절제와 함께 윤리적인 덕이다. 지적인 덕은 경험과 시간이 필요하다. 따라서 실천적 지혜를 갖기 위해서는 그만큼 풍부한 경험과 연륜이 필요하다. 반면 윤리적인 덕은 습관의 결과로 발생한다. 희랍어로 에토스는 품성을 의미할 뿐만 아니라, 습관을 뜻하기도 한다. 그리고 습관은 윤리와 직결된다. 한 사회가 권장하는 습관이 바로 윤리다.(니코마코스의 윤리학, 1103a)

윤리적인 덕의 일종인 사심 없는 마음은 우리 내부에서 본성적으로 발생하는 것이 아니다. 돌을 수천 번 위로 던져도 본성적으로 아래로만 떨어지듯이, 우리의 사심은 아무리 퍼내도 마르지 않는 샘처럼 솟아오르기 때문이다. 아리스토텔레스는 양분을 섭취하여 성장하는 생명 기능이나 환경을 감지하는 감각 기능은 인간 뿐 아니라 말이나 소와 같은 동물에게도 똑같이 나타나는 현상임을 강조하면서, 동물과 다른 인간만의 고유한 기능을 찾고자 했다.

아리스토텔레스는 누구나 사심을 추구하거나 회피할 수 있지만, 동물과 다른 이성적 원리를 따르는 인간의 기능을 탁월하게 수행하기 위해서는 사심을 회피하는 것이 더 바람직하다고 보았다. 윤리적인 덕은 선택과 관련된 품성인데, 선택을 올바르게 하려면 원리도 진실해야 하고 욕구도 옳아야 한다. 다행스러운 것은 동물과 달리 인간은 사심 없는 마음을 잘 받아들일 수 있는 본성이 있기 때문에, 동물과 달리 습관을 통해 윤리적인 덕을 완전하게 실현할 수 있는 조건 자체가 주어져 있다고 아리스토텔레스는 보았다.(니코마코스의 윤리학, 1103a)

윤리적인 덕을 갈고 닦기 위해 익혀야 할 사심 없는 마음이란 상대방의 최대 이익을 생각하며 다른 사람의 이익을 위해 자신을 기꺼이 희생할 각오가 되어 있는 마음가짐을 말한다. 한 사회의 리더로서 무엇보다도 요구되는 이타적인 희생정신이 바로 사심 없는 마음인 것이다. 그런데 흥미로운 것은 사심 없는 마음libertas이라는 표현에서 자유liberty라는 말이 나왔다는 점이다. 사심에 얽매일수록 속박을 받지만, 사심을 놓아 버리면 자유로울 수 있다는 뜻으로 해석할 수 있을 것이다.(Heinrich, 2008) 마치 불교에서 나를 버리고 세상과 일체감을 가질 때 해탈의 경지에 도달할 수 있다고 보는 것과 비슷한 발상이다.

아리스토텔레스는 실천적 지혜가 부족하면 부정확한 의견을 제시할 수 있고, 실천적 지혜가 있더라도 미덕이 없으면 자신이 생각하는 바를 말하지 않을 수 있다고 했다. 그러나 실천적 지혜와 미덕이 있더라도 사심이 개입되면 최선의 권고가 무엇인지 알더라도 그러한 권고를 하지 않을 수 있다고 보았다. 자신의 이권이 개입되면 공정한 방향으로 일을 처리하기 어렵다는 말인 셈이다.

아리스토텔레스는 사심 없는 마음을 호의라는 개념과 연결시키는데, 호의는 도움을 주는 사람이 어떤 보답이나 개인적인 이익을 바라지 않고, 오직 도움 받는 자의 이익을 위해서 행할 때 생기는 감정이다. 더불어 도움 받는 자의 필요가 매우 급박한 경우, 도움의 정도가 갚기 어려울 정도로 클 경우, 매우 중요하고 어려운 상황에서 도움이 주어진 경우, 도움을 준 사람이 유일하거나 첫 번째로 도움을 준 경우, 최고 수준의 도움이 주어졌을 경우에 호의의 정도가 커진다고 말했다. (1385a)

사심 없는 마음 역시 에토스의 다른 하위 차원과 같이 말하는 사람의 품성임과 동시에 말을 통해 자신을 드러내는 메시지 전략의 하나다. 사심 없는 마음을 드러내는 메시지 전략은 듣는 사람의 호의를 기대하는 수준에서 논거를 제시하여 드러내는 방식을 택하게 된다. 여기서 문제는 말하는 사람이 사심 없는 마음을 드러내는 메시지를 전달하지 않고서는 듣는 사람이 사심 없는 마음자체를 알 수 없다는 점이다. 말하는 사람의 입장에서는 자신의 '사심 없음'을 말하는 자체가 자신의 '사심'을 드러내는 메시지일 수밖에 없는 딜레마 상황이 벌어지는 것이다.

제17대 대통령 선거를 예로 들어보자. 당시 이명박 대통령 후보는 대선 직전인 2007년 12월 7일 방송연설에서 "우리 내외가 살 집 한 채만 남기고 가진 재산 전부를 내놓겠다"고 약속했다. 이 전 대통령은 별도의 글에서 "오래 전부터 정말 사회를 위해 소중하게 쓰였으면 좋겠다는 생각을 해왔다"고 밝힘으로써 자신의 기부행위가 순수하고 '사심 없는 마음' 의 차원이었음을 천명했다. 하지만 이 같은 대국민 메시지에도 불구하고 국민들이 이를 호의적으로 받아들인 것 같지는 않다. 당시 이 전 대통령의 재산형성 과정에 쏟아진 도덕성 시비와 이른바 BBK 의혹에 관한 논란을 차단하기 위한 정략적 차원에서 이루어진 선택이 아니었겠느냐는 시각이 많았던 것이 사실이다. 더구나 발표하고 난 후 1년 7개월여 동안 약속을 이행하지 않은 점도 이 전 대통령의 사심에 대한 의혹을 키우는 계기가 되었다. 결국 2009년 7월 6일에 331억 여 원의 재산으로 재단을 설립했지만, 흔히 '재단' 자체가 탈세나 재산을 대물림하는 수단으로 악용되어온 선례 때문에 개운하지 않은 뒷맛을 남기게 되었다. 뿐만 아니라 재단의 이사진에 사위, 측근, 친우들을 대거 포진시킨 것도 이 전 대통령의 사심을 의심하게 만들었다.

아리스토텔레스는 사심 없는 마음을 논거로 삼아 설득하려는 사람이라도 다음과 같은 경우에는 사심이 있는 것으로 봐야 한다고 강조했다.

자신의 이익을 위해 도움을 주거나 주었던 사람들 혹은 우연이나 강제에 의해서 도움이 주어졌을 경우, 기부$_{gift}$가 아니라 자신이 받았던 것을 되갚는 경우(이 경우는 의식하고 되돌려주었든 아니든 관계없이 단순한 등가교환에 불과하기 때문에) 등은 결코 호의가 아니다. (1385b)

이 전 대통령의 경우에도 집권전략의 일부로 재산을 기부했다는 반대급부가 있었고, 자발적인 기부라기보다 도덕성 시비에서 벗어나기 위한 궁여지책으로 보일 수 있었다는 점, 순수한 기부가 아니라 재단의 형식으로 자신의 영향력을 유지하려는 모습을 보였다는 점에서 사심 없는 순수한 마음으로 보기 어려운 부분이 있다.

지금까지 살펴본 에토스의 하위 세 차원을 정리해보자. 에토스는 말하는 사람의 신뢰도를 높이기 위한 수사적 근거로서 말하는 사람의 품성을 말을 통해 드러내야 하지만, 이 같은 품성에 대한 최종적인 판단은 수용자의 몫이다. 이 점에서 자신의 품성을 말로 드러내는 것 자체가 쉽지 않은 작업이 된다. 자칫 잘못하면 자화자찬의 자기 자랑이 되거나, '왕년에 내가 말이지…' 시리즈의 주인공이 되거나, 자신의 사심을 만천하에 드러내는 꼴이 되기 십상이다. 그렇다면 방법은 없는가?

두 가지 경우를 생각해 볼 수 있을 것이다. 먼저 앞서 법정스님의 경우처럼 실천을 우선하고 말은 삼가는 방식이 그것이다. 키케로는 "사람들에게 꼭 증명해보이고 싶었던 주장이라도 마지못해 말하는 것처럼 보이게 하라"고 충고한다. 사심 없는 마음으로 선행을 펼치는 사람을 '기부천사'라고 한다. 이들은 자신의 기부가 알려지기 오래전부터 음지에서 선행을 실천해온 사람들로서, 결코 자신을 드러내지 않으며, 설령 기부 사실이 밝혀지더라도 마지못해 인정하는 모습을 보인다. 우리 사회 구석구석에서 활동하는 '얼굴 없는 기부천사'들에 대해 사람들이 호의를 가지는 이유가 바로 이 때문이다.

만약 자신의 입으로 에토스를 드러내야 하는 상황이 온다면 어수룩하게dubitatio 말하는 것이 좋다고 한다. 퀸틸리아누스는 "연설의 첫머리를 어떻게 시작할지, 그 다음에는 어떻게 이어가야 할지 잘 알지 못하는 것처럼 가장함으로써 무력한 존재처럼 연출하기도 한다. 이렇게 하면 수사의 대가로 보이지는 않지만, 정직한 사람으로는 보인다(Heinrich, 2008)"고 말했다. 사람들은 서툰 연설가에게 더 많이 공감하며 그의 입장을 내심 변론해주기도 한다. 게다가 어수룩한 태도를 보이면 사람들의 기대수준이 낮아지고, 반대편에서 이쪽을 과소평가하는 효과를 거둘 수도 있다. 이처럼 고대 그리스 로마시절에도 화려한 언변을 구사하는 리더보다 솔직담백하게 말하는 사람을 리더로서 더욱 신뢰했다. 공자가 말하길 "교언영색하면 어질기 어렵다"고 했는데 이 진리는 동서고금을 막론하고 어디서나 통용되는 격언이 아닐 수 없다.

아리스토텔레스는 에토스 자체의 힘을 그다지 높게 보지 않았다. 에토스의 가치는 절대적이기보다는, 주장의 '확실성이 보장되지 않거나, 의견이 양분될 때(1356b)' 비로소 힘을 발휘한다고 보았다. 하나의 주장이 사실인지 여부를 따져볼 수 없는 상황이거나, 사실적인 주장보다는 상대적인 논쟁이 펼쳐질 때 믿음의 원천으로 에토스에 기대는 경향이 있다는 얘기다. 그럼에도 불구하고 듣는 사람들은 말하는 사람이 스스로 자신의 에토스를 드러내는 것을 그다지 선호하지 않는다. 스스로 자신의 미덕을 말하거나, 실천적 지혜를 떠벌이거나, 입으로만 사심 없음을 외친다면 에토스의 힘은 반감되거나 역효과를 낳을 수 있다. 이렇게 본다면 에토스는 참으로 까다로운 논거이면서도 심지어 반反수사적인 설득근거라 하지 않을 수 없다.

3

상대방의 감정을 움직이게 하라

파 토 스 를 활 용 한 설 득 전 략

03

아리스토텔레스는 파토스를 설명하면서 "설득 목표를 실현하기 위해 수용자를 특정한 마음의 틀frame of mind에 위치시키는 방법"이라고 말했다. 다시 말해, 파토스는 듣는 사람의 마음 자체가 그 사람을 설득시키는 근거로 활용되는 경우라고 할 수 있다. 그렇다면 어떤 경우가 여기에 해당할까? 다음의 글을 보자.

772함 나와라
온 국민이 애타게 기다린다.
칠흑의 어두움도
서해의 그 어떤 급류도
당신들의 귀환을 막을 수 없다
작전지역에 남아있는
772함 수병은 즉시 귀환하라…(중략)
호명된 수병은 즉시 귀환하라

전선의 초계는

이제 전우들에게 맡기고

오로지 살아서 귀환하라

이것이 그대들에게 대한민국이 부여한 마지막 명령이다…(하략)

2010년 3월 천안함 침몰 사건 당시 해군 홈페이지 게시판에 올라와 국민의 심금을 울린 한 네티즌(김덕규 동아대 교수)의 시 일부이다. 772함 침몰과 함께 배에 갇힌 46명 승조원의 생환을 바라는 국민들의 안타까운 마음을 담아낸 전형적인 파토스 메시지라고 할 수 있다.

파토스의 어원을 살펴보면 그것이 단순한 느낌이나 정서 이상의 함의를 담고 있음을 알 수 있다. 파토스는 신체적 감각, 다시 말해 사람들이 느끼는 것, 좀 더 정확히 말하면 고통을 느끼는 감각과 관련이 있다. 질병을 연구하는 병리학pathology이라는 의학용어도 파토스에서 파생된 것이다.(Heinrich, 2008) 위의 시는 젊은 군인의 죽음을 목격한 국민들의 고통스러운 마음을 근거 삼아 국민의 정서에 호소하고 있는 것이다.

연설자가 연설을 통해 청자에게 감정을 불러일으켰을 때 그 연설자는 결국 청중을 수단으로 설득하는 것이다. 우리가 기쁠 때 내리는 판단과 슬플 때 내리는 판단 혹은 사랑할 때 내리는 판단과 미워할 때 내리는 판단은 서로 같지 않기 때문이다.(1356b)

이 같은 아리스토텔레스의 말에서 두 가지 점을 주목할 필요가 있다. 첫 번째 주목해야 할 점은, 파토스의 소재지는 수용자의 정서이지만 이를 설득을 위한 '도구'로 사용하는 사람은 말하는 사람이라는 점이다. 아리스토텔레스는 이를 "듣는 사람의 마음에 일정한 정서적 틀을 부여한다"고 표현하였는데, 이때 듣는 사람의 마음에 생기는 감정은 이전부터 일정하게 가지고 있던 감정일 수도 있고, 말하는 사람의 영향을 받아 새롭게 형성된 감정일 수도 있다. 중요한 것은 파토스 메시지를 통해 말하는 사람과 듣는 사람이 정서적 공감대를 형성하느냐 못하느냐 하는 것이다. 공감대를 형성한다는 말은, 말하는 사람이 언어적인 메시지를 이용하여 듣는 사람의 마음속에 정서적인 틀을 만드는데 성공했다는 말이 된다.

그렇다면 듣는 사람에게서 유발된 감정은 말하는 주체가 느끼고 표현한 감정과 다른 것인가? 예를 들어 "우리 772함 수병을 구원하자"는 말은 누구의 감정을 표현한 것인가? '온 국민의' 한결같은 마음인가, 아니면 한 네티즌의 마음인가? 국민의 마음과 네티즌의 마음이 이 메시지를 매개로 하여 하나로 모아진다면, 결국 파토스는 청중의 마음에 기대어 말하는 사람의 마음을 전달하는 도구가 아닌가?

앞서 에토스를 논하면서 말하는 사람의 품성이 사실 청중의 판단에 기반을 두게 되는 역설적 현상을 뫼비우스의 띠라고 표현한 바 있다. 이는 파토스의 경우에도 동일하게 적용된다. 청중의 마음을 담은 메시지의 끝을 따라가 보면 결국 말하는 사람의 마음과 맞닿게 되는 안과 밖이 하나의 면으로 통하는 띠 말이다.

두 번째로 주목해야 할 점은, 아리스토텔레스가 '기쁠 때 내리는 판단'과 '슬플 때 내리는 판단'이 서로 같지 않다는 점을 인정함으로써 소피스트의 상대주의를 수사학의 틀 안에서 받아들이고 있다는 점이다. 프로타고라스는 감각의 상태에 따라 같은 음식이라도 병든 사람에게는 쓴 맛이 나고, 건강한 사람에게는 단 맛이 난다고 했다. 아리스토텔레스도 감정이 달라지면 동일한 현실도 다르게 보여서 서로 다른 판단을 내릴 수 있다고 보았다. 감각이냐 혹은 감정이냐 하는 판단의 지점이 다르다는 점을 제외하면, 소피스트나 아리스토텔레스 모두 머리가 아니라 마음이 납득될 때 진정한 설득이 존재한다고 본 것이다. 따라서 마음을 감동시키는 파토스 능력이야 말로, 말하는 사람을 진정한 설득의 세계로 이끄는 탁월한 재능인 셈이다.(Amossy, 2000/2003)

파토스는 영혼의 움직임을 나타내며, 영혼은 즐거움과 괴로움의 두 방향으로 움직인다.(김혜숙, 2003) 아리스토텔레스가 생각한 파토스의 유형도 기본적으로 즐거움과 괴로움 두 가지 기본 정서로 구분되는데, 여기에는 분노, 연민, 두려움과 같은 감정들과 그 반대의 감정들이 포함된다. 이를 기반으로 아리스토텔레스가 분석한 파토스 목록에는 16개의 감정이 대립 쌍으로 서술되어 있다. 즐거움의 하위 목록에는 우정·신뢰·만족 등이 있고, 괴로움의 하위 목록에는 분노·두려움·수치심·연민·경쟁·분개·시기 등이 있다. 이들 목록을 서로 묶으면 분노의 반대 정서가 너그러움이고, 증오의 반대 정서가 우정이며, 두려움의 반대 정서가 신뢰, 호의의 반대 정서는 배은망덕, 연민의 반대 정서는 분개, 경쟁의 반대 정서는 멸시가 된다. 파토스는 즐거움이나 괴로움을 가져올 것에 대한 분별 없는 믿음을 토대로 하기 때문에, 하나의 현상 phantasia은 듣는 사람에게 즉각적인 반응을 야기한다.

파토스는 어떤 문제의 양면성에 대해 하나의 감정을 근거로 주장을 펼칠 수 있게 도와준다. 감정의 대립 쌍들은 서로 배타적이므로 하나의 감정은 그 반대 항을 몰아내게 되며, 감정들은 상호 연결되어 있기 때

표 3 • 마음의 이항대립

감정목록 대립쌍	
분노 부당한 모욕으로 괴로움	너그러움 분노의 괴로움이 없음
증오 우정의 즐거움이 없음	우정 은혜로 즐거움
두려움 임박한 해악으로 괴로움	신뢰 공포의 괴로움이 없음
수치심 모욕으로 괴로움	파렴치함 수치심의 괴로움이 없음
호의 받은 은혜로 즐거움	배은망덕 감사의 즐거움이 없음
연민 타인의 부당한 불운으로 괴로움	분개 자격이 없는 사람들이 누리는 행복
만족 타인이 겪는 합당한 불운으로 즐거움	시기 어떤 대상을 갈망하는 자가 그 대상과 관련하여 느끼는 감정
경쟁 우리와 동료들이 열망하는 것에 대한 응보의 부족으로 괴로움	멸시 경쟁의 괴로움이 없음

(출처: 김혜숙, 2003)

문에 하나의 감정은 다른 감정을 함께 일으킬 수 있다. 예컨대 앞의 천안함 관련 시를 통해 듣는 사람들의 마음속에 천안함 희생자에 대한 연민이 틀 지워지면, 이 같은 희생을 초래한 것으로 알려진 북한에 대해 분개의 감정이 일어날 수 있는 것이다.(김혜숙, 2003)

인간의 심리 자체가 워낙 복잡다기한 대상이라 이 같은 연계작업의 전모를 밝히는 것 자체가 쉽지는 않다. 특히 파토스는 듣는 사람의 마음과 이미지에 관한 부분이기 때문에, 세 가지 설득의 수단 가운데 여전히 미지의 블랙박스와 같은 영역으로 남아있다. 이는 정서를 나타내는 언어가 모호하고, 개념의 일관성이 분명하지 않기 때문이다.(Plutchik, 2003/2004)

감정은 8가지 정서의 결합

현대적인 의미에서 정서는 사건이나 경험의 의식적, 무의식적 해석에 대한 복잡하고, 물리적이고, 생화학적이고, 심리적인 반응을 의미한다. 풀루치크Plutchik에 의하면 인간은 공포, 수용, 기쁨, 기대, 분노, 혐오, 슬

그림 1 • 플루치크의 정서의 수레바퀴

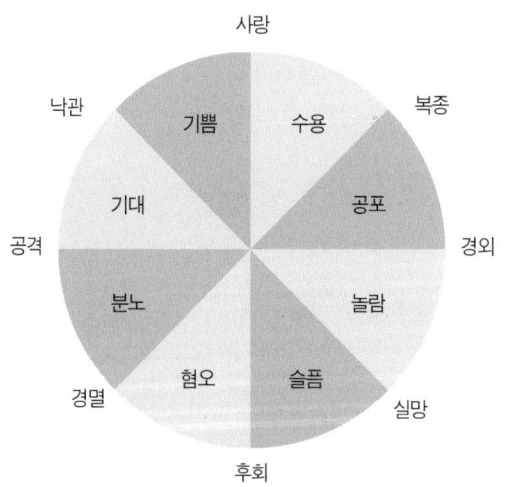

표 4 • 8가지 정서가 결합된 감정

정서	감정
기쁨 + 수용	사랑
수용 + 공포	복종
공포 + 놀람	경외
놀람 + 슬픔	실망
슬픔 + 혐오	후회
혐오 + 분노	경멸
분노 + 기대	공격
기대 + 기쁨	낙관

픔, 놀람 등 8가지의 기본 정서를 가지고 있다고 한다. 이 기본정서가 서로 혼합되면 다채로운 감정을 체험하게 된다. 기쁨과 수용이 혼합될 때 사랑이라는 감정을 느끼며, 놀람과 슬픔이 혼합될 때 실망을, 기대와 기쁨이 혼합될 때 낙관적 감정을 갖는다는 것이다. 8가지 정서가 결합되어 감정을 만들어내는 방식은 〈그림 1〉과 같다.(Plutchik, 2003/2004) 그리고 이같은 정서 수레바퀴를 아리스토텔레스의 파토스 분석과 연계하면 〈표 4〉와 같은 발상이 가능하다.

　화자가 청자가 지닌 기본 정서 가운데 특정한 두 가지 정서, 예를 들어 분노와 혐오를 결합시킬 메시지를 고안한다. 이렇게 고안된 파토스적인 메시지는 수용자의 기본 정서를 건드려서 '경멸'의 감정을 불러일으키게 만든다.

　플루치크와 달리 아리스토텔레스는 분노를 정서가 아닌 감정의 일종이라고 보았고, 자신에 대한 경멸의 결과로 분노가 강렬해진다고 인과관계를 거꾸로 해석하였다. 그러나 정서와 감정의 구분을 제외하고 인과의 방향에 대한 판단을 배제한다면, 두 사람 모두 유사한 개념을 동원하여 마음 속 움직임을 설명하고 있음을 알 수 있다. 이를 통해 우리는 수용자가 사랑의 감정을 지니게 하려면 '기쁨'과 '수용'의 메시지를 구성해야 하며, 공격적인 마음을 지니게 하려면 '분노'와 '기대'를 연결하는 메시지 전략을 구사해야 한다는 것을 알 수 있다.

분노를 불러일으키는 상황

파토스의 리스트 가운데 분노를 중심으로 좀 더 상세하게 살펴보도록 하자. 아리스토텔레스는 수사학 2권에서 분노의 파토스를 세 가지 차원으로 분석하였다. 특정한 감정이 지니는 마음의 상태와 특징, 이러한 감정을 야기하는 대상 중 특정한 사람들의 특징, 끝으로 우리에게 이러한 감정을 불러일으키는 상황이 바로 그것이다. 즉 특정한 정서 상태를 특징적으로 정의내리고, 그러한 정서를 불러일으키는 사람이나 대상을 분석하며, 그와 같은 정서를 불러일으키는 상황을 구체적으로 제시하는 것이다. 아리스토텔레스의 분석논리를 따라 가보자.

　아리스토텔레스는 분노를 "한 사람이나 그 주변인들이 부당하게 경멸당했을 때 가지게 되는 고통을 동반하는 복수의 갈망"이라고 정의했다. 우리가 분노하는 대상은 다음과 같은 사람들이다. 1)우리의 욕망을 방해하는 사람 2)우리의 상황에 무관심한 사람 3)우리를 비웃거나 웃음거리로 만들거나 조소하는 사람들이 바로 그들이다. 특히 세 번째 유형은 우리를 모독하는 사람으로, 이들의 모독이 분노의 원인이 된다. 분노는 경멸할 자격이 없는 자들로부터 경멸당했을 때 느끼게 되는 감정이기 때문이다. 아리스토텔레스는 특히 어떠한 존경의 대상도 되지 못하는 자들이 경멸을 보일 때 분노가 강렬해진다(1380a)고 보았다. 우리가 분노를 느끼는 상황이란 1)기대했던 것과 다른 결과를 만났을 때 2)고통을 느낄 때(왜냐하면 고통은 자신의 욕망이 장애물에 부딪쳤을 때 발생하기 때문에) 등이다.

이 같은 아리스토텔레스의 설명을 주변의 구체적인 예에 적용해보자. 2009년 5월, 노무현 전 대통령이 자살로 생을 마감했을 때 수많은 국민들의 마음속에 자리 잡은 파토스는 '분노'였다. 이때 국민들이 느꼈던 분노는 "부당하게 전직 대통령이 경멸당했을 때 가지게 되는 고통을 동반한 복수의 갈망"으로 볼 수 있다. 당시 그를 추모하고 슬퍼하면서 '응징하겠다'던 대상은 1)낙향한 전직 대통령의 삶과 욕망을 방해한 사람들 2)그가 집권시절부터 추구했던 개혁 프로그램에 무관심했던 사람들 3)그의 학력에서부터 언행 일거수일투족을 비웃고 웃음거리로 만들며 조소했던 사람들이었다. 분노를 일으킨 상황은 1)전직 대통령의 왕성한 귀향활동을 기대했으나 자살이라는 전혀 뜻밖의 결과를 만난 상황 2)그 자살이 정치적 탄압의 외형을 띠면서 마치 자신의 욕망이 좌절되는 듯한 고통을 느낀 상황 때문이다. 이처럼 아리스토텔레스의 분노의 파토스는 노 전 대통령의 서거라는 정치적 상황에 적용해보아도 여전히 탁월한 상황 적용력을 갖고 있음을 발견할 수 있다.

아리스토텔레스는 분노의 기질과 대상으로서의 사람과 상황을 살펴본 후, 이 같은 감정을 수사적으로 활용할 수 있는 방법에 대해서도 조언하였다. 즉 "연설자는 연설이라는 수단을 통해 청중이 분노를 느끼기에 적합한 마음의 틀 속으로 들어가도록 밀어 넣어야 하며, 자신의 적들을 그 분노를 야기한 말이나 행동을 행하거나 행할 죄인으로 부각시켜야 한다(1380a)"는 것이다.

위기관리의 수사학

그렇다면 분노를 일으킨 원인을 제공한 당사자가 사람들의 이 같은 마음을 평상심으로 바꾸기 위해서는 어떠한 노력을 해야 할까? 자신에게 찾아온 위기를 관리하고 대응하기 위한 매뉴얼은 없을까? 이에 대해 아리스토텔레스는 "연사는 청중이 분노를 느끼는 사람이 두렵고도 존경할 만한 사람이라는 점을 제시하거나, 그들이 대단한 호의를 베푼 사람이라는 점을 부각시키거나, 비자발적으로 행동했다는 점을 각인시키거나, 자신이 한 일에 대해 크게 뉘우치고 있다는 점을 부각시켜야 한다(1380b)"고 조언한다.

아리스토텔레스의 인용을 현대적으로 해석한 베노이트(Benoit, 1997)는 다음과 같은 전략을 제시한다. 첫 번째는 부인denial 전략이다. 책임질만한 행동을 하지 않았기 때문에 청중들이 생각하는 리더로서 나는 여전히 존경할 만한 사람이라는 메시지를 보내는 것이다. 이는 위기관리와 이미지 회복을 위한 일반적인 전략으로, 잘못된 행동이 실제로 일어나지 않았다고 주장하거나 자신이 그 일을 행하지 않았다고 주장하는 메시지 전략이다.

두 번째는 자기입지강화bolstering 전략이다. 자신이 과거에 행했던 미덕, 즉 대단한 호의를 베푼 사람이라는 점 등을 부각시켜 사안의 공격성을 최소화하는 전략을 말한다. 자기입지강화 전략은 행위자가 자신의 긍정적 특성이나 과거의 긍정적 행위들을 공중에게 연상토록 함으로써 자신에 대한 사람들의 긍정적 감정을 강화시키는 전략이다.

세 번째는 책임회피evading of responsibility 전략이다. 즉 자신이 행한 책임 있는 행위 자체가 비자발적이라는 점을 부각시키는 메시지 전략이다. 이는 잘못된 행동을 부인할 수 없을 경우에 사용하는 전략으로, 강요에 의해서든 상황에 떠밀려서든 자신이 그 일에 대해 책임이 없음을 주장하는 전략이다.

네 번째, 이른바 굴욕mortification 전략이다. 즉 지도자가 자신의 잘못을 반성하고 있다는 점을 부각시켜서 굴욕을 감수하면서 용서를 비는 전략이다.

어떠한 전략으로 임하는 것이 가장 효과적인 방법인지의 선택은 상황에 대한 인식과 지도자의 결단에 달려 있다. 면피성 발언으로 위기대처가 가능하다면 책임에 대해 발뺌하겠지만, 그런 방법이 도저히 통하지 않을 상황에 직면했다는 판단이 설 경우에는 마지막인 굴욕전략을 감수할 수밖에 없다.

2008년 광우병 파동 당시, 촛불시위에 대해 이명박 전 대통령이 두 번에 걸쳐 '대국민 사과'를 한 것은 결국 상황의 위험성이 그만큼 컸다는 방증이기도 하다. 반면, 2010년 촛불시위 2주기를 맞아 "촛불시위 2년이 지났다. 많은 억측들이 사실이 아닌 것으로 판명됐음에도 당시 참여했던 지식인과 의학계 인사 어느 누구도 반성하는 사람이 없다"고 주장한 대목은 위기상황이 진정된 이후 책임회피 차원에서 이루어진 전략적 발언이라고 볼 수 있다.

이처럼 아리스토텔레스가 제시하고 있는 파토스에 입각한 메시지 전략은 상당히 구체적이고 체계적이다. 나아가 이 같은 전략이 오늘날에도 그대로 활용할 수 있을 정도로 현대적인 감각을 내포하고 있음을 알 수 있다.

파토스의 양면성

파토스는 기본적으로 합리성과는 거리가 있다. 그러나 바로 그러한 속성으로 인해 로고스로는 도저히 발휘할 수 없는 강력한 행동 에너지를 불러일으키기도 한다. 이성은 머리만 끄덕이게 만들지만, 감성은 몸까지 움직이게 만들기 때문이다. 아리스토텔레스는 많은 사람 앞에서 연설할 때 파토스가 가장 크게 힘을 받는 반면, 로고스와 에토스는 1대1 논쟁에서 주된 힘을 발휘한다고 했다. 집회 장소에서의 선동적인 구호를 떠올려 보면 이 말을 충분히 수긍할 수 있을 것이다.

촛불집회나 붉은악마 등 최근의 커다란 정치사회적인 상황들을 지켜보면 우리 사회에서 파토스의 힘이 남다르다는 생각이 든다. 흔히 '냄비'라고 표현되는 우리 특유의 신명이나 분위기를 정치판에서는 '바람'이라는 말로 특정지어 해석하기도 한다. IMF 당시 전 국민의 '금모으기 운동'이나 이명박 정부 초입의 광우병 파동과 촛불시위 등도 이 같은 정치적 바람의 일종이자 파토스 열풍의 사례들이다. 그러나 아리스토텔레스는 정치적 장르보다 오히려 재판과 같은 사법적인 영역에서 파토스가 큰 힘을 발휘한다고 말한다.

숙의적인 장르의 경우 화자가 특정한 성격을 지니고 있다는 것을 보여주는 것이 유용한 반면, 사법적 영역의 경우 청자가 특정한 태도를 지니는 것이 유용하다. 어떤 대상을 좋아하느냐 싫어하느냐에 따라 우리의 의견은 분노하거나 온화해지기 때문에 동일한 대상도 서로 다르게 보인다.(1877b)

이를 풀어보면, 정치적인 영역에서는 에토스가 큰 힘을 발휘하는 반면, 사법적인 영역에서는 청중(배심원이나 판사)을 어떤 마음의 틀에 위치시키느냐에 따라 판결에 큰 영향이 미치기 때문에 청중(배심원이나 판사)의 마음을 잘 아는 것이 무엇보다도 중요하다는 얘기다. 정치권에서 부는 바람은 에토스, 즉 정치인의 품성이 불러일으키는 유권자들 마음속의 바람이지만, 사법적 판단에 영향을 미치는 것은 결국 재판관의 마음을 움직여 유리한 판결을 이끌어내는 파토스의 결과라고 볼 수 있다.

이에 반해 파토스가 지닌 역기능도 만만치 않다. 아리스토텔레스는 "사물의 객관적인 평가를 간섭할 수 있는 감정을 자극함으로써 판사를 타락시켜서는 안 된다"는 말로 파토스를 조작의 수단으로 사용하는 것에 대한 우려를 나타냈다. 논리적인 설득은 이성적이고 합리적이지만, 에토스를 동원하거나 파토스에 기대는 설득은 비합리적이고 위험하다고 생각하고 있었음을 알 수 있는 대목이다.

이처럼 '청중의 감정에 호소함으로써 청중을 확보할 수 있는 힘' 자체가 위험할 수 있다는 인식은 오늘날까지 이어져 내려오고 있다. 나치

정부 아래의 독일에서 벌어졌던 파토스의 광풍은 이 같은 생각의 중요한 원천이자 근거다. 지나친 감정은 사실에 눈멀게 하고, 극단으로 몰아넣고, 합리적인 사고과정을 방해한다. 나치의 선전상인 괴벨스가 독일 국민의 유대인에 대한 악감정을 불러일으키기 위해 증오심이라는 파토스를 동원해 선전활동을 펼쳤던 사실은 잘 알려져 있다.

선전은 대부분 감정에 영향을 주는 것을 목표로 해야 하고, 소위 지성에 미치는 영향은 아주 적어야 한다. 사람들에게 지나치게 지적인 요구를 해서는 안 된다. 대중의 수용능력은 아주 한정되어 있고 그들의 지능은 낮지만, 그 대신 망각하는 힘은 매우 크다. 이러한 사실에서 모든 효과적인 선전은 요점을 아주 제한하여 이를 슬로건처럼 이용하고, 의도하는 것을 마지막 사람까지 다 이해할 수 있도록 계속 슬로건으로 되풀이 하지 않으면 안 된다.(히틀러 《나의 투쟁》 Patkanis, Anthony & Elliot Aronson, 2005)

오늘날 비형식 논리학이라는 학문분야에서는 이 같은 역사적 선례를 토대로 논리적 오류의 상당부분이 파토스에 근거하고 있다고 지적하고 있다. 예를 들어 대중영합주의ad populum, 동정심에의 호소ad misericordiam, 인신공격성 논증ad hominem 등이 감정에 대한 호소에서 나온 논리적 오류라는 것이다. 특히 파토스가 단순히 감정에 호소하는 정도가 아니라, 합리적인 추론능력을 가로막을 정도로 동원될 때 기만적으로 될 수 있다고 보았다. 이런 이유로 논증학자 월턴walton은 "감정에 호소하는 것은 설득적 대화에서 정당하고 중요한 위치를 차지한다. 다만 그것이 기만적으로 사용될 수 있기 때문에 신중하게 다루어야 한다"고 파토스의 양면성을 지적하기도 했다.(Amossy, 2000/2003)

파토스의 양면성은 어떻게 작동하고 있는가? 포퓰리즘populism이라는 용어로 이 문제에 접근해보자. 포퓰리즘은 대중의 지지를 얻기 위한 욕심으로 책임의식이 부족하거나 결핍된 채 인간 감성에 호소하고 단순한 해결책을 선동하는 정치형태를 가리키는 말로 대중추수주의 혹은 대중영합주의로도 불린다. 2010년 3월 한나라당 안상수 당시 원내대표는 "국가의 한정된 재원을 고려하지 않고 부자들까지 무상급식하자는 민주당의 주장은 옳지 않다"고 지적하면서, "선거에 도움이 된다면 무조건 터뜨리는 민주당의 포퓰리즘은 무책임하기 그지없다"고 비판했다. 이 말을 전후하여 우리 정치권에서는 상대 정당의 정책을 싸잡아 포퓰리즘이라는 용어로 비판하는 표현들이 난무했다. 예를 들어 좌파 포퓰리즘, 4대강 포퓰리즘, 세종시 포퓰리즘, 교육 포퓰리즘, 등록금 포퓰리즘, 무상급식 포퓰리즘 등이 포퓰리즘과 연계되어 만들어진 신조어들이다. 이들 표현에는 대중이란 대개 비합리적이고 감정적이기 때문에 이러한 대중을 대상으로 선동적이고 파토스적인 정책을 펼치는 것은 무책임하다는 전제가 깔려 있다고 볼 수 있다. 이렇게 본다면 포퓰리즘이라는 표현에는 파토스적인 대중을 경멸적인 시선으로 바라보는 비민주적인 발상이 내포되어 있다고 할 수 있다.

역사적으로 보면, 포퓰리즘에 의해 일어난 파토스의 바람이 정치적 사건에 악영향을 끼친 사례가 적지 않다. 우리의 경우 그 대표적인 사례로 '초원복집사건'을 들 수 있다. 1992년 12월, 당시 대선을 앞둔 시점에서 김영삼 후보는 3당 합당의 여파로 인해 낮은 지지율을 기록하고 있었다. 이때 부산 초원복집에서 김기춘 법무부장관, 김영환 부산직할시장, 박일용 부산지방경찰청장, 이규삼 안기부 부산지부장, 우명수 부산시교육감, 정경식 부산지방검찰청장, 박남수 부산상공회의소장 등이 모여서 민주자유당 후보였던 김영삼을 당선시키기 위해 지역감정을 부추기고, 정주영·김대중 등 야당 후보들을 비방하는 내용을 유포시키자는 등의 관권선거 관련 대화를 나눴다. 여기서 나온 대화 가운데 유명한 것이 바로 "우리가 남이가"다. 이른바 영남은 '남이 아니라 우리이기 때문에' 지역 후보인 김영삼 전 대통령을 합심해서 지지해야 한다는 취지의 발언이었다. 이 대화내용은 정주영 후보 측인 통일국민당에 의해 도청되어 언론에 폭로되었다. 하지만 김영삼 후보 측은 이 사건을 음모라고 규정했으며, 언론 역시 당시 자리를 같이한 관계기관장들의 관권선거에 관한 부도덕성보다 주거침입에 의한 도청의 비열함을 더 부각시켰다. 이 때문에 김대중 후보 측의 통일국민당이 오히려 여론의 역풍을 맞았다. 김영삼 후보에 대한 영남 지지층이 집결하는 결과를 낳았고, 그로 인해 김영삼이 14대 대통령에 당선되는 계기가 마련되었기 때문이다.

상식적인 상황전개라면 관권의 선거개입은 국민들의 정치적 저항과 반발을 낳고, 이는 관권에 기대는 후보자의 패배로 귀결되어야 하지만, 집권 여당과 이를 지지하는 영남의 유권자들은 '우리가 남이가' 라는 파토스로 똘똘 뭉쳐서 선거 국면 최대의 위기 상황을 역으로 극복하는 결과를 낳은 것이다. 이 선거 결과는 지역주의라는 파토스가 낳은 가장 비합리적인 정치 결정의 대표적인 사례로 평가되고 있다. 정치적인 분야를 넘어서 우리 사회 전반에 흐르는 혈연, 지연, 학연 등과 같은 연고주의 역시 극복해야 할 파토스의 대표 주자들인 셈이다. 이명박 정부가 들어선 이후에 이루어진 일련의 인사에서 '고(대)-소(망교회)-영(남)'

정부라는 신조어가 유행했던 것 역시 '우리가 남이가' 식의 인사정책에 대한 풍자이자 고발의 표현이었다.

이와 같이 파토스는 잘 쓰면 약이지만, 잘못 쓰면 아주 쓰디 쓴 독이 되는 양날의 칼이자 야누스와 같은 속성을 지닌다. 예를 들어 적절한 애국심이나 경쟁심은 긍정적 효과를 갖지만 지나치게 되면 호전적으로 바뀌어 배타적이고 공격적인 파토스로 넘어가게 된다. 2002년 월드컵에서 보여주었던 '붉은악마' 의 파토스는 우리 사회의 역동적인 힘을 전 세계에 보여준 상징적인 사건이지만, 정도가 지나칠 때 언제든 영국의 '훌리건' 과 같은 난동으로 넘어갈 수 있는 씨앗이 늘 잠재되어 있다고 봐야 한다. '우리가 남이가' 역시 우리 사회의 끈끈한 정과 연고에 바탕을 둔 아름다운 전통이 될 수 있지만, 정도가 지나치면 정치나 사회의 합리적 발전과 변화의 발목을 잡는 걸림돌로 작용하게 되는 것이다.

에토스가 말을 듣는 사람들 사이에 공유되는 말하는 사람의 품성에 대한 이미지들이라면, 파토스는 말하는 사람이 움직이고자 하는 듣는 사람의 마음들이다. '이미지' 에 의도적으로 복수형을 쓴 것은 한 사람의 품성에 대한 이미지가 듣는 사람에 따라 다양할 수 있다는 것을 암시하기 위해서고, '마음' 에 복수형을 쓴 것은 말하는 한 사람이 다수의 듣는 사람들의 마음을 움직일 수 있다는 점 때문이다. 이 점에서 파토스는 집단적 현상이다. 글을 읽는 단 한명의 독자든, 아니면 한 공간에 모여 있는 복수의 청중이든 간에 말하는 사람이 틀 지우려는 파토스의 메시지는 한 사람 이상의 마음을 움직인다. 파토스를 동원한 설득은 말하는 사람의 정서적 감각이 듣는 사람의 정서적 감각과 통할 때 이루어진다.

말하는 사람이 서있는 위치가 아니라, 말 듣는 사람의 위치에서 출발하는 메시지 전략을 수사학에서는 상식선commonplace이라고 한다. 동양에서는 역지사지易地思之를 일컫는다. 나아가 말하는 사람은 가상의 독자든 실제적인 청중이든 늘 다수의 듣는 사람의 마음을 전제하여 메시지를 이끌어낸다. 이들 다수의 독자를 수사학에서는 '보편청중'이라고 이름붙이기도 한다. 이처럼 말 듣는 사람들이 다수라는 점에서 한 사람의 말하는 사람과 공유한 정서적 감각은 또 다른 청중의 정서적 감각과 연결될 수밖에 없다. 이 연계가 실패로 끝나면 설득도 이루어지지 않는다.

결국, 설득에 성공한 메시지는 보편청중이 집단적으로 공유하고 있는 상식이 된다. 말하는 사람과 듣는 사람 그리고 듣는 사람 '들' 사이에 공유된common 감각sense이 바로 상식common sense으로서의 파토스다. 파토스는 상투어, 신념, 가치 그 어느 것이든 청중이 지닌 집약된 여론의 지표인 셈이다. 파토스는 진리가 아니라 여론을 대표한다.

파토스가 양날의 칼이듯 상식과 여론 역시 야누스적이다. 커뮤니케이션 이론 가운데 '침묵의 나선이론'에 의하면, 다수의 여론이 폭력적인 힘을 행사하여 소수의 여론을 침묵시키는 소용돌이를 일으킴으로써 한 사회의 다양한 의견 구조가 사라진다고 본다.

상식이라는 한 사회의 평균적인 의견이 편견에 사로잡히면 심각한 선입견과 차별의식을 낳기도 한다. 그럼에도 불구하고 상식과 여론에 기반을 둔 파토스를 합리적인 설득의 논거로서 주목해야만 하는 이유는 "결정에 의한 영향을 가장 많이 받는 사람이 가장 좋은 결정을 내린다"고 했던 아리스토텔레스의 인용에서 찾을 수 있다. 요리사보다 음식을 먹는 사람이 요리를 더 잘 평가할 수 있는 감각을 지니듯이, 정책에 의해 영향을 가장 많이 받는 시민이 가장 좋은 정책적 선택을 할 수 있는 감각을 지니고 있다는 말이다. 이점에서 다분히 이상적으로 들리기는 하지만, 말하는 사람보다 듣는 사람이 말에 의한 영향을 많이 받기 때문에, 말의 내용에 대해 누구보다 더 잘 평가할 수 있는 감각 역시 궁극적으로 말을 듣는 수용자에게 있다는 얘기인 셈이다.

여기서 노무현 전 대통령의 발언을 인용하자. "강물은 결코 바다로 가는 것을 포기하지 않는다. 평지에서도 굽이쳐 흐를 때가 있을지라도 강물은 바다로 가는 것을 포기하지 않는다." 파토스 역시 강물과 같다. 비록 집단의 광기와 몰상식의 상식, 다수 의견의 편견으로 굽이쳐 흐를 때가 있을 지라도, 상식과 여론의 흐름은 보편적 진리의 바다로 가는 것을 포기하지 않는다. 바로 이것이 상식과 여론에 기반을 둔 진보의 가치이자 파토스의 이상이 아닐까?

4

논리적으로 타당해 보이게 만들라

로고스를 활용한 설득 전략

04

한때 KT에서 '때문이다'라는 광고시리즈를 내놓았던 것을 기억하는 독자들이 있을 것이다. 그중 한 광고를 인용해보자. '때문이다 - 하이힐 편'이다.

왕궁에 화장실이 없었기 - 때문에
배설물이 마구 널려있었기 - 때문에
널려진 배설물을 밟기 싫었기 - 때문에
"하이힐은 태어났다"

하이힐이 어떻게 생겨나게 되었는지 그 이유를 세 가지 근거를 통해 제시하고 있다. 이 주장을 곰곰이 들여다보면 '논리적'이라는 생각이 들 것이다. 텍스트에 제시된 세 개의 근거가 하이힐이 생겨난 배경에 대한 직접적인 전제와 조건을 설명하고 있기 때문이다. 이 주장이 설득력 있게 들리는 이유는 말하는 주체로서 KT의 품성에토스이 남다르게 제시되어 있기 때문도 아니고, 시청자의 심금을 울리는 정서적 파장파토스을 낳기 때문도 아니다. 아리스토텔레스가 효과적인 설득을 위해 세 번째로 제시한 로고스는 이처럼 말 그 자체에서 입증의 근거가 제시되는 경우를 의미한다.

아리스토텔레스는 로고스를 '연설 자체가 입증하거나 입증하는 것처럼 보이게 하는 근거(1356a)'라고 정의내리면서 "개별주제에 적용될 수 있는 설득의 수단을 통해 사실이나 사실임직함을 도출해낼 수 있을 때, 설득은 연설 그 자체에 의해 이루어지게 된다(1356b)"고 설명하였다. 이러한 로고스를 아리스토텔레스는 '논리적인 추론능력'이라고 표현하였다. 그렇다면 위의 광고는 어떠한 추론과정을 거쳐서 우리를 설득하고 있는지 그 구조를 살펴보도록 하자.

하이힐은 태어났다 - 주장
왜냐하면 널려진 배설물을 밟기 싫었기 때문이다 - 이유
왜냐하면 배설물이 마구 널려있었기 때문이다 - 근거 1
왜냐하면 왕궁에 화장실이 없었기 때문이다 - 근거 2

그렇다면 이유와 근거를 구분하는 기준은 무엇인가? 근거는 우리의 주관적 경험 밖에 존재하는 세상에 있다고 생각하지만 이유는 우리 머리에서 나온다. 어떤 주장에 대해서 근거가 어디에 있는지 물을 수는 있어도, 이유가 어디에 있는지 물을 수는 없다. 따라서 "널려진 배설물을 밟기 싫어서(이유) 하이힐이 태어났다(주장)"는 추론은 우리가 머릿

속에서 미루어 짐작한 논리적 추론과정의 결과이다. 반면 당시 서양의 왕궁에 "화장실이 없었다(근거2)" 거나 그로 인해 "배설물이 마구 널려져 있었다(근거 1)"는 점은 세상에서 찾을 수 있는 객관적인 사실에 다름 아닌 것이다.

이처럼 근거 없이 주장과 이유만 제시하면 그것은 단순한 의견 제시에 지나지 않으며, 단언이 된다. 반면 우리가 말이나 글을 통해 근거라고 제시하는 것은, 설사 우리가 직접 자신이 두 눈으로 그 사실(화장실이 없거나 배설물이 널려 있는 것)을 보았다 하더라도 근거를 직접 제시하는 것이 아니라 말이나 글의 형태로 재구성한 것을 제시할 뿐이다. 이 점에서 논증에서 제시된 근거는 엄밀하게 말하면 근거가 아니라 '근거에 대한 보고'인 셈이다.

이 점을 염두에 두고 위의 논증을 재구성하면 이 광고는 "왕궁에 화장실이 없었기 때문에 하이힐은 태어났다"라는 하나의 논리적인 입증문으로 요약할 수 있다. 이처럼 '화장실이 없었다'라는 전제에서 '하이힐이 태어났다'라는 주장으로 이동하는 과정 자체가 일종의 '추론'이다. 그리고 이 추론은 말 이외의 다른 근거를 제시하지 않기 때문에 '로고스'적으로 되는 것이다. 근거와 주장을 잇는 연계사는 '왜냐하면 ~ 때문이다'의 형식으로 제시될 수 있다. 따라서 '때문에'가 동원된 이같은 논리적 추론이 우리에게 그럴듯하게 들리면 우리는 이 로고스에 '설득' 당하게 되는 것이다.

이렇게 로고스를 설명하면, 로고스가 우리가 흔히 생각하는 '논리' 혹은 '논리학'과는 뭔가 다르다는 것을 느낄 수 있을 것이다. 논리학이라고 하면 흔히 연역적 삼단논법과 귀납적 삼단논법, 즉 연역법과 귀납법을 떠올린다. 이 두 방법을 체계적으로 정리한 학자 역시 아리스토텔레스다. 잘 알려진 것처럼 삼단논법이란 세 개의 진술문으로 구성되어 대전제와 소전제로부터 결론을 도출하는 방법을 말한다. 그러나 논리학의 삼단논법은 설득이 아니라 증명의 방법이다. 또한 사실임직함을 믿게 만드는 것이 아니라 진리를 규명하는 방법이라는 점에서 수사학의 로고스와 구별된다.

논리학의 삼단논법은 분류의 수단으로 범주를 설정하고, 범주 사이에 등식을 성립시킴으로써 진리를 추론하게 된다. 즉, 'a=b이고 c=a이면 c=b이다.'

이와 같은 논리적 추론이 타당한지 여부는 듣는 사람이 그럴듯하다고 생각하는 것과는 무관하게 주어진 형식에 의해 자동적으로 판별된다. 즉 대전제와 소전제가 참이고, 삼단논법의 형식이 바르다면, 결론 역시 자동적으로 타당하게 되는 것이다. 이 점에서 논리적 삼단논법 역시 말하는 사람의 품성과 무관하고 말 듣는 사람의 마음과도 전혀 무관하다. 형식에 의해 논리적 추론이 지배를 받는 논리학의 증명과정은 기본적으로 기하학 혹은 집합개념으로 설명할 수 있다. 연역적 삼단논법을 예로 들어보자.

모든 사람(a)은 죽는다(b). (대전제 A: a=b)
모든 한국인(c)은 사람(a)이다. (소전제 B: c=a)
따라서 모든 한국인(c)은 죽는다(b). (결론 C: c=b)

위의 삼단논법에서 대전제인 A가 참이고 소전제인 B가 참이라면 결

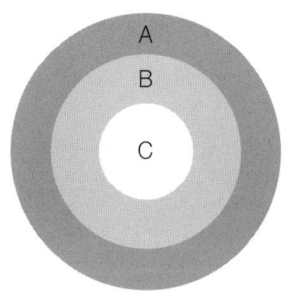

론인 C가 참이 아닐 가능성은 전혀 없다. 이는 위의 기하학 도식이 잘 보여주고 있다. 즉 삼단논법은 논리적 추론의 대상인 C를 참의 집합(영역)인 A와 B 내에 '포함(위치)' 시킴으로써 타당성을 확보하게 된다. 이 추론의 타당성 여부를 삼단논법이라는 형식인 집합(영역)의 포함(위치)관계를 통해 담보하고 있는 것이다.

그러나 수사학에서 이루어지는 논리적 추론의 타당 여부는 결코 이 같은 형식 자체에서 확보되지 않는다. 수사학이 다루는 주장들은 참이 아니라 참일 개연성이 있는 것, 진실이 아니라 진실임직하게 보이는 것을 대상으로 하기 때문이다. 설사 이 같은 삼단논법의 형식이 완비되고, 추론 자체가 논리적으로 타당하더라도 그것이 듣는 사람을 설득시키지 못한다면 논리적 추론이 실패로 돌아가고 만다.

위에서 설명한 광고를 다시 가져오자. 이를 논리적 삼단논법 형식으로 바꾸면 아마도 다음과 같이 될 것이다.

왕궁에 화장실이 없기 때문에(a) 배설물이 마구 널려있었다(b). (a→b)
배설물이 마구 널려있었기에(b) 사람들이 밟기 싫어했다(c). (b→c)
널려진 배설물을 밟기 싫어하기 때문에(c) 하이힐이 태어났다(d). (c→d)

여기서 볼 수 있듯이 광고상의 삼단논법은 a와 b, b와 c, c와 d의 관계가 등식(=)이 아니라 인과(→)적이기 때문에, a는 b를 낳고, b는 c를 낳으며 c가 d를 낳는 원인과 결과의 구조가 된다. 형식논리에서는 a와 c를 연결하는 매개항 b의 존재가 필수적이다. b를 매개로 해서 a와 c의 등식이 타당하다는 사실을 형식으로 입증할 수 있기 때문이다. 그러나 광고의 논리는 a와 d 사이의 타당성을 연계하는 매개항이 존재하지 않는다. 따라서 a→b→c→d 의 논리적 추론 혹은 확장이 타당한지 여부를 형식 자체로는 판단할 수 없다. 그럼에도 불구하고 우리가 이 광고를 '논리적' 이라고 본다면, 그것은 이러한 인과적 추론이 우리에게 '그럴듯하게' 들리기 때문일 것이다. 듣는 사람이 이 추론을 논리적이라고 판단하고 그 내용을 믿는 순간, 이 광고는 로고스적인 광고가 된다. 바로 이점이 로고스가 논리학과 수사학에서 다르게 작동하는 결정적인 차이다.

아리스토텔레스는 수사학을 논리학이나 변증론의 한 지류라고 선을 긋는다. 수사학은 논리학이나 변증론보다 한 수 아래라는 뜻일 것이다. 변증론은 논리학과 마찬가지로 귀납법과 연역법이라는 두 가지 추론 형식을 가지고 있다. 이에 반해 수사학은 예증법과 생략삼단논법이라는 독자적인 추론 방법을 가지고 있다고 아리스토텔레스는 말한다. 그가 높이 평가했던 논리학이 학문적인 진리 추론에서는 지배적인 영향력을 발휘했지만, 일상에서의 논리적인 설득과정을 설명하는데 있어서는 무용지물에 가깝다는 사실을 아리스토텔레스 스스로도 인정하고 있다. "이에 따라 나는 생략삼단논법을 수사적 삼단논법이라고 부르고, 예증법을 수사적 귀납법이라고 부른다. 모든 연설자는 예에 의한 증거를 제시하거나 혹은 생략삼단논법에 의해 증거를 제시하는 방식으로 믿음을 불러일으킨다. 이밖에 다른 방법은 없다.(1356b)" 결국 일상의 논리는 형식논리와 다른 방법으로 설득이 이루어진다는 고백인 셈이다. 그 과정이 어떻게 이루어지는지를 생략삼단논법과 예증법을 통해 좀 더 자세하게 알아보도록 하자.

생략삼단논법

형식논리가 의식적인 분석에 의해 추론된다면, 일상의 논리는 무의식적인 생략에 의해 작동한다. 형식논리는 형식 자체가 증명을 담보하지만, 일상의 논리는 생략된 전제나 결론을 아무 의심 없이 받아들일 때 설득으로 넘어간다.

일상의 논리가 설득을 낳는 두 가지 방식 가운데 하나인 생략삼단논법은 기본적으로 연역적이다. 연역법은 일반 원칙, 즉 대전제(모든 사람은 죽는다)에서 출발하기 때문에 사례, 즉 결론(한국사람은 죽는다)에서 예외가 인정되지 않는다. 연역법은 개별문제에 일반적인 원리를 적용하기 때문에 연역법의 결론은 형식상으로 필연적일 수밖에 없다. 그러나 생략삼단논법은 연역적 논리가 들어 있는 수사적인 추론이다. 그리고 수사학은 객관적 '사실'이 아니라 일상적인 '판단'에 관심을 갖는다. 이점에서 생략삼단논법은 형식적으로는 느슨하지만, 그 적용범위는 우리 일상의 전 영역을 포괄할 만큼 무한대로 넓다. 예를 들어보자.

A : 예쁜 여자는 벤츠 운전자에게 반한다.
B : 벤츠를 운전하는 남자는 예쁜 여자에게 반한다.
C : 따라서 나도 남자로서 벤츠를 타야 한다.

이 삼단논법은 외형상 논리적인 연역구조를 취하는 것처럼 보인다. 그러나 자세히 들여다보면 각 항의 관계가 범주적인 등식관계가 아니며, 결론의 주장 역시 사실적이지 않고 당위적이다. 아리스토텔레스의 표현을 빌면 "결론 역시 필연적인 전제로부터 도출되는 것이 아니라 관행적으로 사실임직한 것으로부터 끌어(1396a)" 온 것이 된다. 이와 같이 외관상으로는 연역처럼 보이지만 범주적 증명이 아니라 당위적 판단이나 결정 혹은 소망 등을 담을 수 있는 것이 수사적 논리의 특징이다.

나아가 이 내용을 두고 친구끼리 대화하고 있는 상황을 머릿속에 그려보자. 일상적인 대화에서 우리는 위의 세 단계 논리적 절차를 모두 표현하지 않는다. 만약 연역적 삼단논법 형식으로 친구에게 말하면 '너 미쳤냐' 며 황당해하는 반응만 돌아올 것이다. 그보다는 오히려 "예쁜 여자는 벤츠라면 껌뻑 죽는대. 그래서 나 벤츠 살거야(A+C)"라 거나 "여자를 꾀려면 벤츠 정도는 타야지(B+C)"라고 표현하는 쪽이 훨씬 더 현실에 가까운 모습일 것이다. 여기에서 볼 수 있듯이 일상의 논리는 전제를 과감하게 생략한다.

아리스토텔레스는 삼단논법 가운데 하나 이상의 진술문을 생략하는 이유에 대해 "논리 단계를 다 거치면 진술문이 너무 명백해서 언어낭비(1359b)"가 되기 때문이라고 밝히고 있다. A+C로 이루어진 첫 번째 주장에서 B를 생략할 수 있었던 것도, '남자가 예쁜 여자에게 반하는 것' 이

지극히 상식적이고 당연한 것이어서 이 말을 포함하는 것 자체가 과잉이고 낭비이기 때문이다. 논리 단계가 생략되었지만 이 주장을 납득할 수 있는 이유 역시 '같은 남자로서 늘 예쁜 여자에게 반하는 사실' 자체를 남자들 누구나 공감하고 있기 때문이다.

생략삼단논법에서 생략을 통해 추론할 경우, 너무 거리가 먼 추론은 설득에 어려움을 초래할 수 있다. 예를 들어 어느 날 친구가 느닷없이 "나 벤츠 탈래(C)"라고 뜬금없는 말했다고 하자. 이 경우 결론에 이르는 전제가 없기 때문에 무엇을 주장하려는지 알 수 없게 된다. 그러면 당연히 상대방이 "왜 벤츠를 사려고 하는데?"라는 식의 질문을 던지는 추가적인 추론 과정이 도입될 수밖에 없다. 따라서 아리스토텔레스는 지나치게 과감한 생략에 의해 너무 거리가 먼 추론을 하게 되면, 주장하는 바가 '불분명해진다'고 주의를 당부한다. 흥미로운 것은 다음과 같은 아리스토텔레스의 인용이다.

바로 이점 때문에 교육받은 연설가보다 무지한 연설가가 군중 앞에서 더 설득적일 수 있게 되는 것이다. 교육받은 연설가는 일반적이고 공론적인 소재를 말하는 반면, 무지한 연설가는 자신이 경험을 통해 아는 것만 말하는데, 이것이 청중들의 관심에 가까운 내용이기 때문이다. 결과적으로 웅변가들은 모든 사람의 의견으로부터 논증을 끌어내려고 해서는 안 되며, 한정된 몇몇의 의견을 끌어와야 한다. … 나아가 이 의견이 거의 대부분 듣는 사람들의 의견임에 틀림이 없다. (1395b)

결국, 교육받은 연설가가 형식논리를 동원할 때보다 무지한 연설가가 생략삼단논법을 동원할 때 오히려 더 설득적일 수 있다는 얘기다.

무지한 연설가는 경험을 전제로 삼지만, 교육받은 연설가는 일반적이고 보편적인 이론을 전제로 말하기 때문이다. 결국 무지한 연설가가 동원하는 경험이란 대부분의 청자가 동의하는 경험이기 때문에 훨씬 설득의 힘이 강하다는 뜻으로 해석할 수 있다. 위의 예로 보자면 "예쁜 여자가 벤츠 운전자에게 반한다"라는 전제는 책상이 아니라, 현장에서 얻을 수 있는 경험적 사실이다. 이 같은 전제가 "여자는 돈에 약하다"는 식의 보편적 근거보다 청중을 설득하는데 있어 훨씬 강한 힘을 발휘한다. 경험에서 얻은 결과인 만큼 더 생생하고 구체적이라서 듣는 사람의 공감을 불러일으키기가 훨씬 쉽기 때문이다.

생략 가능한 전제들

아리스토텔레스는 생략 가능한 전제의 유형을 세 가지로 구분한다. (1357b) 일반적 통념eikos, 지표semeion, 필수지표techmerion가 그것이다.

일반적 통념이란 사실임직하다고 받아들이는 보통 사람들의 생각을 말한다. 절대적이지는 않지만, 일반적으로 일어나는 개연성 있는 전제가 그것이다. 예를 들어 '부모는 자식을 사랑한다' 거나 '아름다운 것은 비싸다' 와 같은 것이 이에 해당한다. 통념은 대개 인과적인 주장의 이유로 활용된다. "(부모인) A가 (자식을 해친) 범인일리는 없어"라고 말하는 것은 '부모는 자식을 사랑한다'는 통념을 생략한 채 인과적 주장을 펼친 것으로 볼 수 있다. 위의 예에서 '모든 예쁜 여자는 벤츠 운전자에게 반한다'는 전제 역시 일반적인 통념에 따른 사실임직함에 기대고 있다. 이 같은 생각이 보편적으로 받아들여질수록, 이 진술문을 생략할 수 있는 가능성은 더 커지고 이를 기반으로 논리적인 주장을 펼칠 수 있는 여지도 커지게 된다.

지표는 특수한 것이 일반적인 것에 대해 갖는 관계를 전제로 하는 경우이다. "얼굴이 창백한 걸로 봐서, 그녀가 임신한 거 같아"라는 주장을 예로 들어보자. 임신을 드러내는 징후로 얼굴이 창백해지는 것 외에도 입덧을 한다거나 가슴이 커지는 등의 여러 가지가 있을 수 있다. 이러한 여러 징후들 가운데 하나를 전제로 하여 임신했음을 주장할 때 이 전제들은 생략가능하다. 예를 들어 "얼굴 창백한 거 봐"라고만 말해도 "임신 때문에 그런 거야"라는 말이 굳이 필요하지 않게 된다는 얘기다. 할머니가 "비가 오려나? 삭신이 쑤시네"라고 말할 때, 할머니의 삭신이 쑤시는 아주 특수한 징후가 비가 온다는 일반적인 주장의 전제가 되는 것이다. 징후 자체가 특수하면 특수할수록 증명은 필수적이 되고 생략하기가 어려워진다. 하지만 할머니가 몸 이쪽저쪽을 두드리면서 "비가 오려나"하고 혼자 중얼거릴 수도 있고(지표의 생략), 잔뜩 구름 낀 하늘을 바라보면서 "삭신이 쑤시네"라고 주장 없이 지표만 제시할 수도 있다. 또한 "벤츠 운전자 옆에 예쁜 여자가 앉아 있다"라는 특수한 사례가 "예쁜 여자는 벤츠 운전자에게 반한다"라는 일반적인 주장의 지표적 증거로 제시될 수도 있다.

마지막으로 필수지표는 물리적 연관성을 가진 징후를 말한다. 젖이 나오는 현상은 아이를 출산했다 사실을 전제로 한다. 범인이 범행현장에 남긴 지문과 족적은 범인이 현장에 있었다는 사실을 나타내는 징후이다. 열이 나는 것은 감기에 걸린 결과로 나타나는 증상이다. 이때 젖이 임신의 원인이 아니듯, 지문은 범행의 원인이 아니다. 마찬가지로 열이 감기의 원인일 수는 없다.

필수지표는 이처럼 반드시 나타나는 증상을 의미한다. 엄마가 아이의 머리를 짚으면서 "열이 많이 나네"라는 말만으로 "감기가 걸렸다"는 전제를 생략할 수 있고, 현장에 남겨진 지문감식 결과만으로도 지문의 주인공이 범인이라는 사실을 증명하고도 남게 된다. 이처럼 필수지표는 우리가 물리적으로 관찰할 수 있는 증상을 토대로 그 증상을 초래하는 근거를 추론하는 과정에서 활용된다. '삭신이 쑤시는 것'이 비가 올 가능성을 나타내는 특수한 지표에 불과하지만, 굴뚝에서 연기가 똑바로 올라가지 않고 옆으로 흐르는 징조는 비가 올 가능성을 나타내는 보다 보편적인 지표이다. 이는 기압과 연관된 것으로 고기압일 경우 연기가 똑바로 올라가지만, 저기압의 경우 옆으로 흐른다고 한다. 이점에서 옆으로 흐르는 굴뚝의 연기는 비가 올 가능성을 나타내는 필수지표인 셈이다.

달무리가 생기면 비가 온다는 통념이 속설로 전해오고 있다. 통계적으로 달무리가 생긴 지 하루 이내에 비가 올 확률은 약 65%라고 한다. 그렇다면 달무리가 생기면 비가 온다는 생각은 지표일까 필수지표일까? 구분하기 쉽지 않다. 시대에 따라, 지식의 수준에 따라 지표가 필수지표가 되고, 필수지표가 지표가 될 가능성이 열려 있다. '머리의 열'이 엄마에게는 감기를 나타내는 필수지표가 될 수 있지만, 의사의 진단결과 장염이나 다른 질병으로 인해 나타난 증상일 가능성이 늘 열려 있는 것과 마찬가지이다. 따라서 아리스토텔레스가 지표와 달리 필수지표를 가지고는 논리적 삼단논법도 구성할 수 있다고 그 의미를 크게 부각시키고 있지만, 지표와 필수지표를 구분하는 것 자체가 일상의 수사학에서 크게 의미 있다고 보기는 어렵다.

통념이나 지표 혹은 필수지표가 생략삼단논법의 전제로 기능한다는 말은 생략삼단논법이 우리 사회의 상식이나 가치 혹은 믿음과 밀접하게 연관되어 있다는 말이 된다. 바로 이 점 때문에 아리스토텔레스는 격언을 생략삼단논법의 일종이라고 보았다. 아리스토텔레스에 의하면 격언은 행위만을 대상으로 하며, '행위와 관련하여 선택되거나 피할 수 없는 특징을 가진 일반적인 것'을 말하는 하나의 경우이다. 따라서 "건강보다 더 훌륭한 재산은 없다"라는 격언은 이를 듣는 사람들에게 요구되는 행위(건강을 지키는 행위)에 대한 구체적인 거론 없이도 훌륭한 논증요건을 구성하게 되는 것이다. 속담도 생략삼단논법으로 활용될 수 있는 자격을 갖추고 있다. "아니 땐 굴뚝에 연기나랴"라는 말은 우회적으로 누군가의 책임을 거론하는 논증에서 하나의 대전제로 활용할 수 있다.

아리스토텔레스는 격언이나 속담을 활용하는 연설의 이점을 다음과 같이 정리하였다.(1359b) 먼저, 사람들은 자신의 의견이 일반적인 격언에 부합할 때 기쁨을 느끼며, 자신의 개별적인 경험을 격언이라는 일반화된 형태로 듣는 것을 좋아한다. 따라서 말하는 사람은 듣는 사람이 어떤 감정을 가지고 있는지, 그들이 가진 선입관은 어떤 것인지를 살핀 후에 일반적인 형태로 이야기해야 한다고 권고한다. 나아가 아리스토텔레스는 격언이 연설에 윤리적인 성격을 부여해준다고 보았다. 격언을 사용함으로써 말하는 사람의 윤리적 선호도를 분명하게 선언할 수 있다는 얘기다. 따라서 격언이 훌륭하다면, 격언을 인용하여 말하는 사람 역시 좋은 인품을 가지고 있음을 드러낼 수 있게 된다.

예증법과 확신의 확장

생략삼단논법이 수사학적 연역법이라면 예증법은 수사학적 귀납법이다. 아리스토텔레스는 "예증은 귀납법과 같은 방식으로 대상들을 처리한다. 그러나 귀납법처럼 부분이 전체에 관계를 갖거나, 전체가 부분에 관계를 갖거나, 하나의 전체가 다른 전체와 관계를 갖는 것은 아니다. 예증법은 관계를 맺는 두 부분이 같은 영역에 속하거나, 하나가 다른 하나보다 더 잘 알려진 경우에 한해서 부분이 부분에게 관계를 갖거나, 유사한 것이 유사한 것에 관계를 갖는다1357b"라고 밝혔다. 이 말은 예증법이 귀납법의 일종이라는 의미를 내포한다. 차이가 있다면, 귀납법이 보편적인 결론을 낳는 방식으로 진리를 확장하는 기능을 갖고 있는 반면, 예증법은 보편적인 결론 없이 사례와 사례 사이의 비교나 유사성을 부각시키기 위한 수사기법의 일종이라는 점이다. 따라서 예증은 일상의 논리법이다. 이를 좀 더 자세하게 살펴보자. 먼저 귀납법의 작동 방식을 보자.

사람, 말, 노새는 오래 산다.
사람, 말, 노새는 담즙이 없는 동물이다.
그러므로 담즙이 없는 동물은 오래 산다.

아리스토텔레스의 〈분석론 전서〉에 나오는 예문이다. 이 귀납적 삼단논법에서 알 수 있듯이 '담즙이 없는 동물은 오래 산다'는 결론은 경험이나 관찰로 얻은 전제로부터 '개연적probably' 혹은 '가능적possibly'으로 추론한 근거이다. 연역법이 보편적인 전제로부터 개별적인 사례를 결론으로 도출한다는 점에서 진리보존적 논증방법이라면, 귀납법은 개연적 가능성을 기반으로 하여 새로운 보편적 결론을 도출한다는 점에서 진리확장적 논증방법이다. 귀납법을 통해 얻은 새로운 지식(담즙이 없는 동물이 오래 산다)은 '담즙이 없으면서 일찍 죽는 동물'이 발견되는 순간에 오류가 된다. 이른바 '성급한 일반화의 오류'가 되는 것이다. 그러나 이 같은 반증가능성이 확인되지 않는 한, 귀납법은 경험에 따른 구체적인 지식을 전제로 하기 때문에 '내용적으로' 큰 설득력을 지닐 수 있다. 아리스토텔레스는 수사학적 귀납법이라고 불리는 예증법에 대해 다음과 같이 말한다.

생략삼단논법을 가지고 있지 않은 경우, 증명의 수단으로 예증을 사용해야 한다. 왜냐하면 사례는 확신을 유도하기 때문이다. 생략삼단논법이 가능할 경우에는 생략삼단논법에서의 결론처럼 사례들을 증거로 사용해야 한다. 사례들을 먼저 앞세우면 귀납법과 유사한 상황을 낳게 된다. 그런데 몇몇의 경우를 제외하고 귀납법은 수사적인 연설에 어울리지 않는다. 사례가 마지막에 사용될 경우, 사례는 증거와 유사한 성격을 갖게 된다. 왜냐하면 증인들은 거의 대부분의 경우 신뢰를 낳기 때문이다. 결국 사례를 첫머리에 위치시키면 필연적으로 여러 개의 예들을 더 찾아내야할 상황에 처하는 반면, 맨 마지막에 위치시키면 단 하나의 사례만으로도 충분하게 된다. 왜냐하면 단 한 명일지라도 정직한 증인은 그 효과가 크기 때문이다. (1394a)

여기서 흥미로운 점은 귀납법이 수사적인 연설에 부적합하다는 지적이다. 빠른 결론을 기다리는 청중에게 결론을 유보한 채 사례들만 나열하는 경우를 떠올려보면 아리스토텔레스의 뜻을 헤아리기가 어렵지 않을 것이다. 귀납적인 예를 활용하면 일반화된 결론을 추론하기 위해 다른 예들을 추가로 제시해야 하는 과정이 필요하지만, 생략삼단논법이나 연역적인 방법으로 제시할 경우, 단 하나의 예만으로도 충분하다. 연역법에서 마지막 결론으로 제시된 예는 듣는 사람들로 하여금 증인의 증언과도 같은 믿음을 불러일으킨다고 아리스토텔레스는 보았다. 그러나 이 같은 연역이 성립되지 않거나, 연역이 불필요한 논리의 경우에는 사례가 증명의 수단으로 사용될 수 있다고 권고하고 있다.

정리하면, 예증의 경우 생략삼단논법의 하나로 사용될 수 있지만, 이때는 보편적인 전제에서 추론되는 하나의 사례로 기능하는 것이다. 반면 귀납법에서 예증을 사용하는 것은 여러 가지 사례를 찾아야 한다는 점에서 번거롭기도 하고, 특히 연설과 같은 구어적 상황에서는 적절하지 못한 것으로 판단된다. 귀납이 아닌 예증 단독으로 사용되는 경우는 단지 주어진 주장을 입증하기 위한 근거로서 사례가 동원되는 경우이다. 이때는 어떤 보편적인 주장을 펼치려는 목적이 아니라 단지 사례를 같은 차원에서 비교하거나 다른 차원에서 추론하기 위해 사용되는 것으로 이해할 수 있다.

이처럼 증명의 수단으로 예를 사용하는 경우를 아리스토텔레스는 '크게 앞서 일어난 사실들을 인용하는 경우'와 '예증 자체를 만들어내는 경우'로 구분하여 설명한다. 전자를 '역사적인 예증'이라고 부르며, 후자는 다시 '비교comparisons'와 '우화fables'로 구분된다.

역사적인 예증이 주로 활용되는 분야는 정치적인 영역이다. 정치가 정책을 숙의하는 과정이기 때문에 "예증법은 숙의적인deliberative 화자에게 가장 적합하다. 왜냐하면 과거를 점검함으로써 미래를 예측하고 판단하기 때문이다.(1368a)" 현재 우리나라의 여러 경제 지표가 '제2의 IMF사태'를 초래할 위기를 나타낸다면, 과거 IMF 시절의 정책적 조치를 검토함으로써 미래에 올지도 모를 경제위기에 현명하게 대처할 수 있다. 혹은 비슷한 역사적 경험을 했던 다른 나라의 사례들 역시 우리의 위기에 정책적으로 대처할 수 있는 방법을 제시해 줄 중요한 타산지석이 된다. 왜냐하면 "대부분의 미래는 과거와 유사하기 때문이다." 이처럼 역사적인 예증에서 관계를 맺는 제2의 IMF사태와 원조 IMF사태 혹은 외국의 유사한 경제위기 상황들은 모두 같은 영역에 속한 동일한 차원의 사례를 병렬적으로 나열하는 경우가 된다.

예증 자체를 만들어내는 경우는 현실에서 유사한 상황을 찾기 어려운 경우로, 상상력을 동원하여 유사한 예를 찾는 방법을 말한다. 따라서 비교는 서로 차원이 다른 두 영역에 공존하는 유사성을 찾을 수 있는 능력을 갖추었을 때 창안invent될 수 있다. 아리스토텔레스는 그 예로 소크라테스의 말을 인용하여, "행정관을 제비뽑기로 선출해서는 안 된다. 이는 마치 육상선수를 신체적인 능력이 아니라 제비뽑기로 선출하는 것과 같다"라는 논증을 제시한다. 즉, 차원이 다른 두 영역에 공존하는 유사성에 기대어, 육상선수를 제비뽑기로 선출하는 것이 부당하듯이 행정관 역시 제비뽑기로 뽑아서는 안 된다고 주장하는 것이다. 이처럼 비교는 하나가(여기서는 육상선수 선출방법) 다른 하나(행정관 선출방법)보다 더 잘 알려진 경우에 서로 차원이 다른 비교를 통해 부분과 부분이 관계를 맺는 방식으로 주장의 타당성을 입증하는 것이다.

마지막으로 우화의 경우는 이솝우화와 같은 이야기를 동원하여 예증하는 것을 말한다. 우화의 사용은 당시 그리스에서는 일상적인 설득방법이었으며, 심지어 법정에서까지 예증방법이 사용되었다고 아리스토텔레스는 말한다. 수사학 2권에 소개되고 있는 이솝의 우화를 살펴보도록 하자.

강을 건너던 한 여우가 그만 구덩이에 빠졌다. 여우는 나올 수 없었고, 오랫동안 들러붙은 진드기들 때문에 고통을 받았다. 그곳을 지나던 고슴도치 한마리가 곤경에 처한 여우에게 동정심을 갖게 됐다. 고슴도치는 여우에게 자신이 진드기를 제거해주면 어떻겠냐고 물었다. 하지만 여우는 이를 거부했다. 고슴도치가 그 이유를 묻자 여우는 이렇게 말했다. 현재 자기 몸에 붙어 있는 진드기들은 이미 배를 가득 채운 상태여서 아주 조금의 피만 빨아먹을 뿐이라는 것이다. 그런데 이 진드기들을 제거하고 나면 굶주린 다른 진드기들이 달라붙어서 남은 피를 전부 빨아먹을 것이라는 대답이었다. (1393b)

이솝은 이 우화를 통해 중대한 범죄로 고소당한 한 선동가를 보호하고자 했다. 이 우화를 소개한 후 이솝은 다음과 같이 덧붙였다. "사모스 시민들이여. 여러분 역시 마찬가지입니다. 여기 이 사람은 더 이상 여러분에게 해를 끼치지 않을 것입니다. 왜냐하면 그는 이미 부유하기 때문입니다. 하지만 만약 여러분이 이 사람을 처형한다면, 가난한 다른 사람들이 와서 여러분의 재산을 훔치고 축낼 것입니다. (1394a)"

앞서 역사적 예증이 정치와 같은 숙의적인 영역에 적합한 논증방식이라고 했던 반면, 우화는 과시적인 연설에 어울리는 예증방식이라고 할 수 있다. 왜냐하면 이야기가 가지고 있는 구체적인 내용을 통해 말하는 사람이 주장하는 바를 듣는 사람이 이해하기 쉽기 때문이다. 그러나 비교와 마찬가지로 우화 역시 듣는 사람이 이야기의 유사성을 찾을 수 있는 능력을 가졌을 때에야 비로소 설득의 힘을 발휘한다는 한계를 지니고 있기는 하다.

아리스토텔레스는 "예증법에 근거한 논증은 보다 설득적이라고 할 수 있는 반면, 생략삼단논법에 기반을 둔 논증은 더 큰 동의approval를 이끌어낸다(1356b)"라고 하여 두 가지 근거의 차이를 밝히고 있다. 따지고 보면 오늘날의 광고는 예증법을 활용하는 근거보고의 일종이다. 다이어트 음료의 효용을 모델의 사전 사후 변화로 비교before and after comparison해서 보여주는 경우, 주방세제의 세척력을 타사 제품과 비교side-by-side demonstration해서 보여주는 경우, 화장품의 미용효과를 예쁜 모델을 동원하여 시연해 보이는 시범형 광고demonstration 등이 이 같은 예증 기법을 동원한 대표적인 사례라고 할 수 있다. 이처럼 사실 중심의 사례들을 보여주는 것이 수용자의 마음을 사로잡는 하나의 설득적인 기법이라는 점에서 볼 때, 광고와 같은 상업적인 메시지에서 예증 기법이 다양하게 활용되는 것은 지극히 자연스러운 일이다.

반면 생략삼단논법은 말하는 사람과 듣는 사람 사이에 공동의 통념이나 가치에 기반을 두고 생략이 이루어진다는 점에서 생략된 전제나 결론을 듣는 사람이 자발적으로 재구성해내는 능동적 참여가 의식하지 못하는 가운데 이루어진다. 생략삼단논법은 듣는 사람의 논증과정에 대한 개입 없이 진행되기 어렵다는 점에서 볼 때, 일단 설득되고 나면 듣는 사람이 말하는 사람의 입장과 같은 위치로 전환되는 논리적인 동일시 과정이 진행된다고 볼 수 있다.

실체의 논리와 오류

지금까지 우리는 수사학 영역에서 논리적인 주장을 펼칠 수 있는 연역적 방법인 생략삼단논법과 귀납적 방법인 예증법을 살펴보았다. 이제 수사학의 로고스가 설득을 위한 하나의 수단이라는 점에서 그 논리적 타당성을 점검해야 할 시점이다. 형식논리학에서 결론이 타당한지 여부는 형식자체에서 확보되어진다. 연역법의 경우는 대전제가 소전제를 매개로 하면 결론의 타당성이 자연스럽게 드러나며, 귀납법의 경우는 주어진 예에서부터 보편적인 결론을 추론할 수 있고 반증의 사례가 발견되지 않으면 타당한 것으로 받아들여진다.

반면, 수사학에서 사용하는 로고스는 형식 자체에서 자동적으로 타당성이 도출되지 않는다. 수사적 논리의 특징을 형식formal 논리에 맞서서 '실체substantial의 논리' 라고 부르기도 한다. 형식의 반대말이 바로 실체이기 때문이다. 이때 '실체적' 이라는 말은 결론이 전제 속에 포함되어 있지 않은 주장이라는 뜻과도 동일하다. 이 말은 내포관계가 형식상으로 입증되지 않기 때문에 형식만으로는 참과 거짓을 구분할 수 없고, 반드시 주장하는 바의 실체를 따져야만 그 타당성 여부를 가늠할 수 있는 주장이라는 말과도 같다. 수사적 논리는 전제로부터 결론으로 '형식적 비약type-jump' 을 하기 때문에 이런 주장들이 형식적으로는 타당하지 않게 된다. 실체적 주장의 예로는 1)전제는 과거와 연관되고 주장은 미래에 대해 말하는 미래예측성 주장 2)현재의 자료를 전제로 삼아 과거에 관한 결론적 주장을 제기하는 역사적 추론 3)특정한 관찰이나 실험에 기반을 두고 보편적인 자연법에 관한 결론을 내리는 귀납적 주장 4)모양이나 색과 같은 심미적 속성에 대한 가치판단 등이 있다.(van Eemeren, et. al. 1996)

이렇게 본다면 일상의 논증방식은 대부분 실체적인 논리에 해당한다고 볼 수 있을 듯하다. 수사적 삼단논법인 생략삼단논법과 예증법은 당연히 실체적인 타당성 검증의 대상이 된다. 그렇다면 로고스 차원에서 실체의 타당성 여부를 따지는 과정은 어떻게 진행될까?

우선 아리스토텔레스는 생략삼단논법을 증명적인 생략삼단논법과 논박적인 생략삼단논법으로 구분하였다. 증명적인 것은 사람들이 동의하는 전제로부터 결론을 도출해내는 것을 말하며, 논박적인 것은 상대방이 내린 결론과 일치하지 않는 결론을 이끌어내는 것을 말한다. 생략삼단논법의 전제 자체가 유일한 진리가 아닌 사실임직한 사안에서 도출된다는 점에서 생략삼단논법이 증명과 논박으로 나뉜다는 사실은 충분히 이해할 만하다. 근거를 동원하여 주장의 이유를 증명하거나 반박하는 과정이 따르기 때문이다.

예를 들어 '모든 예쁜 여자는 벤츠 운전자에게 반한다'라는 대전제 자체가 만고불변의 진리가 아닌 이상, '예쁘면서도 벤츠운전자를 버리고, 티코운전자에게 반한 여자'의 사례를 찾아 반론을 제기할 개연성은 상존한다. 앞서 살펴보았듯이 이는 통념의 경우는 말할 필요도 없고, 지표나 심지어 필수지표의 경우도 마찬가지다. 일상의 논리를 놓고 찬반으로 나눠 갑론을박을 벌이는 일은 너무나 당연한 이치이다. '아이의 열'을 놓고 엄마와 아빠가 서로 다른 병인을 추론하면서 논쟁을 벌이는 것이 부모의 일과인 것과 마찬가지이다. 이 때문에 논박적 논법이 증명적 논법보다 더 선호된다고 아리스토텔레스는 밝히고 있다.

생략삼단논법은 통념, 지표 혹은 필수지표를 전제로 삼아 주장을 펼치는 논리적인 추론이자 도약이기 때문에 잘못 추론하거나 오류에 빠질 개연성이 늘 열려있다. 이점에서 변증법적 논박은 상대의 주장에 비해 자기주장의 합리성을 부각시키고, 로고스를 동원하여 청중을 설득시키기 위한 필수불가결한 과정이 되는 것이다.

생략삼단논법을 활용한 갑론을박의 과정에서 상대의 추론에서 오류를 발견하거나 내 주장에서 오류를 방지하기 위해서는 다음의 절차가 필요하다. 첫째, 주장 속에 숨겨진 전제를 찾는다. 둘째, 이 숨겨진 전제가 생략가능한지, 즉 보편타당한지 살핀다. 셋째, 숨겨진 전제가 보편타당하면 로고스적 설득이지만 그렇지 않으면 오류라고 논박한다.

예를 들어, 직장 상사가 업무상 실수를 저지른 부하직원을 두고 "그 대학 출신은 왜 다 그 모양이야!"라며 혼내고 있다고 가정하자. 이 말에 숨어있는 전제는 무엇인가? 바로 "OO대학 출신은 모두 업무능력이 형편없다"라는 근거이다. 이 대전제 아래에서 "이 부하직원은 OO대학 출신이다. 따라서 그의 업무능력도 형편없다"는 소전제와 결론이 도출되는 것이다. 따라서 직장 상사가 이렇게 황당한 주장을 펼치면 숨어있는 전제를 찾고, 전제의 보편타당성을 따져 물어야 할 것이다. 그래서 전혀 보편타당하지 않다면 그 상사에게 대놓고 논박하라. 당신의 주장은 논리적 '오류'라고 말이다.

예증법을 논박하는 경우는 이보다 더 쉽다. 사실 연역법은 보편적 명제를 이끌어내기까지 많은 양의 사례를 필요로 한다. 추론을 통한 일반화 자체가 길고도 험한 과정이기 때문이다. 이에 비해 귀납법에 대한 논박은 훨씬 쉽다. 제시된 귀납적 결론에 부합하지 않는 단 한 가지 사례만 있으면 보편적 명제가 무너지고 만다. 반대 근거를 제시하는 이 과정을 반증이라고 한다. 위의 예에서 "일 못하는 A도 ○○대학 출신이고, B도 마찬가지며, C, D, E 등도 다 ○○대학 출신이다"라고 주장하여 "○○대학 출신은 모두 업무능력이 형편없다"라는 결론을 이끌어낸 경우, "○○대학 출신이면서 일도 잘하는 F"라는 단 하나의 예를 근거로 거론하기만 하면 이 귀납적 논리를 단박에 무력화시킬 수 있다.

그렇다면 일상의 귀납법인 예증법에 대한 논박은 어떻게 이루어질까? 예증법은 귀납법처럼 보편적인 결론이 없다. 따라서 비교된 사안들이 비교 대상이 될 수 없기 때문에 잘못된 유추의 오류fallacy of false analogy가 있다는 점만 지적하면 된다.(김용규, 2007) '경제계에서 성공한 CEO가 정치에서도 성공할 수 있다'는 'CEO 대통령론'에 대해 경제와 정치가 전혀 다른 영역이라는 사실을 적시함으로써 경제계의 성공이 정치판의 성공으로 저절로 이어지지는 않는다는 점만 밝히면 예증에 대한 논박이 끝나는 것이다.

반박을 통해 논리의 실체를 파고드는 분석은 로고스의 '논리성'을 높인다. 그러나 문제는 과연 말을 듣는 사람들이 얼마만큼 그 실체적 타당성에 대해 고민하고 따져드는가 하는 점이다. "듣는 사람은 긴 논증의 연쇄망을 따라가거나 몇 단계에 이르는 논증에 대한 전체적인 개관을 할 능력"이 떨어지기 때문에 로고스의 외양으로 비합리적인 설득이 이루어진 무수한 사례를 우리는 역사적으로 경험해 왔다.

   미국에서 한 실험이 있었다. 한 학생이 복사가게 앞에 길게 늘어선 행렬 중간에 끼어들며 순서를 양보하기를 청했다. 그러면서 그가 했던 말은 "저 먼저 복사하면 안 될까요? 왜냐하면 제가 먼저 복사를 해야 하거든요"였다. '왜냐하면' 이라는 인과적 접속사를 이용해 마치 순서를 양보해야 하는 타당한 이유가 있는 것처럼 얘기하고 있지만, 사실 근거로 제시된 대목은 아무 내용도 없는 동어반복일 뿐이다. 그럼에도 불구하고 이렇게 말한 경우가 단순하게 "제가 먼저 복사하면 안 될까요?"라고 아무 이유나 근거 없이 부탁한 경우보다 자리를 양보 받는 성공률이 몇 배나 더 높았다고 한다. 많은 사람들은 논리적인 형식성만 갖추면 '묻지도 따지지도 않고' 논리적인 것처럼 해석하고 이를 수용하는 경향이 있다는 것을 이 실험이 잘 증명한 셈이다. (Patkanis & Aronson, 2005)

   또한 스스로 논리적이라고 주장하여 제시한 이유나 근거들도 잘못된 원인과 결과를 추론하거나, 선택적인 정보처리 과정으로 인해 선입관과 편견을 강화하는 방식으로 귀결되는 경우가 많은 것이 현실이다. 이렇게 본다면 주장과 이유 그리고 근거의 연결이라는 로고스의 실체적 논리구성은 주장의 논리성이 확보되는 최소한의 기준이지 그 자체가 곧 논리의 완성이 아니라는 점을 강조할 필요가 있다. 따라서 실체의 전모가 드러나기 전까지 로고스는 '비非논리' 라는 전제를 가지고 논리 이동의 타당성에 촉각을 곤두세우는 자세가 무엇보다 필요하다고 볼 수 있다.

5
정치적인 설득은
어떻게 이루어지는가

숙의적인 영역에서의 미래에 대한 숙고

05

　지금까지 우리는 수사적 설득의 세 가지 수단으로 에토스, 파토스, 로고스에 대해 살펴보았다. 효과적인 설득을 위해 주장을 입증하는 근거로 세 가지 수단을 사용할 수 있다. 에토스는 말하는 사람의 품성이 설득의 수단이 되는 것이고, 파토스는 듣는 사람의 감성이 설득의 수단이 되는 경우를 말한다. 그리고 로고스는 말 자체의 논리적인 이유가 설득에 동원되는 경우이다. 이 세 수단의 출발점은 품성의 경우 '화자의 인격', 감성의 경우 '청중의 마음', 이성의 경우 '말 자체'로 각각 다르지만, 이들이 제시되는 최종 지점은 결국 '말 자체'로 귀결된다. 따라서 아리스토텔레스는 〈수사학〉에서 이 세 요소를 적절하게 표현함으로써 설득의 효과를 높이는 방법을 제시했다. 이것이 '3-3-3 원리'의 첫 번째 세 가지 요소에 해당한다.

　이제 두 번째 비밀의 문을 열 차례다. 두 번째 비밀은 설득의 장소 혹은 장르에 관한 것이다. 아리스토텔레스는 위의 세 가지 요소를 근거로 동원하여 말을 할 때, 그 말을 듣는 청중을 기준으로 세 가지 영역을 구분하였다.

> 듣는 사람의 성격에 따라 세 가지 유형의 수사학이 있다 ⋯ 듣는 사람은 반드시 단순한 관중이거나 판단을 내리는 사람이어야 하는데 이때 판단이란 과거의 것이나 미래의 것에 대한 판단을 의미한다. 미래에 대해 판단을 내리는 사람은 의회의 의원이다. 과거의 사안에 대해 판단을 내리는 사람은 재판관이다. 말하는 사람의 능력에 대해 판단을 내리는 사람은 단순한 관중이다. 따라서 여기서 필연적으로 숙의적deliberative이거나 사법적forensic이거나 과시적epideictic인 세 가지 수사적 연설의 유형이 도출된다. (1358b)

이렇게 아리스토텔레스는 청자의 성격과 연결시켜서 숙의적, 사법적, 과시적 장르를 구분한다. 좀 더 엄밀하게 말하면 말의 내용에 대해 판단하는 청중은 숙의적인 영역과 사법적인 영역에 위치한다. 이때 판단의 대상은 이익이다. 사람들의 선택에 깊이 관여하는 것이 이익이기 때문이다. 숙의적 장르에서 듣는 사람은 자신의 이해관계에 따라 판단하며, 사법적 장르에서 듣는 사람은 타인의 이해관계에 대해 판단한다. 반면, 과시적인 영역에서 듣는 사람은 말 자체를 단순히 '즐기려는' 생각을 갖고 있다. 하지만 이들도 최소한 말하는 사람에 대해서는 그가 말을 잘 하는지 여부를 판단할 수 있다. 이를 토대로 아리스토텔레스는 듣는 사람을 단순히 즐기는 청중과 판단을 내리는 청중으로 구분하고 있다. 이어서 그는 말이 지향하는 시간의 문제를 고려한다.

각 유형별로 다루기 적절한 시간대가 있다. 숙의적인 경우는 권유하든 만류하든 말하는 사람이 다루는 (정책적) 사안이 늘 미래의 일이다. 사법적인 경우는 이미 이루어진 행위을 놓고 한쪽에서는 고소하고 다른 쪽에서는 방어해야 하기 때문에 과거를 다룬다. 연설자가 찬사를 보내거나 비난을 하는 대상은 눈앞에 보이는 현재의 조건에 관한 것이기 때문에 과시적인 경우는 대부분 현재를 다루는 것이 적절하다. 그러나 과시적인 연설자가 과거를 상기함으로써 과거로부터 논거를 이끌어내거나, 미래를 추측함으로써 미래로부터 논거를 이끌어내는 것과 같은 방식으로 다른 시간대를 거론하는 것도 흔히 있는 일이다.(1358b)

이처럼 아리스토텔레스는 세 가지 유형의 수사 장르의 성격을 판단 대상의 시제에 따라 구분한다. 숙의적인 장르는 정치의 영역이다. 정치란 미래에 대한 판단이며 그것이 바로 정책이다. 숙의적 장르의 청자는 미래에 실현될 정책적 대상을 현재 시점에서 숙의하고 판단하는 사람을 말한다. 사법적인 장르는 과거의 사건이나 범죄 등에 대해 현재 시점에서 판단을 내리는 사람을 대상으로 한다. 이때 듣는 사람은 판사 한 사람이 될 수도 있고, 다수의 배심원이 될 수도 있으며, 익명의 대중이 될 수도 있다.

과시적인 장르의 청중은 말하는 사람의 수사적 능력에 대해 현재 시점에서 판단을 내리는 사람이다. 하지만 이들 청중의 1차적인 목적은 무언가를 판단하는데 있는 것이 아니라, 말 자체를 즐기려는 경향이 강하다. 결혼식장의 하객이나 집회의 청중을 떠올리면 될 것이다.

국회에서 과거사 관련 법안을 다루거나, 청문회를 통해 진상을 규명하는 활동을 펼치는 경우에서 볼 수 있듯이 숙의적인 장르가 반드시 미래의 정책만을 대상으로 삼는 것은 아니다. 또한 사법적인 장르도 보호 감호제도와 같이 재범의 위험성이 있는 사람들을 형벌 집행과 무관하게 일정 기간 사회로부터 격리하는 식으로 미래를 예단하는 경우가 있다. 따라서 장르별 시제의 특징이 각 장르에 필연적으로 묶인 것은 아니다. 그렇다면 각 장르별 메시지의 특징은 어떻게 달라지는가?

숙의적인 유형은 권유하거나 만류하는 성격을 띤다. 왜냐하면 사적으로 조언하는 사람이건, 의회에서 연설하는 사람이건 공통적으로 어떤 사안을 권유하거나 만류하기 때문이다. 사법적인 경우는 고소하거나 변호한다. 왜냐하면 소송인은 반드시 고소하거나 변론해야만 하기 때문이다. 과시적인 유형은 찬사를 보내거나 비난을 하는 성격의 주제를 다루게 된다.(1358b)

아리스토텔레스는 바로 이와 같은 메시지의 특징에 따라 각 장르별 고유의 수사 기법이 존재한다고 보았다.

일반화해서 말하면 … 과장법은 과시적 화자에게 적합하다. 이들이 말하고자 하는 주제는 논란의 여지 없이 (찬사를 받거나 비난을 받아야할) 행동들을 과장해서 드러내는 것이기 때문이다. 따라서 과시적 화자가 해야 할 일은 이러한 행위에 아름다움을 부여하거나 중요성을 상기시켜주기만 하면 된다. 반면 예증법은 숙의적인 화자에게 가장 적합하다. 왜냐하면 (예를 동원하여) 과거를 점검함으로써 미래를 예측하고 판단하기 때문이다. 생략삼단논법은 사법적 화자에게 가장 잘 어울린다. (유죄인지 무죄인지) 규명되지 않은 의문점으로 인해 모든 관심이 원인에 대한 조사와 증명할 수 있는 증거에 모아지기 때문이다.(1368a)

아리스토텔레스는 듣는 사람의 성격에 따라 세 가지 수사적 장르로 나눈 뒤에, 각 장르에 가장 적합한 수사적 스타일로, 과시적 장르는 과장법을 숙의적 장르는 예증법을 사법적 장르는 생략삼단논법을 추천하였다. 그러나 시제와 마찬가지로 수사적 스타일 역시 각 장르와 일반적으로 연계하는 것일 뿐, 장르별로 하나의 스타일만을 고집하지는 않는다. 이제 3-3-3 원리의 두 번째에 해당하는 장르에 관해 구체적으로 살펴보도록 하자. 그 첫 번째가 정치적인 숙의의 영역이다.

숙의, 행복한 삶에 대한 논의

아리스토텔레스는 "인간의 모든 행위에는 목적이 있다. 그것은 선agathon이다(니코마코스의 윤리학, 1094a)"라고 선언하였다. 선이란 "우리가 선택한 어떤 것을 위해 그 자체로 선호되는 것을 말한다.(1362a)" 여기에 해당하는 대표적인 예가 바로 행복이다. "왜냐하면 행복은 그 속에 우리가 소망하는 것이 있으며, 자기 충족적이며, 그것을 얻기 위해 많은 것들을 선택하기 때문이다.(1362b)" 인간이 추구하는 모든 선 가운데 최고의 선인 행복이란 "덕이나 삶의 독립성이 동반된 참다운 삶well-being, 혹은 안정이 보장된 가장 쾌적한 삶, 혹은 재산이나 노예를 보호하거나 이를 활용할 수 있는 권력을 동반한 상태에서 재산과 노예를 충만하게 가지는 것을 의미한다. 이 세 가지 중 하나 이상이 행복을 구성한다는 점에 대해 대부분의 사람들은 동의하고 있다.(1360b)"

결국 행복이란 독립적인 삶, 안정적인 삶 그리고 부유한 삶에 의해 이루어질 수 있다고 해석할 수 있다. 행복이 이 세 가지의 삶으로 구성되어 있다는 점에 대해서는 대부분 동의하지만, 이 가운데 무엇이 진정한 행복이냐고 물으면 사람들마다 '가치 있는 것'에 대한 견해가 달라질 수밖에 없다.(니코마코스의 윤리학, 1095b) 따라서 행복한 삶에 대한 서로 다른 견해를 논의하는 것이 바로 숙의deliberation다. 오늘날 숙의민주주의 deliberative democracy라는 개념의 어원도 바로 여기에서 파생되었다.

아리스토텔레스가 '최고의 선'을 연구하는 학문이 정치학이라고 정의했을 때, 정치란 요즘처럼 사회의 특정한 하위 분야를 의미하는 것이 아니었다. 최고의 선과 행복을 추구하는 모든 실천적 행위 전반을 포괄하는 광범위한 개념이 바로 정치였다. 아리스토텔레스는 정치학의 하부 분야로 전쟁, 가정경영, 수사(공공 연설), 기예 등을 꼽았다. 이 점 때문에 아리스토텔레스는 변증법과 윤리학의 분과인 수사학을 정치학이라고 이름붙이는 것이 정당하다고 말하고 있다. 수사학은 정치학의 가면을 쓰고 있다는 것이다.(1356a)

이러한 아리스토텔레스의 관점에 의하면 수사학은 인간의 행복을 위한 가치나 정책을 권유하거나 만류하는 논의를 체계화하는 학문분야가 된다. 아리스토텔레스는 수사학 1권에서 숙의적인 장르가 '권유하거나 만류하는 성격'을 지닌다고 했다. 숙의적인 영역은 인간의 행복을 위해 말하는 사람이 '어떤 무엇인가를' 권유하거나 만류하는 논의가 이루어지는 공간이다.

아리스토텔레스는 가치나 정책을 논의하는 숙의적인 장르에서는 다른 어떤 분야보다 말하는 사람의 품성 즉 에토스가 중요한 영향을 미친다고 보았다. 왜냐하면 "입법관의 판단은 개별적인 것이 아니라, 미래에 적용될 보편적인 사안과 관련"되며 이들의 평가에 "우정과 증오 그리고 개인적인 이익이 매우 빈번하게 개입"할 수 있기 때문이다.(1354b) 따라서 정치적인 삶을 추구하는 사람이란 "탁월하게 세련된 태도를 갖추고 있거나 활동적 기질을 지닌 사람"이어야 한다. 즉 정치인은 "행복을 명예와 동일시 해야 한다. 명예는 정치적 삶의 목적이기 때문이다.(니코마코스 윤리학, 1095b)" 최고의 선인 인간의 행복을 추구하는 정치인들은 다른 어떤 유형의 사람보다도 명예를 추구하기 때문에 이들이 존경받을 만한 품성을 지니고 있는지 여부가 설득을 위한 중요한 잣대라는 얘기다.

이 같은 정치인의 품성론은 오늘날에까지 되새겨볼만한 의미를 지닌다. 노무현 전 대통령이 2007년 5월 2일 발표한 〈청와대 브리핑〉에서 이른바 정치인의 자질론을 언급한 바 있는데 그 내용이 아리스토텔레스가 밝힌 품성론과 맞닿아 있다는 생각이 든다. 좀 길지만 인용해보겠다.

요즈음 지도자가 되겠다고 하는 분들의 행보를 보면 어쩐지 가슴이 꽉 막히는 느낌이 듭니다. 정치는 그렇게 하는 것이 아니라고 생각합니다. 정치는 정치답게 해야 하는 것입니다. … 주위를 기웃거리지 말고 과감하게 투신해야 합니다. 권력 자체를 목적으로 하는 경우든, 헌신과 봉사를 목적으로 하는 경우든 마찬가지입니다. 권력의 자리든, 지도자의 자리든 둘 다 그리 만만한 자리는 아닙니다. 평생을 걸고 죽을 힘을 다한다고 그냥 되는 일이 아닙니다. 하늘이 도와야 하는 자리입니다. 나섰다가 안 되면 망신스러울 것 같으니 한 발만 슬쩍 걸쳐놓고, 이 눈치 저 눈치 살피다가 될 성 싶으면 나서고 아닐 성 싶으면 발을 빼겠다는 자세로는 결코 될 수 없습니다. 저울과 계산기 일랑 미련 없이 버려야 합니다. 정치는 남으면 하고 안 남으면 안 하는 '장사'가 아닙니다. 공익을 위해 헌신하고 봉사하는 일입니다. 대가를 바라고 하는 일이 아니라 그 자체로 보람을 찾아야 하는 일입니다. 먼저 헌신하고, 결과는 그 다음에 따라 오는 것입니다. 소신을 말해야 합니다. 무엇을 이루려 하는지 뜻하는 바를 국민 앞에 분명하게 밝혀야 합니다. 나라를 위해 이루고자 하는 간절한 소망이 무엇이고, 어떻게 이룰 것인지를 분명하게 밝혀 국민의 선택을 받아야 합니다. 그 중에서도 오늘날 시대정신이 무엇이고, 우리가 도전하고 해결해야 할 역사적 과제가 무엇이라고 생각하는지가 중요할 것입니다. 지나온 인생 역정을 투명하게 밝히고 왜 자기가 비전을 이루는 데 적절한 사람인지를 설명해야 합니다. 잘못한 일은 솔직히 밝히고, 남의 재산을 빼앗아 깔고 앉아 있는 것이 있으면 돌려주고, 국민의 지지를 호소해야 합니다. 자신의 소신과 정책을 말해야 합니다. 반사적 이익만으로 정치를 하려고 해선 안 됩니다. 대통령의 낮은 인기를 바탕으로 가만히 앉아서 덕을 본 사람도 있었고, 너도 나도 대통령을 몰아붙이면 지지가 올라갈 것이라고 생각해서 대통령 흔들기에 몰두한 사람들도 있었습니다. 그러나 그것으로 국민의 지지를 오래 유지할 수는 없습니다. 자기의 정치적 자산이 필요합니다. '경제가 나쁘다' '민생이 어렵다' 이렇게만 말하는 것은 정책이 아닙니다. 아무 대안도 말하지 않고 국민들의 불만에 편승하려 하거나, 우물우물 국민들의 오해와 착각을 이용하려고 하는 것은 소신도 아니고 대안도 아닙니다. … 정치는 공익을 추구하는 일입니다. 공익을 대의명분으로 내세우고 헌신해야 하는 것입니다. 정치적 이익만을 셈하여 정치를 해서는 안 됩니다. 정치는 정정당당하게 해야 합니다. 그것이 민주주의의 본질입니다. 민주주의는 마치 운동경기와 같이 규칙으로 하는 것입니다. 국민이 심판입니다. 투명하고 알기 쉽게 해야 합니다. 복잡한 정략과 권모술수로 국민의 판단을 흐리게 해서는 안 됩니다. 콩이면 콩, 팥이면 팥이지요. 애매하고 혼란스럽게 해서는 안 되는 일입니다.

정치인의 자질론에 대한 노 전 대통령의 발언의 요지는 소신, 정책,

표현, 공익 그리고 국민의 심판으로 정리할 수 있다. 자신이 지향하는 바의 공익적 가치를 소신껏 정책으로 권유하고 표현함으로써 국민이 투명하게 판단하게 하는 것이 바로 정치라는 메시지를 전달하고 있다. 이 개념에 반대되는 키워드로는 공익적 가치가 아닌 사적인 계산, 소신이 아닌 눈치, 정책이 아닌 장사와 반사이익, 대안부재, 국민의 투명한 판단 대신 국민의 오해와 착각을 통해 판단을 흐리게 하는 것 등이 해당한다.

이 브리핑을 통해 노 전 대통령은 '정정당당' 한 품성이 오늘날 우리 정치지도자에게 가장 요구되는 덕목이라는 화두를 던진 셈이다. 공공의 행복을 정치인의 명예로 삼는다는 아리스토텔레스의 품성론과 견주어 볼만한 대목이 아닐 수 없다.

숙의한다는 말은 오늘날의 개념으로 토론을 의미한다. 무엇이 최고의 선이며 행복인지에 대해 의견을 달리하는 사람들 사이에 논의를 진행하는 것이 바로 토론이기 때문이다. 토론은 크게 가치토론과 정책토론으로 나뉘는데, 숙의적인 장르에서는 정책토론이 주된 초점이 된다. 반면 가치토론은 과시적 장르에 적합한 특성을 지니고 있다.

정책에 대한 숙의는 "특정한 노선을 추천하는 사람들의 목표가 미래 혹은 현재에 무엇이 되어야 하는지, 나아가 어떤 전제로부터 유용성에 대한 증거들을 도출해야 하는지에 대해(1366a)" 논의하는 것이다. 결국 특정한 (정책적) 노선을 권고하는 사람들이 자신의 입장이 유용하다는 증거를 도출해내는 과정이 정책토론이라고 해석할 수 있다. 정책토론에서는 이 같은 정책 도입에 관한 명분 구축을 정당화justification라고 말한다. 그런데 통상적으로 현재 시점에서 미래에 새로운 노선을 도입해야 할 필요성과 유용성을 주장하는 사람은 현 상태를 유지하는 것 자체에 무언가 문제가 있다고 인식하고 주장하는 사람이다.

예를 들어보자. 아리스토텔레스는 정치의 체제를 민주정치, 과두정치, 귀족정치, 군주정치의 네 가지 유형으로 구분한다. 그러면서 "민주정치의 목적은 자유, 과두정치의 목적은 부에 있다. 귀족정치의 목적은 교육과 법에 규정된 것을 실현하는데 있으며, 전제정치의 목적은 전제군주의 신변보호에 있다(1366a)"고 밝혔다. 이때, 우리 사회가 현재의 민주정치 대신 과두정치 노선으로 가야 한다고 주장하는 사람이 있다고 하자. 이 사람은 현재의 정치체제에 뭔가 문제가 있다는 것을 인식하고 다른 정치체제로 노선을 갈아타는 것이 더욱 유용하다는 점을 주장하는 것이다. 다시 말해 자유보다는 부를 추구하는 것이 더욱 유용하다는 판단을 제시하고 이를 관철시키려는 것이다. 이점에서 정책토론은 개인의 문제의식을 '다수의 소신public policy'으로 전환시켜서 사회적인 해결 가능성을 모색하는 과정이다.

아리스토텔레스는 숙의적인 토론의 대상으로 삼을 수 있는 주제에 대해 "우리에게 달려 있고 실현 가능한 것들에 관해서 토론하게 될 것이다(니코마코스 윤리학, 1113a)"라고 밝히고 있다. 이를 세분화하여 수사학에서는 5가지 대표적인 토론 대상으로 소득, 전쟁과 평화, 영토의 수호, 수입과 수출, 입법을 제시한다. 소득은 국가의 재원과 재정 상태에 관한 것으로 오늘날의 국민경제가 여기에 해당한다. 전쟁과 평화는 국가의 군사력과 인접국가에 대한 지식을 포괄하는 것으로 오늘날의 외교와 국제관계를 말한다. 영토의 수호는 군대의 수와 종류, 방어력 등으로 현대적 의미로 국방을 일컫는다. 수입과 수출이란 국가 총생산물과 수입물 등으로 국제무역이 이에 해당한다. 입법이란 공공의 안전에 관한 법률적 체계를 다루는 것으로 현대적 의미로는 행정을 뜻한다.(1359b~1360a) 이렇듯 숙의적 토론의 주제로 등장하는 목록은 정치, 경제, 행정, 외교, 국방 등 우리 사회의 정책 전반이 되는 셈이다.

토의와 토론의 차이

이 대목에서 토론과 토의라는 두 가지 논의형식에 대해 좀 더 다루어보자. 토의와 토론이 숙의적인 영역에서 정책 사안들을 논의하는 두 가지 대표적인 논의 형식이기 때문이다. 토론debate은 어떤 논제를 놓고 찬반의 입장을 가진 양측이 일정한 형식에 입각하여 자기주장을 청중에게 설득하는 방식이다. 반면 토의discussion는 주어진 문제의 여러 측면에 대한 원인 규명과 공동의 해결방법을 모색하는 비교적 자유로운 논의의 장이다. 이 같은 형식상의 구분과 함께 토론과 토의는 본질적으로 다른 점이 있다. 무엇보다도 토의는 쟁점에 대한 미래의 해결방식을 놓고 당사자 간의 합의와 결론 도출이 가능하다. 이 말을 뒤집으면 토의의 참가자들은 쟁점을 해결할만한 권한과 위치에 있는 사람이거나 해결해야 할 책임이 있는 사람이라는 뜻이다. 이러한 지위에 있지 않은 사람이 토의의 장에 참가하는 것 자체가 주제넘은 일이 될 수 있는 것이다.

반면 토론은 쟁점에 대한 판단의 주체가 토론자가 아닌 듣는 사람 즉 시민 혹은 국민이 된다. 토론자는 듣는 사람이 합리적인 판단을 내릴 수 있도록 쟁점에 대한 자신의 찬성 혹은 반대의 관점을 충실하게 제시하고 설득하는 서비스 정신에 충실해야 한다. 이 같은 책임을 방기하고, 토론자들 스스로가 어떤 쟁점에 대해 합의를 도출하거나, 결론을 내리는 것은 시민의 정책선택권을 박탈하는 월권행위가 됨은 물론 과장해서 말하면 민주적 의사결정 절차를 위반한 반민주적인 폭거가 되는 것이다.

문제는 우리 사회에서 이러한 토론과 토의의 본질적인 차이를 구분하지 않고, 토론을 토의식으로 이끌거나 이를 혼용해서 오해하는 경우가 많다는 것이다. 대표적인 경우가 매주 정기적으로 방송되는 TV 토론이라고 볼 수 있다. TV 토론은 우리 사회에서 가장 첨예한 쟁점을 토론의 형식으로 논의하는 장이다. 쟁점에 대한 논의를 토론의 형식을 취하는 이유는 바로 이러한 정책에 대한 판단의 주체가 토론자들이 아니라, 시청자 즉 시민이기 때문이다. 토론자는 쟁점에 대한 찬반의 입장을 보다 선명하게, 그리고 설득력 있게 시민들에게 제시하는 것으로 자신의 몫을 다하게 된다. 따라서 찬반의 전선이 불분명한 형태로 논의가 진행되거나, 참석자나 사회자 등이 서둘러 입장의 차이를 희석시켜 당사자 간의 합의를 이끌어내는 것은 중요한 형식위반이 된다. 논의형식만으로 표현하자면 '토론'의 이름을 빌린 '토의'에 불과한 것이 되는 것이다. 이런 본질적인 차이를 분명하게 인식하고, 토론을 토론답게, 또한 토의를 토의답게 논의를 진행하는 것이 우리 사회의 숙의적인 영역에서 가장 시급히 해결해야 할 문제라고 생각한다.

이 같은 본질적인 차이를 제외하고도 토의와 토론은 여러 가지 면에서 구분된다. 토의에서 다룰 수 있는 주제는 토론에 비해 비교적 열려 있다. 다시 말해 토의의 주제로서 목표와 현실 사이의 괴리로 인한 '문제'가 있는지를 다루는 것도 가능하고, 그 결과 문제가 인지되었다면 '원인'을 규명하는 자리가 될 수도 있다는 뜻이다. 나아가 원인이 어느 정도 파악되었다면 이를 해결하기 위한 방안들을 모색하고, 이를 당면 '과제'화 할 수도 있다는 말이다. 아예 이 세 가지 단계의 논의를 한꺼번에 한 자리에서 의논하는 토의 자리를 만들 수도 있다.

예를 들어보자. 2009년 현재 경기도 내 장애 성인(20세~50세) 인구는 15만 7천명이다. 이 가운데 노동활동을 하고 있는 인구는 3,000명이 채 되지 않는다. 비율로 따지면 약 1.9%에 불과하다. 이는 장애인 의무고용률(2.0%)에도 미치지 않는 수치다. 이 같은 현실과 미래의 정책 목표(예를 들면 5%)와의 괴리가 심각하다고 판단되면, 이것이 정책적인 '문제problem'가 된다. 그리고 이를 논의하기 위한 토의의 장이 마련될 수 있다. 이 문제에 대한 '원인cause'을 규명하기 위한 토의의 자리도 열려야 할 것이다. 그 결과 무엇보다도 정부의 고용주 고용 지원정책과 장애인 취업 지원정책이 가장 큰 원인이라고 밝혀졌다. 그래서 이를 해결하기 위한 다양한 방안들을 다루기 위한 토의의 장이 열리게 된다. 이른바 정책적 '과제issue'를 다루는 토의 자리인 것이다. 이 자리에서 여러 대안들 가운데 장애인 일자리 창출을 위한 사회적 기업을 육성하고 공기업 의무고용률을 4%로 상향조정 하는 방안이 시급히 시행되어야 할 정책적 과제로 선정될 수 있다. 이처럼 토의는 참석자들 사이에 쟁점에 대한 합의를 전제로 하여 '문제-원인-과제'의 단계로 나누어서 진행하거나 동시적으로 진행한다.

이를 정리하면 다음과 같다. 먼저 토의의 단계는 다음 세 가지 차원에서 진행된다.

문제 - 목표와 현실의 괴리에 따른 현 상태의 지속성/심각성
원인 - 문제의 본질 분석과 현 상태에서의 해결방안 부재
과제 - 다양한 방안을 해결가능성, 실행가능성, 이익과 불이익 차원에서 검토

반면, 과제에서 검토된 다양한 방안 가운데 하나의 방안을 선택하여 찬반의 형태로 논의를 진행하는 것이 토론이다. 토론의 주제로 선택된 방안 즉 과제는 토론의 논제가 된다. 그렇다면 논제는 어떻게 설정하는 것일까? 논제를 설정하는 과정은 토의의 논의 과정과 동일한 단계로 진행된다.

먼저 토론을 제기하려는 사람은 현 상태에 무언가 문제가 있다고 인지하는 사람이다. 예를 들어 민주주의 하에서 재산을 잘 보호받지 못한다거나, 기업으로 따지면 매출이 갑자기 감소하거나, 인터넷 쇼핑몰의 경우 방문자 수가 떨어지는 등의 문제를 감지한 것이다. 이 같은 문제의식은 조직이나 한 사회가 설정된 목표와 현실 사이에 심각한 차이를 발견할 때 제기된다.

모든 문제는 원인을 갖는다. 민주주의 체제가 재산을 보호하는데 있어서 부적절하다거나, 기존 제품이 고객들에게 부여한 상징적 가치가 소진되어 새로운 구매 욕구를 만들어내지 못한다거나, 웹페이지 자체의 인지도가 낮은데다 방문동기가 유발되지 않는다거나 하는 이유들이 바로 문제의 원인이다.

이 같은 현상의 원인을 파악하고 문제를 해결하려면 과제가 설정되어야 한다. 즉 현 상태에서는 해결 방안이 없기 때문에 파악된 원인을 토대로 문제를 해결하기 위한 새로운 방안들이 과제로 설정되어야 한

다. 따라서 과제는 문제를 해결하기 위한 테마 또는 해결하려는 의지를 반영하게 된다. 재산을 보호하기 위해 새로운 정치체제를 도입할 필요가 있다거나, 매출을 올리기 위해 새로운 상품의 출시가 필요하다거나, 방문자 수를 늘리기 위해 마케팅 캠페인을 도입하는 것과 같은 방안이 바로 과제인 것이다.

이처럼 과제는 모든 문제를 종합 정리하고 그 원인을 규명하여 해결하려는 의지가 수반된 것으로, 가능한 여러 대안 가운데 선택된 하나의 방안을 말한다. 과제로 정리된 문제를 찬반양론으로 대립될 수 있는 명제문의 형태로 제시하는 것이 바로 토론의 논제이다.

즉 "정치체제를 과두정치로 바꿔야 한다"거나, "신상품을 즉시 출시해야한다" 거나 "새로운 마케팅 캠페인을 도입해야 한다"는 등의 형태로 제시된 진술문이 바로 논제가 되는 것이다. 이처럼 논제에는 현 상태에서의 변화를 전제로 하여 문제를 특정한 방향으로 해결해 가는 방안이 구체적으로 제시되어야 한다. 이렇게 되었을 때 찬성하거나 반대하는 양쪽의 논리가 선명해지고 듣는 사람이 어느 한쪽 방향으로 결정을 내릴 수 있기 때문이다. 이처럼 토론이 되기 위해서는 토의를 통해 '문제-원인-과제'의 형태로 이를 풀기 위한 방안들을 모색해보고, 그 가운데 가장 적절한 대안을 선택하여(과제) 이를 진술문 형태로 표현하는 작업이 선행되어야 한다. 이것이 바로 토론의 논제가 된다.

그러나 대개의 텔레비전 시사토론은 토론의 주제가 논제가 아닌 문제의 형태로 제시되는 경우가 많다. 예를 들어 MBC 〈100분 토론〉의 주제 목록을 살펴보면 "지방선거, 쟁점과 전망은(2010. 4.15)" "천안함 침몰사건, 풀리지 않은 의혹들(2010. 4.8)" "사법제도 개선 논란(2010. 3.

25)" "무상급식, 왜 논란인가(2010. 3. 11)" "교육개혁, 어디로(2010. 3. 4)" 등과 같은 식이다.

이 같이 문제 중심으로 주제를 설정하게 되면 토론debate이라는 이름이 붙어 있을지언정, 실상은 주어진 주제에 대한 토의discussion가 되고 마는 경우가 허다하다. 이렇게 문제만을 제시한 상태로 찬반 진영을 나누게 되면, 각 진영이 생각하는 문제의 원인도 다르고 이 문제를 해결하기 위한 방안도 서로 다르기 때문에, 찬반의 논리적 대립 자체가 선명해지지 않는다. 결과적으로 토론의 방향성을 잃을 수밖에 없는 결과를 낳게 된다. 바로 이러한 이유 때문에 텔레비전 토론에서 찬반 각 진영 내에서 자중지란이 일어나기도 하고, 양측이 주장하는 바가 무엇인지 모호해지는 결과가 나타나는 것이다.

토론은 정치 일반이 그렇듯, 찬반으로 선명하게 구도를 나누고 정책적 목표지점을 명확하게 하는 가운데 지지하거나 반대하는 근거를 모두 제시하여 듣는 사람이 합리적으로 판단할 수 있게 돕는 논의의 과정이다. 다시 말해 토론의 설득 대상은 상대 진영이 아니라 국민 혹은 시청자인 셈이다. 그런데 이 점을 잊게 되면 서로 쓸데없는 말싸움을 벌이거나, 서로가 서로에게 설득되어서 토론이 아닌 토의방식의 합의가 도출되기도 한다.

공적인 정책의 경우는 긴 공론의 기간을 거쳐 문제제기에서부터 원인규명, 이슈화, 논제화의 과정이 비교적 쉽게 진행될 수 있지만, 조직이나 기업의 경우는 이 과정 자체가 쉽지 않다. 문제가 있는지 조차 파악되지 않는 경우가 많고, 설사 문제가 있더라도 기업의 권위적인 문화 때문에 이를 거론하기가 쉽지 않다. 따라서 기업 내에서 토의와 토론을 활성화함으로써 바람직한 의사결정에 도움을 얻기 위해서는 무엇보다도 리더의 역할이 중요하게 된다. 조직이나 기업이 안고 있는 문제에 대해 개방적인 논의 통로를 열어주고 다양한 현상 가운데 본질적인 문제가 무엇인지 파악하는 능력, 문제를 해결할 수 있는 방안으로 무엇이 가장 적절한지 판단하는 능력이 바로 조직 내 리더의 의사소통능력인 것이다. 리더의 소통능력이 훌륭할 때 조직이 안고 있는 문제를 합리적으로 판단하고 해결책을 찾을 수 있는 가능성이 높아진다.

발견된 문제의 해결 방안에 대한 의사표현이 바로 과제이다. 문제를 발견해야 비로소 이를 풀기 위한 다양한 방안들이 논의될 수 있고, 그 결과로 과제가 정리될 수 있다. 그런데 과제는 목표에서 나온다. 과제는 기대치를 벗어난 것을 지적하는 것에서 시작되며, 기대치와 차이를 세분화한 것이 바로 과제다. 따라서 목표가 없으면 과제도 없다. 예를 들어 매출이 감소하더라도 처음 2년은 정착기이므로 이를 감수해야 한다고 판단한다면, 문제가 되지 않는다. 목표와 현실 사이에 차이가 있어야 비로소 문제가 발생하고(심각성), 과제도 생기게 된다. 결국 과제는 기대치와의 차이를 세분화한 것이다.

이렇게 과제가 정리되면 이것을 논제로 전환시켜 조직이나 기업 내에서 토론의 방식으로 쟁점을 논의하고 그 결과에 의거하여 합리적인 결정을 내릴 수 있다. 논제를 설정하여 토론 방식으로 논의하면, 막연하게 문제만 제시하는 경우보다 훨씬 압축적으로 논의를 집약하고 진전시킬 수 있다. 또한 과제만 제시하여 중구난방으로 장단점을 나열하는 것보다 찬반의 논의구조를 취하는 것이 쟁점을 일목요연하게 파악할 수 있게 하고 모든 가능성을 점검하는데 있어서도 훨씬 효과적이다.

그림 2 • 문제-원인-과제의 사이클

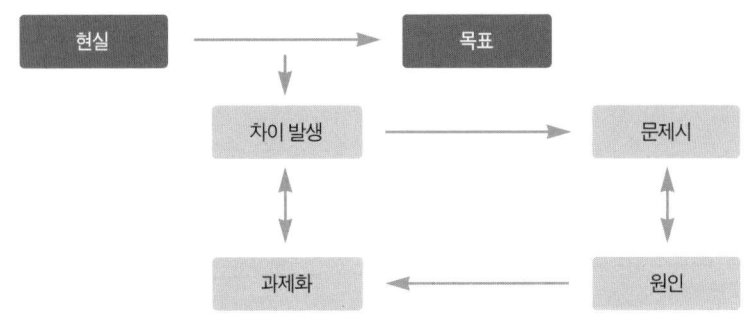

(출처: HR Institute, 2005)

나아가 찬반 양측 가운데 보다 더 설득력 있는 방안을 취하면 되기 때문에 빠른 의사결정에도 도움이 된다. 따라서 조직 내 회의나 팀 미팅을 할 때, 토론방식으로 논제를 설정하여 찬반 양측이 자신의 관점을 설득하게 함으로써 조직의 합리성과 의사결정의 효율성을 높일 수 있을 것이다. 이러한 과정을 정리하면 다음과 같다.

회사의 매출이 감소했다면,
문제 - 매출이 감소했다는 사실
과제 - 매출을 향상시키기 위한 방안 모색
논제 - 다양한 방안 가운데 '신제품을 개발해야 한다' 는 식의 방안 제시

토론은 이렇게 논의된 과제들 가운데 정책으로 수립될 가능성이 가장 큰 하나의 과제를 논제의 형태로 제시하고, 찬반의 구도 하에 최종

적인 정책결정을 내리기 위한 시뮬레이션 단계로 진행할 수 있다. 토의에서 논의된 여러 대안 가운데 선택된 하나의 방안이 곧 토론의 주제 즉 논제가 된다. 앞서 논의한 장애인 취업을 위한 정책적 과제 가운데 하나인 '공기업 의무고용률 5% 상향' 이라는 과제를 '정부는 공기업 의무고용률을 5%로 상향조정해야 한다' 라는 논제로 전환하는 것이다. 그리고 이같은 논제에 대해 찬성하는 입장과 반대하는 입장이 각각 나뉘어 주어진 논제에 대한 찬반토론을 진행하게 되는 것이다. 이처럼 토론은 토의에서 논의된 과제 가운데 가장 실현가능성이 높거나 실행 의지가 높은 과제를 선정하여 이를 논제로 정한 것이다.

토론의 논의 구조

앞서 말했듯이 토론은 상대 진영을 설득하는 것이 아니라 청중 즉 듣는 사람 다수를 설득하는 과정이자 절차이다. 정책적 주장은 현재 상태에 대한 문제점을 인식하고 이를 변화시키고자 하는 설득적 실천 행위이다. 그렇다면 정책토론에 나서는 사람은 자신이 제시하는 정책적 노선(논제)이 지닌 유용성에 대한 증거를 어떻게 입증해야 하는가?

현 상태에서의 변화를 하나의 논제로 설정하여 주장하는 사람은 자신이 지닌 문제의식의 정당성을 심각성significance과 지속성inherency이라는 두 가지 차원에서 입증해야 한다. 앞의 예에서 장애인 고용에 대한 대책(공기업 의무고용률 5% 상향 조정)이 실현되지 않으면, 장애인을 포함한 우리 사회의 현재는 물론 미래에 이르기까지 심각한 해악이 지

그림 3 • 토의의 논의 구조

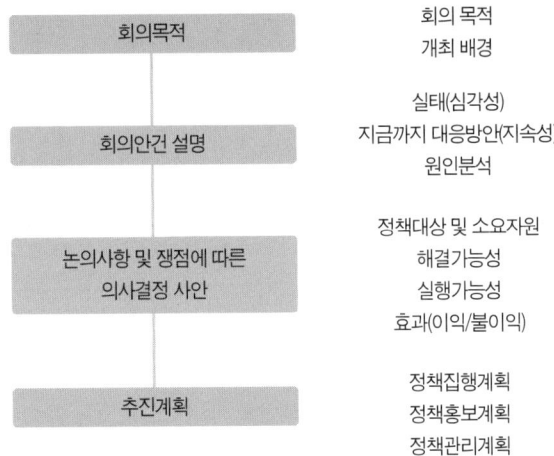

속적으로 야기된다는 점을 입증해야 하는 것이다.

이 같은 찬성의 입증이 성공적으로 이루어졌다면, 다음 단계에서는 새로 추구하는 정책이 현재 드러난 문제를 해결할 수 있으며 나아가 우리 사회가 이를 실천으로 옮길 주체적인 능력이 있다는 점을 입증해야 한다. 이것이 바로 해결가능성solvency과 실행가능성workability이라는 전제다. 예로 든 논제로 말하자면, '공공기관 의무고용률을 5%로 상향조정하게 되면' 장애인 실업으로 인한 심각하고 지속적인 문제가 해결됨은 물론, 이를 실행하기 위한 재원이나 실무부서의 업무역량 등을 고려해도 이 방안을 실행에 옮길 수 있는 여지가 충분하다는 점이 입증되어야 한다.

이처럼 정당한 문제의식을 토대로 새로운 정책 대안을 선택해야 그 안이 실행에 옮겨질 수 있고, 지금까지 있어 온 여러 문제를 해결할 수 있다는 논리가 성공적으로 입증되어야 찬성의 논리가 제대로 설 수 있다.

  마지막으로 토론은 새로운 정책의 유용성을 논하는 단계로 접어든다. 즉, 새로 도입된 정책(공공기관 장애인 의무고용률 5% 상향)으로 인해 얻을 수 있는 공공의 이익과 이로 인해 초래될 불이익을 냉정하게 분별하는 논의 단계가 필요하다. 아리스토텔레스는 이 과정에 대해 다음과 같이 말했다.

  숙의적인 연사가 권고하는 것 가운데 좋은 것과 나쁜 것을 분별해야만 한다. 왜냐하면 이 연사가 모든 것을 다 권고할 수는 없고, 단지 일어날 수 있는 것과 일어날 수 없는 것에 대해서만 권고할 수 있다. 필연적으로 존재하는 것과 존재해야만 하는 것, 혹은 현재 불가능한 것이나 미래에도 불가능한 것 등은 숙의 범위에서 벗어난다. 심지어 가능한 권고 가운데에서도 보편적으로 적절하지 않은 대상이 있다. 왜냐하면 그 가운데 권고를 제공할 만한 가치가 없는 자연적이거나 우연적인 이익들도 포함되어 있기 때문이다.(1359a)

  결국 권고하는 정책적 사안 가운데 일어날 수 있는 개연성이 있는 것만이 권고의 대상이라는 얘기다. 필연적인 것이나 불가능한 것, 자연적이거나 우연적인 것 등은 숙의적 토론의 주제로 부적절하다. 이것들은 인간의 힘으로 어찌할 수 없는 대상이라는 점에서 실천적 논의 영역인 숙의적 장르에서 제외된다고 볼 수 있다.

  앞서 언급했던 예를 들어보자. 먼저 이번 토론의 논제는 "장애인 일자리 창출을 위해 정부는 공기업 의무고용률을 5%로 상향조정해야 한다"이다. 이 같은 논제에 대해 찬성하는 측은 이 논제를 지지하게 된 명

그림 4 • 정책토론의 논의 구조

분을 제시해야 한다. 즉, 장애인 취업문제의 심각성과 지속적인 문제에 대한 논의를 통해 이 논제를 지지하는 명분을 입증해야 하는 것이다. 다음 단계로 찬성 측은 의무고용률 5% 상향조정으로 장애인 취업문제가 상당부분 해결될 수 있으며, 재원이나 공기업의 근무 여건으로 보아 이 방안을 실행에 옮기는 것이 전혀 문제되지 않는다는 점을 입증해야 한다. 마지막으로는 이 정책으로 인해 우리 사회가 얻을 수 있는 이익의 총량이 이로 인해 초래될지 모르는 불이익(예를 들면 비장애인의 공공기관 취업에서의 불이익)보다 훨씬 크다는 점이 입증되어야 한다. 아무리 좋은 정책이라도 이익 대비 불이익이 더 크다면 이를 실행에 옮기는 것은 현실적으로 어렵기 때문이다.

결론적으로 숙의적인 장르에서 토론은 실행 가능한 정책적 과제를 놓고 어떤 정책이 우리에게 더 큰 이익을 가져다주는지를 논의하는 자리이다. 정책토론은 새로운 노선을 도입해야 할 유용성을 크게 1) 현재 상황의 문제를 정당화하고, 2) 새로운 방안으로 이 문제를 해결할 수 있음을 밝히고, 3) 새로운 방안이 가져올 유용성이 불이익보다 크다는 점을 입증하는 과정으로 진행된다. 이를 도식화하면 〈그림 4〉와 같다.

이처럼 토론에서는 명분과 방안, 이익의 차원에서 정책에 대한 판단을 내리게 된다. 이를 필수쟁점이라고 한다. 토론의 필수쟁점과 앞의 문제에서 논제로 이어지는 토의 과정을 연결하면 다음과 같은 논의 사이클이 생성된다.

토의단계

문제 - 현 상태의 지속성/심각성을 규명하는 것
원인 - 문제의 본질 분석과 현 상태에서의 해결방안 부재를 밝힘
과제 - 해결가능성, 실행가능성, 이익과 불이익 차원에서 다양한 방안을 검토
논제 - 다양한 방안에 대한 논의 결과 선택된 과제를 논제형태로 제시하여
  찬반 양 입장에 따라 정당화, 방안, 이익의 세 차원에서 논의 전개

토론단계

논제 - 다양한 방안 가운데 찬성자가 선택한 정책의 방향
명분 - 정책적 변화가 필요한 이유 제시(지속성과 심각성)
방안 - 추천한 정책이 문제를 해결할 수 있고 수행 가능한 방안임을 입증
  (해결가능성과 실행가능성)
이익 - 정책의 도입으로 얻을 수 있는 이익이 이로 인한 불이익 보다 큼

실행단계

집행 - 토론을 통해 설득된 방안을 실행에 옮기고 그 결과 문제 해결/미해

결됨
평가 - 집행된 정책에 대한 시후 평가를 통해 정책의 지속성 여부를 결정함

　결국 토론은 문제에서 과제에 이르기까지 일련의 논의를 진행한 결과로 도출된 정책적 대안 가운데 가장 실행가능성이 높은 방안을 두고 찬반으로 나뉘어 정책의 명분과 방안, 이익 등을 고려하여 최종적인 판단을 내리는 논의의 절차라고 할 수 있다. 공익적인 이슈에 대한 토론은 대개 사전단계가 공론의 장에서 진행되기 때문에 수용자는 최종단계인 토론에서 쟁점을 듣고 판단하게 된다. 그러나 개별 조직이나 기업의 입장에서는 이 사전단계 자체가 토의의 출발점이 된다. 결국 논제를 설정하여 실시하는 토론의 단계는 사전단계에서 충분하게 토의한 결과 도출된 여러 정책적 대안을 놓고 최종 결정을 내리는 마지막 의사결정 과정이라고 볼 수 있다.

　물론 토론이 진행되면 앞서 토의단계에서 진행되었던 논의사항과 쟁점들을 다시 거론하고 논의할 수밖에 없다. 토의의 논의점들이 토론의 필수쟁점이기 때문이다. 이렇게 필수쟁점을 중심으로 종합적으로 검토한 최종적인 판단이 토론에서 설득에 성공한 찬성 혹은 반대의 입장이 되는 것이다. 물론 이렇게 선택되어 집행한 정책은 사후에 재평가과정을 거칠 수밖에 없다. 이 평가 결과 성공적 정책은 계속 추진될 수 있는 탄력을 받게 되지만, 정당성이나 방안, 이익의 어느 한 차원에서든 예상했던 것과 다른 결과가 나오게 되면, 이 부분이 다시 쟁점이 되어 새로운 토론의 논제로 설정될 수 있다. 이처럼 토론은 문제에서 해결까지의 일련의 순환적 과정을 거치면서 정책 실행의 최종단계에서 미래

에 이루어질 정책의 효과를 미리 시뮬레이션 해보는 최종 논의의 장인 셈이다.

정책의 시뮬레이션

아리스토텔레스는 숙의적인 장르에서는 "과거를 점검함으로써 미래를 예측하고 판단하기 때문에(1368a)" 예증법이 가장 적합하다고 보았다. 특히 정책토론에서는 "과거 외국정책에 대한 연구를 통해 충분하게 정보를 얻는 것이 중요(1360a)"하다고 강조하였다. 과거 외국의 선례가 정책이 가져올 변화된 미래에 대한 가상 시뮬레이션이기 때문이다. 이처럼 예증법은 미래에 대한 판단을 과거의 사례를 통해 미루어 추론하는 수사적 스타일이다. 예증법에 대해서는 이미 앞에서 논의한 바 있다.

이제 숙의적인 장르에서 필수쟁점 중심의 논의구조가 실제 사례에서는 어떻게 활용되는지 그리고 정책적인 논의에서 예증법이 어떠한 방식으로 활용되고 있는지를 이명박 정부의 세종시 정책 방안 사례를 토대로 논의해보기로 하자.

이명박 정부의 세종시 원안 수정에 관한 정책적 방침이 잘 정리된 보고서가 2010년 1월 11일에 국무총리실에서 내놓은 〈세종시 발전방안〉이다. 이 보고서에 의하면 세종시 원안에 대해 새로운 수정안을 내놓을 수밖에 없었던 배경으로 크게 두 가지 문제를 제시하고 있다.

- 중앙부처 분산이전에 따른 국정 비효율

• 인구 50만의 자족도시 실현 불가능

즉, 원안이 국정 비효율과 자족도시 실현 불가능이라는 문제를 내재하고 있어서 향후 우리 사회에 지속적이고도 심각한 문제를 낳을 것이라고 문제를 제기했다. 그리고 이 같은 주장에 대한 정당화 논리의 근거로 행정연구원이 '국정 비효율 문제로 인해 연간 3~5조 원의 비용이 발생되며, 향후 20년간 100조 이상의 비용이 발생할 것으로 추정된다'며 내놓은 보고서를 제시하였다(지속성). 나아가 행정부를 분할한 외국의 사례로 독일이 있지만, 독일 역시 엄청난 국정 비효율로 베를린으로 통합하려는 움직임이 강력하게 나타난다고 밝히고 있다(심각성). 즉, 독일의 선례가 미래 정책의 방향을 판단하는 추론의 근거로 활용되고 있음을 알 수 있다.

또한 자족기능에 대해서도 자족용지가 6.7%에 불과하여 실제 인구 50만을 달성하기 힘들다고 보았다. 그 근거로 수도권 신도시인 화성·동탄(자족용지 비율 13.8%)이나 충주기업도시(19.8%), 아산테크노(47.7%) 등의 예를 제시하였다.

이명박 정부는 세종시 원안이 갖고 있는 이 같은 문제를 해결하기 위해 세종시 수정안을 내놓았다. 이 정책의 핵심은 세종시를 '신행정수도'가 아니라 '교육과학 중심의 경제도시'로 전환하는 데에 있다. 이렇게 전환된 새로운 정책은 행정부 이전을 막음으로써 국정 비효율 문제를 해결하고(해결가능성), 교육과학 중심의 자족도시를 건설할 수 있기 때문에 실천 가능한 방안(실행가능성)이라는 것이다. 그리고 그 근거로서 투자를 확정한 기업으로 삼성, 한화, 웅진, 롯데 등이 있으며, 유치가 확정된 대학으로 고려대학교와 카이스트가 있다고 제시하였다.

아울러 '세종시 수정안'을 통해 얻을 수 있는 '이익'으로 원안과 비교하여 사업기간이 10년 정도 단축(원안 30년/수정안 20년)되며, 자족용지비율이 증가(원안 6.7%/수정안 20.7%)하고, 일자리가 크게 창출(원안 8.4만 명/수정안 24.6만 명)된다고 제시하였다. 나아가 인구유발효과, 경제적 편익과 지역발전효과 등이 있기 때문에 국가적으로나 지역적으로 수정안의 기대효과가 원안보다 훨씬 크다는 점을 강조하였다.

세종시 수정안 사례에서 우리는 정책적인 논의가 토론의 필수쟁점의 구조(정당화-방안-이익)를 그대로 따르고 있음을 발견할 수 있다. 나아가 주장의 근거로 다양한 사례들을 국내외에서 찾아 동원하는 예증법을 활용하고 있다는 것도 알 수 있다. 말하는 사람이 권하거나 만류하는 대상 자체가 실리를 추구하고 있기 때문에 방안의 이로움이 논의의 핵심적인 대상이 된다. 따라서 숙의적인 장르에서의 설득은 듣는 사람이 새롭게 추진하는 실천적 방안으로 인해 상응하는 '대가'를 기대했을 때 비로소 이루어진다는 것을 알 수 있다.

아리스토텔레스는 수사적 기법으로 예증법을 활용하는 방법에 대해서도 제안한다. 그에 따르면 "생략삼단논법을 가지고 있지 않을 경우, 증명의 수단으로 예증을 사용해야 한다. 왜냐하면 예들은 확신을 유도하기 때문이다.(1394a)" 이 말에는 예증법에서 동원되는 사례들이 보편화된 전제에서 출발하거나 귀납적 일반화를 전제로 하지는 않는다는 의미가 내포되어 있다.

앞서 살펴본 세종시 수정안의 경우, 세종시 원안이 행정의 비효율성을 초래한다는 문제의식의 근거로 독일의 경우를 제시하였다. 이때 예시로 거론된 독일의 경우가 세종시 원안 자체의 문제점을 입증하는 수단으로 동원되었다는 점에서 대표적인 예증법의 한 사례인 것은 분명하다. 그러나 독일의 사례가 '모든 행정복합도시가 다 행정의 비효율성이 있다'는 대전제를 연역적으로 입증했거나, 독일과 우리의 경우를 사례로 해서 '모든 행정복합도시는 행정이 비효율적이다'라는 결론을 귀납적으로 도출할 수 있는 것은 아니다.

    결국 예증법은 연역이든 귀납이든 어떤 보편적 이론을 확인하거나, 일반화된 결론을 유도하기 위한 수사적 장치라기보다는, 주어진 사례를 병렬적으로 비교하여 주장을 입증하는 증명의 한 절차로 볼 수 있다. 따라서 예를 활용한 설득이 공공정책을 포함하여 우리 사회 전반의 미래와 연관된 방안들을 숙고하고 판단하는 주요한 설득 수단임을 깊이 인식할 필요가 있다.

6
사법적인 설득은 어떻게 이루어지는가

사법적인 영역에서의 과거에 대한 판단

06

　지금부터 살펴볼 주제는 '과거의 사안에 대해 판단을 내리는 사람' 즉 재판관이나 배심원과 같은 청중을 대상으로 하는 설득 장르인 '사법적 장르'다. 사법적 장르에서 판단의 대상은 이미 일어난 행위에 대해 고소하는 쪽과 이를 방어하는 쪽의 주장이 된다. 즉, 과거의 행위에 대해 판단을 내리는 것이 사법적 장르이다.

　여기서 한 가지 염두에 두어야 할 것은, 앞서 숙의적 장르에서 '정치'라는 말이 미래의 행복에 대한 모든 노력과 논의를 포함하는 것으로 폭넓게 해석되었듯이, 사법적 장르 역시 오늘날의 사법부와 같은 좁은 의미의 법적 판단이 아니라, 과거의 행위에 대한 일상적인 판단 전반을 포괄하는 폭넓은 개념으로 이해해야 한다는 점이다. 기업 내 문책성 인사나 규정위반에 대한 징계, 학교의 학생 잘못에 대한 처벌, 부부사이의 상대방 행위에 대한 비난이나 책임추궁, 심지어 친구사이의 잘잘못에 대한 다툼과 같은 넓은 의미의 규칙이나 규정위반에 대한 논의 전반이 사법적 장르 내에서 일어나는 일이다.

인터넷 공간에서는 이른바 '네티즌 수사대'가 출동하여 쟁점 이슈에 대한 언론보도나 정부발표를 조목조목 반박하고 반대 증거들을 찾아낸다. 광우병 사태 당시 미국산 소고기가 안전하다는 정부 측 주장에 대한 반박 과정이나, 천안함 사건의 침몰 원인을 둘러싼 정부와 네티즌의 공방에서 이 같은 광경을 목격한 바 있다. 심지어 일상생활에서 일어난 사소한 일에 대해서도 스스로 '셜록 홈즈'나 '포청천'이 되어 진상을 규명하거나 잘잘못을 판단하는 경우가 다반사다. 결국 이런 모든 과정에서 일어나는 논의의 성격 자체가 사법적 장르에 속하는 일이라고 볼 수 있는 것이다.

아리스토텔레스는 사법적인 장르에서 추구하는 바가 숙의적 장르에서 추구하는 바에 비해 덜 고상하고 가치도 낮다고 보았다.(1354b) 그가 활동하던 당시의 사법제도는 배심원제도로 운영되었는데, 이들은 오늘날과 같은 전문적인 재판관이 아닌 평범한 일반 시민들이었다. 따라서 배심원이 내리는 판단은 전문적인 식견이 아닌 상식적인 관점에서 내려지는 경우가 대부분이었다. 따라서 아리스토텔레스는 최소한의 재량권만을 재판관에게 남겨두고, 가능한 모든 경우의 수에 대해 법 규정상의 정의를 내리는 것이 잘 만들어진 좋은 법이라고 보았다. 입법과정은 대개 장기간의 숙고를 거치는데 반해, 판결은 즉석에서 충동적으로 이루어지기 때문에 재판관이 정의나 이익의 문제를 적절히 판단내리기 쉽지 않다고 보았기 때문이다.(1354b)

숙의적 장르에서 청중들은 자신의 이해관계가 걸린 사안에 대해 결정을 내리기 때문에 어떤 정책을 제안한 사람의 진술의 진위만을 증명하는 것으로 충분한 반면, 사법적인 장르에서는 이것만으로는 충분하지 않다. 사법적인 장르의 청중이란 자신의 이해관계가 아닌 다른 사람의 이해관계에 대해 판단하는 사람들이다. 따라서 이들은 단순히 자신의 흥미만을 고려하고 듣기 즐거운 것만을 듣기 때문에, 진실한 결정을 내리는 것이 아니라 단지 소송인의 설득에 굴복당하는 것이다. 바로 이 점이 법정에서 소송 건과 무관한 주제에 대해 발언하는 것을 법적으로 금지하는 이유다. 반면 의회에서는 이 점에 대해 의원 스스로 적절한 예방조치를 취하는 것으로 충분하다. (1355a)

사법적인 영역이든 숙의적인 영역이든 듣는 사람이 판단하는 사람이라는 점은 동일하다. 그러나 판단하는 사람의 역할 면에서는 두드러진 차이가 있다. 숙의적인 영역의 경우, 듣는 사람 자신의 이해관계가 달려있는 정책적 사안이 논의의 대상인 반면, 사법적인 영역은 다른 사람의 이해관계에 관한 것이라는 점이다. 따라서 숙의적인 영역에서는 듣는 사람이 사실 자체에 집중할 수 있지만, 사법적인 영역에서는 흥미와 듣는 즐거움이 개입할 소지가 크기 때문에 사실에 충실하지 않은 판단을 내릴 개연성이 있다는 얘기다.

좀 더 부연설명을 하자. 아리스토텔레스는 듣는 사람의 태도를 적극적 태도(판단)와 수동적 태도(즐김)로 나누고 있다. 전자에 해당하는 것이 숙의적인 장르와 사법적인 장르다. 그리고 후자에 해당하는 것이 과시적 장르의 청중이다. 이 중 숙의적인 영역은 자신의 이해관계에 따라 적극적 태도로 사실에 부합하는 판단을 할 가능성이 크지만, 마찬가지로 적극적 태도를 취해야 할 사법적 영역에서는 자신의 이해관계가 아닌 타인의 이해관계가 걸려 있기 때문에 수동적 태도로 '즐기는 것'

을 선택할 개연성이 크다. 물론 사법적 영역에서도 듣는 사람이 아니라 자신의 이해관계가 걸려 있는 분쟁의 당사자일 경우에는 숙의적 장르보다 더 한층 적극적인 태도와 판단 자세를 가질 수 있다는 점도 충분히 예상되기는 하지만 말이다.

바로 이 점 때문에 아리스토텔레스는 사법적 장르에서 말하는 사람은 "청중을 특정한 마음의 틀 내에 위치시키는 방법에 대해 잘 알고 있어야 한다(1877b)"고 제안하면서 "사법적 영역의 경우 청자가 특정한 태도를 지니는 것이 유용하다. 왜냐하면 어떤 대상을 좋아하느냐 싫어하느냐에 따라 우리의 의견은 분노하거나 온화해지기 때문에 동일한 대상도 서로 다르게 보일 수 있다(1877b)"고 밝히고 있다.

오늘날 연쇄살인범이나 정치인, 연예인 관련 사건 등에서 이른바 '여론재판'이라는 형태로 확정 판결되기 전의 피의자에 대해 과도한 언론 노출이 이루어지고 있다. 이로 인한 인권침해나 피의사실 공표에 따른 여론몰이가 공공연하게 나타나는 이유 역시 검찰이나 경찰이 이를 통해 국민들의 마음을 일정한 틀에 미리 배치시킴으로써 재판을 유리하게 이끌어가려는 수사적인rheotirical 노력의 일환으로 해석할 수 있다. 나아가 듣는 사람 입장에서도 자신의 이해관계가 걸려 있지 않은 사안에 대해 합리적으로 판단하기보다는 선정적인 내용을 보고 즐기려는 호기심 어린 태도가 이 같은 관행을 더욱 부추기고 있다고 볼 수 있다.

사법적인 영역에서 재판관을 포함한 듣는 사람들이 타인의 이해관계에 대해 냉정하게 판단을 내린다고 했을 때, 그 절대적인 기준은 사법적 판단의 대상이 되는 행위가 정당한 것이냐 부당한 것이냐 하는 점이다. 부당한 행위란 자신의 의지에 따라 법률을 위반하여 누군가에게 해를 입히는 경우를 말한다. 아리스토텔레스는 여기에서 크게 세 가지 문제를 고려해야 한다고 주장한다. 첫째, 부당한 행위를 하는 동기의 성격nature of motives, 둘째, 부당함을 저지르는 마음의 상태state of mind, 셋째, 부당함을 범하는 사람들의 성격character과 태도dispositions가 그것이다.(1368b)

아리스토텔레스는 사람들이 정의롭지 못한 행동을 하는 동기로 가장 먼저 부패depravity와 방탕incontinence을 꼽았다. 그 다음으로는 특정한 집단 내 사람들의 특정한 약점weakness 때문에 발생한다고 보았다. 예를 들어 수전노는 돈에 대한 욕심, 방탕한 자는 쾌락, 유약한 자는 안이함, 겁쟁이는 위험에 대한 두려움, 야심가는 명예욕, 성마른 자는 화, 승리를 갈망하는 자는 승부욕, 복수심에 찬 사람은 복수욕, 경솔한 자는 정당함과 부당함을 혼동하는 마음, 파렴치한 자는 다른 사람의 의견을 무시하는 마음 때문에 정의롭지 못한 행동을 한다는 것이다.

아리스토텔레스는 사람들의 성격에 따른 태도에 대해서도 다음과 같이 설명한다. 예를 들어 젊은이들이 화를 내거나 욕심을 부리는 것은 젊은 혈기 때문이 아니라 분노와 탐욕스러운 태도 때문이고, 가난한 사람은 돈이 없기 때문에 돈에 대한 욕망이 있으며, 부자는 넘치는 쾌락에 대한 욕망이 있기 때문에 쾌락을 추구하는 태도를 지닌다고 설명한다.1369b

나아가 아리스토텔레스는 인간의 이 같은 행동이 외부 원인에 의해 초래되었을 수도 있고 내부 원인에 의해 초래되었을 수도 있다고 보았다. 행위자 외부에 원인을 돌릴 수 있는 경우는 우연이거나 필연적인 경우인데, 여기서 필연적인 경우란 본성nature이 그러하거나 다른 누군가의 강압에 의해 행해지는 경우이다. 반면 내부에 원인이 있는 경우는 습관이나 열망longing의 결과인데, 특히 열망의 경우 계산reason과 같은 이성적인 열망이 있는가 하면, 분노와 욕망desire 등과 같은 비이성적 열망도 있을 수 있다고 보았다.(1369a)

아리스토텔레스는 부당한 행위에 대한 이 같은 분석을 토대로 고소인과 피고인의 메시지 전략이 달라진다고 설명한다. 즉, 고소인의 경우 상대방 피고인에게서 발견되는 부당한 행위들과 그 동기를 밝혀서 제시하면 되고, 피고인의 경우에는 자신에게서 그러한 동기들을 발견할 수 없다는 점을 입증하면 되는 것이다. 이러한 관점에 의하면 예를 들어 고소인의 경우, "피고인이 '욕망'이라는 내부 원인에 따라 자발적으로 '부패'한 행위를 했는데, 이는 그가 특히 '돈'에 약한 사람이었기 때문이다"라는 식으로 기소할 수 있다는 말이다. 반대로 피고인의 경우 뇌물 수수 사실 자체를 부정하려면 그러한 행위를 할 동기나 약점, 내부 원인을 가지고 있지 않다는 점을 증명하면 된다. 만약 뇌물 수수 사실을 인정하는 경우에도 원인을 외부로 돌림으로써 최소한의 방어 논리를 제시할 수 있게 된다.

정의롭지 못한 행위를 하는 사람들의 마음속에는 다음과 같은 계산이 있다고 아리스토텔레스는 지적한다. 1)자신의 정의롭지 못한 행동이 드러나지 않거나, 2) 드러나더라도 처벌받지 않는다고 생각하거나, 3) 처벌받더라도 그 처벌이 자신에게 주어진 이익보다 작다고 생각하는 경우에 정의롭지 못한 행동을 한다는 것이다.(1372a)

1) 정의롭지 못한 행동이 드러나지 않는 경우는, 행위를 저지를 가능성이 전혀 없어 보이는 자가 그러한 행동을 했을 때이다. 예를 들어 폭

행사건에서 육체적으로 약한 사람이나 간통사건에서 가난뱅이나 못생긴 사람 등은 피의자 목록에서 제외된다. 아니면 아주 공개적인 방식으로 모든 사람들이 지켜보는 가운데 저지른 행위 역시 드러나지 않을 가능성이 큰데, 이는 어느 누구도 그것이 가능하리라고 예상하지 않아서 아무도 주의를 기울이지 않기 때문이다. 또한 자신의 행위를 숨기는 수단이 있거나 생각이 기발한 자도 이에 해당한다.

2) 드러나더라도 처벌받지 않는다고 생각하는 경우는, 먼저 달변의 활동적이며 재판 경험이 많은 사람들을 들 수 있다. 희생자나 재판관의 친구일 경우도 마찬가지인데 친구 사이에서 벌어진 일이라 소송 전에 합의를 하거나, 재판관이 우호적이어서 가벼운 처벌만 선고하기 때문이다. 자신의 행위가 눈에 띄더라도 판결을 모면하거나, 재판관을 매수할 수 있는 자도 이에 해당한다. 대개 한 사회 내에서 권력자들이 이러한 위치에 놓여 있다. 국민들 사이에 '유전무죄 무전유죄'라는 법의 형평성에 대한 뿌리 깊은 불신이 있는 것이 바로 이러한 이유 때문이다.

3) 처벌받더라도 오히려 이익이 더 큰 경우는, 가진 것이 없기에 잃을 것도 없는 자, 자신에게 주어지는 이익이 확실하거나 많거나 눈 앞에 있는 자, 자신에게 주어지는 형벌이 자신에게 주어진 이익보다 적은 자, 기껏해야 그 처벌이 단순한 비난에 그치는 반면 확실한 이득을 가져오는 범법 행위를 한 자, 반대로 부당 행위를 통해 어떠한 찬사를 받게 된 자들이 이에 해당한다.

2010년 4월 20일, MBC PD수첩에서 '법의 날' 특집으로 방송된 '검사와 스폰서' 편에서는 기소독점권을 쥐고 있는 검찰의 탈법적 비리를 다루었다. 이 방송에는 전, 현직 검사 57명에게 25년 간 금품과 향응을 접대했다고 주장하는 홍두식(가명) 씨가 제시한 접대 기록 문건이 폭로되었다. 각종 범죄 사건의 수사를 지휘해야 하는 검찰이 정기적으로 뇌물을 수수하고 성접대까지 받았다는 사실은 위의 사례 1)에 해당된다. 설마 검찰이 이 같은 불법적 행동을 했으리라고는 누구도 생각하지 못했을 것이다. 나아가 검찰이 수십 년 동안 이 같은 불법행위를 할 수 있었던 원인이 검찰이 지닌 무소불위의 권력 때문이라고 한다면, 이는 위의 2)에 속하는 전형적인 경우이다. 이 같은 불법행위가 드러나더라도, 검찰 내부에서 징계나 주의 등에 그치는 경우가 대부분이고, 이로 인해 파면 등의 중징계가 내려지더라도 변호사 개업 등을 통해 추후에도 경제적 수익활동을 하는데 아무런 지장을 받지 않는다는 점은 위의 3)에 해당한다. 이 같은 점을 고려할 때 엄정한 법을 집행하는 검찰에서조차 위와 같은 계산이 마음속에 있었다고 본다면, 일반 범죄인들의 경우는 더 거론할 이유조차 없지 않을까?

숙의적 영역의 전형적인 논의 스타일이 예증법이라면 사법적 영역의 대표적인 수사기법은 생략삼단논법이다. 이에 대해 아리스토텔레스는 다음과 같이 말한 바 있다. "생략삼단논법은 사법적 화자에게 가장 잘 어울린다. 왜냐하면 규명되지 않고 남아있는 점 때문에 모든 관심이 원인에 대한 조사와 증명할 수 있는 증거에 모아지기 때문이다.(1368a)" 원인과 증거에 대한 추론을 하는데 있어서 삼단논법과 유사한 구조를 지닌 생략삼단논법을 동원하게 되면, 연역적 추론이나 귀납적 일반화를 하는데 유용하기 때문일 것이다.

그러나 "소송인의 역할은 어떤 사안이 일어났는지 일어나지 않았는지, 일어났다면 문제가 되는지 되지 않는지에 그친다. 이 사안이 심각한지 그렇지 않은지 혹은 정의로운지 정의롭지 않은지에 대한 판단은 배심원의 몫이다.(1354a)" 따라서 사법적인 화자가 생략삼단논법을 동원하여 기소 혹은 변호의 논리를 제시하더라도 최종적인 판단은 배심원, 즉 듣는 사람의 몫이 된다.

사법적인 영역은 다른 어느 분야보다 디테일한 논리적 설득이 중요한 기능을 맡고 있다고 할 수 있다. 이에 대한 아리스토텔레스의 설명을 인용해보자. "시민의회에 적합한 문체는 흡사 거친 스케치와 같다. 청중의 수가 많으면 많을수록, 바라봐야 하는 시점은 더욱 더 멀어지게 마련이다. 동시에 세부사항에 대한 정확한 설명이 불필요해지며 경우에 따라서는 불이익까지 받을 수 있다. 그러나 사법적 문체는 더 많은 정확도를 요구한다. 특히 하나의 사건을 한 사람의 재판관이 담당할 때에는 더욱 그러하다. 이 경우 수사학의 역할은 매우 축소되며, 소송 주제와 연관된 내용과 거리가 먼 내용이 한눈에 파악된다. 논란의 여지가 없으면 판결도 명쾌해진다.(1414a)"

다시 말해 시민의회에 적합한 문체는 원근법이 적용된 그림과 같은 구조를 지닌다. 즉 청중이 많을수록 디테일은 소실점 너머로 사라지고 정책의 큰 그림이 듣는 사람에게 부각되어 표현된다. 지방의회 선거보다 총선이, 총선보다는 대선에서 이 같은 원근법적 정책 제시가 힘을 발휘한다. 또한 대선으로 갈수록 듣는 사람의 수가 많아지기 때문에 듣는 집단의 성격이 이질적이고 다원적일수록 제시되는 정책의 그림 역시 포괄적인 모습을 띠게 될 수밖에 없다.

반면 사법적인 영역은 표현스타일 보다는 행위 여부가 판단의 관건이기 때문에 엄밀한 정확도가 요구된다. 더구나 듣는 사람의 수가 적으면 적을수록 디테일이 더욱 중요해지기 때문에 수사적 장식은 큰 힘을 발휘하지 못한다. 결국 사법적 장르는 수사학의 기법 가운데 가장 논리성이 뛰어난 생략삼단논법을 동원해 설득의 힘을 발휘할 수밖에 없는 구조라는 얘기다.

그렇다면 사법적인 영역에서 연역적 방식과 귀납적 방식 가운데 어떤 방법이 설득에 더 적절한가? 이에 대한 아리스토텔레스의 대답은 연역이다. 귀납적 방식을 택할 경우에는 유사한 예들을 더 찾아야 하는 번거로움이 있는 반면, 연역적 삼단논법을 택하게 되면 단 하나의 예로도 설득의 논리를 구성하기에 충분하기 때문이다. 나아가 맨 마지막에 제시된 사례는 증거로서의 효력이 남다르기 때문에 단 한명의 증인으로도 그 효과가 크다고 보았다.

탐문 · 추리 · 알리바이

생략삼단논법에서 생략이 가능한 전제로 통념probable, 지표sign, 필수지표techmerion가 있다는 점은 이미 앞에서 밝힌 바 있다. 그렇다면 사법적 영역에서 이 세 가지 전제는 어떻게 작동할까? 아리스토텔레스의 〈분석론 전서〉에 나온 설명을 인용해 보자. "사실임직한 통념은 개연성이 있는 전제이다. 예를 들어 당신을 증오하는 사람을 증오하는 것, 혹은 당신을 사랑하는 사람을 사랑하는 것이 바로 사실임직한 것이다. 지표는 필수적이거나 개연성이 있는 증명적 성격의 전제이다. "다른 사태로 하나의 사태가 선행적으로 혹은 후행적으로 변화할 때, 다른 사태들은 한 사태의 변화 혹은 존재의 지표들이다.(수사학 1권, 각주 7)"

어떤 범행이 발생했을 때 이것이 우연한 사건인지 아니면 어떠한 개연성이 있는지를 먼저 조사한다. 우발적인 범행일 경우에는 주변의 우범자들이 우선적인 수사 대상이다. 왜냐하면 사회통념상 "고기도 먹어 본 사람이 맛을 알고" "바늘도둑이 소도둑이 되기" 때문이다. 반면 원한관계에 의한 범행이라는 판단이 들 경우에는 피해자 주변 인물들과의 관계에 대한 탐문수사부터 실시한다. 왜냐하면 원한을 가진 주변 인물들 가운데 누군가가 피해자에게 '복수'를 가했을 가능성이 높기 때문이다. 이것이 바로 사실임직함의 통념이다.

지표적인 단서를 토대로 멋들어지게 추리한 대표적인 사례로 셜록 홈즈Sherlock Holmes가 있다. 홈즈는 그의 친구 왓슨의 가정부가 일을 엉망으로 한다는 사실을 다음과 같이 추론해낸다.

그건 아주 간단한 일이지. 내 눈에는 자네 왼쪽 구두 밑창의 가장자리가 여섯 군데나 나란히 긁혀 있는 것이 보이네. 그건 분명히 누군가 신발 밑창에 달라붙은 진흙을 떼기 위해 함부로 긁어 대서 생긴 자국이지. 그걸 보고 자네가 궂은 날씨에 밖에 나가 돌아다녔다는 것과, 신발을 망쳐놓기 일쑤인 형편없는 런던의 하녀를 데리고 있다는 사실을 추리해냈지.(Arthur Conan Doyle, 2002)

구두에 긁힌 자국을 지표로 삼아 이루어진 이 추론은 다음과 같은 전제를 생략한 것이다.

- 신발 바닥에 긁힌 자국이 있으면 아무렇게나 긁어냈다는 의미다

- 그렇게 아무렇게나 긁어내는 행동은 틀림없이 형편없는 하녀의 짓이다
- 그러므로 아무렇게나 긁힌 신발을 신은 왓슨은 형편없는 하녀를 두고 있다

지표적인 단서 역시 통념과 마찬가지로 '개연적인' 증거에 불과하다. 따라서 홈즈처럼 탁월한 통찰력을 가지지 않은 자의 서투른 추론은 오히려 '선무당이 사람잡는 격'이 되기 십상이다.

사법적 영역에서 활용되는 대표적인 지표의 도구가 거짓말탐지기 polygraph다. 이는 피의자에게 질문을 던진 뒤에 혈압, 맥박 수, 호흡 등의 생리현상을 기록하는 기계로서, 이 자료를 토대로 피의자가 거짓말을 하고 있는지의 여부를 판단한다. 거짓말을 하는 사람에게서 혈압이 올라가고 맥박수가 늘어나며 호흡이 가빠지는 징후가 나타나는 점에 착안한 기계적 기록장치인 셈이다. 그러나 조사 당시의 강압적인 분위기, 답변자의 개인 체질에 따른 생리적 반응의 차이 등으로 인해 거짓말을 하지 않아도 언제든 이 같은 지표적 징후가 나타날 수 있으며 이 점 때문에 재판과정에서도 거짓말탐지기에서 나온 결과를 무조건적으로 받아들이지는 않는다. 거짓말탐지기 역시 거짓말을 하고 있을 개연성을 추론하는 하나의 가능성일 뿐, 필연적인 증거로서의 능력은 여전히 의문의 여지가 있다고 할 수 있다.

사법적 영역에서 활용되는 대표적인 필수지표로 알리바이를 들 수 있다. 현장부재증명이란 결국 피고인이 범행 당시 범행현장이 아닌 다른 곳에 있었음을 증명하는 것이다. 피고인이 만약 다른 공간에 있었다면, 그가 이 범행을 행했을 물리적 가능성은 사라지게 된다. 따라서 알

리바이는 행위자가 자기 무죄를 입증하기 위한 반증反證의 한 방법이며, 필수지표 차원에서 활용되는 증거의 예라고 할 수 있다. 이밖에 범행현장의 지문이나 DNA 감식 결과 등 이른바 '과학수사대 CSI'에서 분석하는 증거들을 대개 필수지표라고 볼 수 있다. 왜냐하면 "지표 가운데 지표가 참이라는 조건에서 우리가 논박할 수 없는 것이 바로 필수지표이기 때문이다. 따라서 '그가 열이 난다'는 '그가 아프다'는 것을 나타내는 필수지표이며, '그녀는 젖이 나온다'는 '그녀가 아이를 낳았다'는 것을 나타내는 필수지표인 셈이다. 필수지표를 제외한 일반 지표들은 일반적인 것이 특수한 것에 대해 맺는 관계를 갖고 있다. 따라서 '그가 열이 있다'라는 지표는 '그의 호흡이 빠르다'라는 점을 나타낼 수도 있지만, 열이 없이 숨이 가쁠 수도 있다는 점에서 논박 가능한 것이다.(1357b)" 이렇게 본다면 사법적인 절차에서 통념이나 지표는 개연성만을 나타내기 때문에 항상 논박 가능하지만, 필수지표는 논박할 수 없는 확실한 물증이 된다.

법적 공방

사법적 영역에서 일어나는 법적 공방은 크게 다음의 세 단계를 거친다.

첫째, 사실을 확인하는 추정의 단계이다. 이는 사실이냐 아니냐를 결정하는 단계로, 사실이 아니라면 무죄로 판결이 나고 재판이 끝나지만, 사실이라면 정의의 단계로 넘어간다.

둘째, 정의의 단계란 문제가 되는 사건이 법적인 책임을 물을 수 있는 사건인지 아닌지를 규정하는 단계이다. 사건이 일어났으나 피고인에게 책임이 없다면 무죄로 판결이 나고 재판은 끝나지만, 사건이 사실이고 피고인에게 책임이 있다면 성격 규정의 단계로 넘어가게 된다.

 셋째, 성격 규정의 단계란 법적 책임이 규정되고 나서 그 피해가 경미한지 중대한지를 결정하는 단계이다. 만약 피해가 작다면 유죄로 판결이 나더라도 형량이 가벼워질 수 있지만, 피해가 크다면 형량은 무거워질 수밖에 없다.

 따라서 고발하는 연설은 피고가 1)범죄행위를 했고, 2)그 행위의 책임이 피고에게 있고, 3)그의 행위가 한 개인이나 단체에 직·간접적인 피해를 입혔고, 그 결과가 용서받을 수 없다는 사실을 입증해야 한다. 반면 변호하는 연설은 1)피고가 범죄행위를 하지 않았음을 입증해야 하는데, 이를 위해 그런 행위를 저지를 수 있는 물리적인 가능성이 없다거나, 아무런 이유와 필요가 없었음을 주장함으로써 기소사실을 부인해야 한다. 2)만약 행위를 부정할 수 없다면, 그 행위의 책임이 피고 자신에게 있지 않음을 입증해야 한다. 강요나 명령 때문에 행위가 불가피했음을 주장하여 행위에 대한 책임을 다른 사람에게 전가시키거나, 범죄행위가 불가피했던 이유를 적절히 설명함으로써, 가령 더 많은 사람을 살리거나 더 큰 피해를 피하기 위해서 먼저 공격을 했기 때문에 자위를 위한 정당방위로 그러한 행위를 하였음을 입증하여 정상참작이나 동정의 여지를 마련하는 식의 변론을 구성해야 한다. 3)만약 행위의 직접적인 책임을 면하기 어려운 경우, 행위의 결과를 가능한 축소하여 형량을 최소화해야 한다. 자신의 행동을 적극적으로 후회함으로써 행동의 비의도적인 일과성을 강조하거나, 범죄행위의 결과가 대단한 것이 아니라고 함으로써 행위에 대한 책임을 최소화하거나, 동정심에 호소하며 간청하는 방법을 통해 형량을 약화시킬 수 있다.

이 같은 법정 공방의 논의 형식을 염두에 두고 한명숙 전 총리가 2007년 4월 무렵 자신이 재직하던 총리 공관에서 곽영욱 전 대한통운 사장에게 인사 청탁 대가로 '5만 달러'를 직접 받았다는 혐의로 검찰로부터 기소당한 사건을 들여다보자. 이 사건에서 쟁점이 되었던 검찰의 기소 주장은 크게 세 가지였다.

1) 한 전 총리가 "5만 달러를 받았다"
2) 한 전 총리에게 "총리 공관에서 직접" 돈을 건네 줬다
3) 한 전 총리에게 '인사 청탁의 대가로' 줬다

1)이 사실이라는 전제하에 2)는 돈을 건네준 방법이고, 3)은 돈을 건네준 이유다. 여기서 1) '5만 달러를 받았다'는 점은 한 전 총리의 범죄를 증명하는 행위이고, 2) '총리 공관에서 직접 돈을 건네줬다'는 것은 그 행위의 책임이 피고인 한 전 총리에게 있다는 것이며, 3) '인사 청탁 대가'라는 점은 공직자 윤리에 어긋나는 행위로서 그 결과가 용서받을 수 없다는 사실을 주장한 것이다. 이 세 가지는 모두 곽 전 사장의 증언에 입각한 주장이다.

이에 대해 한 전 총리 측의 변론은 1)5만 달러라는 액수는 한 전 총리가 자신의 인생을 걸기에는 턱없이 적은 액수이며, 2)총리공관은 경호요원만 10명이 넘고 호텔에서 나와서 서빙하는 직원이 대여섯 명이나 왔다 갔다 하는 열린 공간이다. 주머니도 없는 여성 총리가 그 많은 돈

을 바로 처리한다는 것 자체가 애당초 무리다. 3)총리는 공기업 사장을 인선하는 자리가 아니며 구조적으로 인사에 관여할 수도 없게 되어 있다는 것을 핵심 논리로 내세웠다.

　변론1)은 기소1)의 증언에 대해 '통념'의 관점에서 반대주장을 펼친 것으로 이해할 수 있다. 변론2)는 기소2)의 증언에 맞서 열린 공간이라는 점과 주머니 없는 옷을 입었다는 단서에 입각한 지표적인 주장을 펼치고 있는 대목이다. 이 대목은 재판과정에서 '직접 건넸다'는 증인의 최초 진술이 '의자 위에 놓고 왔다'로 바뀌어 '의자 위에 놓인 돈 봉투'를 짧은 시간 내에 한 전 총리가 처리하는 것이 가능한지 여부로 다툼의 대상이 바뀌었다. 이로 인해 당시 총리공관에서 있었던 '현장검증'은 물리적으로 의자 위에 놓인 돈 봉투를 서랍장까지 제한된 시간 내에 옮길 수 있는지 여부를 따지는 필수지표로서의 증거 채택여부를 확인하는 절차로 진행되었다. 변론3)은 법정에서 곽 전 사장이 한 전 총리에게 인사 청탁을 한 적이 없다고 진술을 뒤집는 바람에 검찰이 이 사건의 동기로 제시한 부분에서 뇌물을 준 핵심 근거가 사라져버리는 결과를 낳게 되었다.

　2010년 4월 9일, 사법부는 검찰과 변호인의 법정공방에 대해 다음과 같은 판결을 내린다. "유일한 직접증거인 피고인 곽영욱의 뇌물공여 진술은 전후의 일관성, 임의성, 합리성, 객관적 상당성이 부족하고, 그의 인간됨과 그 진술로 얻게 되는 이해관계 등을 종합적으로 고려하면, 합리적인 의심을 배제할만한 신빙성이 있다고 보기 어렵다"고 보아 무죄를 선고한다. 즉 1)증인의 진술에 일관성이 없어 증언 자체의 증거능력이 부족하고, 2)총리실이 뇌물을 수수할 만큼 은밀한 장소가 아니라는 점에서 전달과정 상 객관적 상당성이 부족하며 3)곽 전 사장의 인간됨과 뇌물공여 진술로 얻게 되는 이해관계 등을 종합적으로 고려할 때 "피고인 한명숙이 피고인 곽영욱으로부터 5만 달러를 수수하였다고 인정하기에 부족하며, 달리 이를 인정할 증거가 없다"고 판결한 것이다.

이제 사법적 영역에서 이루어지는 수사적 특징에 대한 결론을 내리자. 지금까지 살펴본 바와 같이 법적 공방에서 제시되는 주된 주장은 생략삼단논법의 형태를 띤다. 여기에서 통념이나 지표 그리고 필수지표가 생략 가능한 전제로 활용된다. 결국 사법적 판단을 좌우하는 것은 이 같은 통념, 지표, 필수지표에 의해 추론된 행위의 부당성을 입증하는 주장이 얼마만큼 듣는 사람인 재판부의 판단에 영향을 미치느냐, 즉 재판부를 설득하느냐에 달려있는 것이다.

이러한 사법적 논의 구조는 법정에서 뿐만 아니라 우리의 일상에서도 그대로 적용된다. 아이의 잘못(엄마지갑에서 돈을 훔쳤다고 치자)을 따지는 엄마의 경우를 생각해보자. 엄마는 당연히 1)아이가 돈을 훔치는 나쁜 짓을 했고 2)그 행위의 책임이 아이에게 있고 3)그 행위가 아이에 대한 엄마의 신뢰에 나쁜 영향을 미쳤기 때문에 용서할 수 없다고 주장할 것이다.

그러면 아이는 뭐라고 변명할까? 세 가지 가능성 중에 하나일 것이다. 1)돈을 훔치지 않은 경우에는 내가 돈을 훔치지 않았다고 사실 자체를 부정한다. 엄마 지갑을 본 적도 없고, 나 홀로 집에 있은 적이 한 번도 없다는 식으로 이른바 현장부재증명을 한다. 2)만약 돈을 훔친 것이 사실이라면 그 행위의 책임이 자신에게 있지 않음을 입증한다. 즉 동네 형이 돈을 가져 오라고 했고, 돈을 안가지고 가면 혼이 나기 때문에 어쩔 수 없었다고 해명한다. 3)만약 이 같은 외적 압력 없이 스스로 한 행위라면 아이는 지갑에서 우연히 돈이 빠져 나와 있어서 호기심에 그랬다는 식으로 행위의 결과를 가능한 축소하여 해석해야 한다. 나아가 돈을 훔친 행위를 적극 후회하고 있기에 '처음이자 마지막으로' 용서해 달라고 엄마의 동정심에 호소하는 것이다.

    이처럼 사법적 논의의 틀이 활용되는 영역은 우리 일상에서 무궁무진하다. 생략삼단논법과 세 단계 논의의 틀을 활용해 본다면 일상의 분쟁상황에 대한 보다 합리적인 대처가 가능할 것이다.

7

대중 설득은
어떻게 이루어지는가

찬사와 비난의 과장

07

"과시적인 유형은 찬사를 보내거나 비난을 하는 성격의 주제를 다루게 된다. 연설자가 찬사를 보내거나 비난을 하는 대상은 눈앞에 보이는 사물의 조건에 관한 것이기 때문에 과시적인 유형은 대부분 현재를 다루는 것이 적절하다. 그러나 과시적인 연설자가 과거를 상기함으로써 과거로부터 논거를 이끌어 내거나, 미래를 추측함으로써 미래로부터 논거를 이끌어내는 것과 같은 방식으로 다른 시간대를 거론하는 것도 흔히 있는 일이다.(1358b)" 고대 그리스어로 과시적이라는 말인 '에피데익티코스epideiktikos'는 위로epi 드러내서 보여준다deiknumi라는 뜻이 담겨 있다. 이를 라틴어로는 바깥으로 꺼내de 보여준다montro라는 의미로 '데몬스트라티오demonstratio'라고 한다. 나아가 바깥으로 드러내ex 화려하게 장식하다oratio라는 의미로 엑스오르나티오exornatio를 대신하기도 한다.(김헌, 2008)

이처럼 과시적이라는 말은 칭찬이나 비난의 대상을 드러내서 보여준다는 뜻을 지니고 있다. 찬사를 보내거나 비난하는 사람들의 목적은 아름다운 것과 추한 것을 보여주는데 있다. "아름다운 것이란 그 자체로 바람직한 것이자 예찬 받을 만한 것이다. 더불어 아름다운 것은 좋은 것이며 좋은 것은 즐거운 것이다. 한편, 미덕은 필연적으로 아름다운 것으로, 따라서 좋은 것이고 칭찬할 만한 것이다.(1366b)" 이처럼 그 자체로 바람직한 대상인 아름다운 것과 좋기 때문에 필연적으로 아름다운 미덕 그리고 그 반대 지점에 놓인 악덕과 추한 것들을 드러내 보이는 것이 바로 칭찬하거나 비난하는 사람들의 목적이 된다. 그런데 이렇게 드러내 보이려고 하는 것은 대개 대상에 대한 칭찬이 주를 이루기 때문에 칭찬연설이라는 명칭이 사용되기도 한다.

예를 들어 보자. 천안함 사건으로 사망한 46명의 해군 병사는 우리 시대 최고의 '영웅'으로 칭송되었다. 김성찬 해군참모총장은 이들을 추모하는 조사에서 다음과 같이 말했다.

당신들은 그 어느 누구보다도 가장 용맹스런 바다의 전사였습니다. 조국의 안보가 위협받고 국민의 안위가 염려되는 곳마다 언제든 계셨습니다. 임무가 아무리 위험하고 어려워도 당신들은 결코 물러서지 않았습니다. 모두가 잠들어도 당신들은 늘 깨어 있었습니다. 가족·친지·애인과 떨어져 기관실과 조타실·통신실·전탐실에서 각자의 임무를 충실히 수행하였습니다 … 그토록 용기와 신념으로 가득 찬 당신들이 있었기에 우리의 바다는 늘 평온하였으며, 대한민국 국민들은 단잠을 잘 수 있었습니다. 3월 26일 그날도 여느 때처럼 바로 그 바다에서, 파도치는 그 밤바다에서 당신들은 조국의 바다를 지키기 위해 혼신의 노력을 다하고 있었습니다.

천안함의 해군들은 '가장 용맹스러운 바다의 전사'로서 '용기와 신념에 가득 찬' 모습으로 '조국의 바다를 지키기 위해 혼신의 노력'을 다하는 미덕을 지니고 있기에 '영웅'으로 추모되어 마땅하다는 것이다. 이처럼 우리가 칭송해 마지않는 미덕으로는 "정의, 용기, 절제, 너그러움, 관대함, 후한 인심, 부드러움, 실천적 지혜와 철학적 지혜(1336b)" 등이 있다.

정의가 미덕인 이유는 타인의 소유를 법률을 위반하면서까지 자신의 것으로 만드는 부정의와는 달리 합법적인 방식으로 재화를 소유하기 때문이다. 용기는 비겁함과는 달리 위험한 상황들에서 법률이 명하는 바에 따라 선한 행동을 행하게 하는 미덕이다. 절제는 무절제와 달리 법이 정해놓은 테두리 내에서 육체의 즐거움을 따르기 때문이다. 너그러움은 인색함의 반대이며, 관대함은 빈약함의 반대이고 후한 인심은 옹졸함의 반대이다. 실천적 지혜는 선과 악에 대해 잘 조언해 줄 수 있는 이성의 덕목인 셈이다.(1336b)

이처럼 하나의 공동체에서 칭송해 마지않는 미덕의 대상은 이타적 희생의 자세다. "이러한 미덕을 갖춘 자는 계산하지 않고 돈을 쓰며, 돈을 얻을 때에도 모든 것에 우선해서 돈을 탐하는 다른 사람들과 다투지 않는다. 가장 위대한 미덕은 반드시 다른 사람들에게 가장 유용한 것이 되어야 한다. 왜냐하면 미덕은 베푸는 능력이기 때문이다.(1336b)"

한 사회에서 찬사를 보내는 덕목은 사람의 품성을 논하는 에토스 개념과 연결된다. 실제로 과시적 장르에서 칭송하는 행위와 그 행위를 하는 사람의 구분은 무의미하며, 불가피하게 칭송 혹은 비난을 받는 사람의 에토스를 건드리지 않을 수 없다. 그리고 칭송 받는 사람의 품성이 이를 떠받들고 뒤따르려는 청중의 마음과 연결된다는 점에서 과시적 장르는 파토스적인 측면을 가지고 있기도 하다.

지금까지 칭찬받는 미덕과 사람에 대한 특징을 살펴보았다. 이번에는 비난받는 사람에 대해 살펴보자. 아리스토텔레스에 따르면 분노, 증오, 경멸, 두려움, 수치심, 파렴치함, 분개, 시기심, 멸시 등은 파토스의 목록이자 비난 받을 만한 사람을 대할 때 나타나는 우리의 감정이다. 하지만 이들을 대상으로 비난하는 방법을 체계적으로 정리한 사람은 17세기 철학자 로크John Locke이다. 로크는 '사람에 대한 공격ad hominem' 이라는 개념을 통해 "어떤 사람이 전제에 대해서는 동의를 해놓고, 그 전제에서 생겨난 결론은 책임지기를 거부한다는 이유로 그 사람을 문제 삼는 것"이라고 정의내리고 있다. 오늘날 '사람에 대한 공격'은 상대를 개인적으로 비방한다는 의미에서 경멸적인 용어로 간주되고 있지만, 로크 당시에 이 개념은 오히려 성공적인 설득을 위해 동원해야 할 필수불가결한 근거로 간주되었다.

'사람에 대한 공격'에는 세 가지 유형이 있다. 1)모욕하고 상처를 주는abusive 공격 2)상황적circumstantial 공격 3)피장파장tu quoque이 그것이다. 1) 모욕하고 상처 주는 공격이란, 상대방에 대해 멍청하다, 부정직하다, 믿을 수 없다는 등의 부정적인 덕목을 제시함으로써 상대방의 에토스를 비난하는 인신공격을 의미한다. 지난 17대 대선 당시 정동영 후보 측에서 '군대는 안 갔지만 위장 하나는 자신 있다'라는 메인카피가 달린 선거광고를 내보냈다. 이는 이명박 후보의 군 면제와 위장전입 경력을 문제 삼아 대선후보로서 그의 에토스를 전체적으로 비난한 인신공격의 전형적인 사례라 할 수 있다.

  2) 상황적 공격이란, 귀속되는 특별한 상황을 드러내거나, 자기 이익만을 위해 취해진 상대방의 행위를 밝힘으로써 상대방의 공신력을 훼손시키려는 시도이다. "1번만 생각하면 잘 살 것 같습니다. 2번을 생각하니 나라 걱정이 앞섭니다." 이 역시 정동영 후보 측의 선거 광고 카피다. 2번 후보인 이명박 후보가 재계 CEO 출신으로서 경제를 살릴 것 같지만, 오히려 자신의 이해관계만 좇는 경제인이라서 국가경영에 한계가 있다는 의미의 비난 메시지이다. 이명박 후보가 대통령이 될 경우 경제인 출신이라는 태생적 상황적 한계로 인해 문제가 생길 것이라는 비난인 셈이다.

  3) 피장파장이란 '똥 묻은 개가 겨 묻은 개 나무란다'는 속담 뜻 그대로 타인에게 이의 제기를 하기에 앞서 자신의 모습을 살피는 것이 우선이라는 비난의 뜻을 담고 있다. 이명박 대통령 집권 이후 장관 내정자의 도덕적 흠결에 대한 야당의 공세에 대해 한나라당이 "노무현 정권 당시에도 장관 내정자들이 위장전입, 병역, 논문 표절, 세금 문제 등이 있었지만 임명을 강행했다"며 비난한 경우가 이에 해당한다. 사람에 대한 공격에서 드러나듯이 악덕에 대한 과시 역시 칭찬과 마찬가지로 행위에 대한 비판과 행위를 한 사람에 대한 공격이 구분되지 않고 연계되어 있음을 알 수 있다.

  이처럼 무엇이 미덕이고 무엇이 악덕인지 그리고 무엇이 아름다운 것이고 무엇이 추한 것인지에 대한 판단은 가치 지향적 성격을 지닌다. 대개 우리에게 유용함을 가져다주는 '가치 있는 것'으로는 앞서 보았듯이 '정의, 용기, 자기통제, 고결함, 너그러움과 같은 마음의 상태' 뿐만 아니라, '건강, 아름다움' 과 같은 육체의 상태(1362b) 등이 포함된다. 나아가 '부, 친구와 우정, 명예와 좋은 평판, 말 잘하는 능력과 행동하는 능력 그리고 천부적인 지능, 좋은 기억력, 학습능력, 번득이는 통찰력' 등과 함께 '과학, 예술 심지어 삶 자체(1362b)' 등도 가치 있는 것이 된다. 이처럼 가치의 목록에는 '일반적으로 선하다고 인정되어' 인간이 선호하는 수없이 많은 주제들이 포함된다.

하트(Hart, 1997)는 오늘날 미국인들이 공유하고 있는 가치의 목록을 1) 이론적 가치 2)경제적 가치 3)심미적 가치 4)사회적 가치 5)정치적 가치 6)종교적 가치의 6가지로 정리하였다. 이 가치들의 의미를 좀 더 설명해보면 다음과 같다.

1) 이론적 가치는, 과학을 존중하고 합리적인 이성을 선택하며, 양적인 판단기준을 선호하고 실용적인 교육을 지향하는 가치관을 말한다. 2) 경제적 가치는, 부나 부자에 대해 긍정적이고, 성공을 노력과 인내의 결과로 높게 평가하고, 효율성을 존중하며, 근검과 저축을 중시하는 생각이다. 또한 경쟁이 경제생활에서 가장 중요한 측면이라고 보지만, 일정 정도 정부의 규제도 불가피하다고 판단한다. 3) 심미적 가치는, 디자인과 같은 실용예술을 선호하고, 순수예술을 여성적 취향이라고 보며, 남성들의 경우, 스포츠, 사냥, 낚시 등의 신체 활동을 선호하고, 운동경기에서 예절과 협력을 중시한다. 4) 사회적 가치는, 인간은 정직하고 honest 진지하고sincere 친절하고kind 관대하고generous 상냥하고friendly 솔직한straightforward) 미덕을 지녀야 한다고 생각하며, 타인과의 융화를 중시하고 공정함과 정의를 높이 평가한다. 또한 가정적인 남자를 좋아하며, 남자라면 결혼해서 가족을 위해 희생해야 한다고 여긴다. 5) 정치적 가

치는, 미국식이 세계 제일이라고 여기며, 미국식 민주주의가 최상의 정치 형태로서 생각하고, 국가보다 개인을 우선시 하며, 헌법은 신성한 문서이며 미국인의 자유를 수호하는 역할을 한다고 본다. 또한 공산주의는 미국인에게 있어 현존하는 가장 큰 위협이며, 양당 정치 시스템이 최상의 형태로서 계속 유지되어야 한다고 생각하고, 정부 소유는 일반적으로 바람직하지 않다고 여긴다. 정부는 본질적으로 비효율적이라고 여기며, 기회 균등이 소수 그룹에게도 확대되어야 한다고 생각한다. 6) 종교적 가치는, 기독교가 최상의 종교이지만 다른 종교에 대해서 관용을 가져야 한다고 생각하며, 교회의 일원으로 봉사해야 한다고 생각한다. 아울러 신은 실존하는 우주의 창조자라고 여기며, 종교와 정치는 분리되어야 하고, 선악에 근거하여 사람과 사건을 판단해야 한다고 여긴다.

 이 같은 미국식 가치의 목록을 보면 부분적으로는 미국사회의 공동체적 특성이 드러나는 가치도 있지만 상당 부분 우리 사회가 현재 지향하는 가치와 일치하고 있다는 점을 발견할 수 있다. 이 같은 미국식 가치관을 통칭하여 '아메리칸 드림'이라고 부른다면, 그 안에는 자유경쟁, 과학, 효율성, 자유, 부의 축적, 양적 성장 등의 의미 체계가 담겨 있다고 볼 수 있다. 반면 유럽국가 내에서 발견되는 가치를 표현한 '유러피언 드림'은 이 같은 자유경쟁보다는 협력과 연대, 효율성보다는 형평성, 동화보다는 문화적 다양성, 부의 성장보다는 삶의 질, 수적 우위의 게임보다는 다수파와 소수파 간의 상생 게임을 지향한다. 이에 따라 경쟁보다는 복지와 협력, 시장보다는 공공, 성장보다는 분배를 지향하는 가치질서가 전체 사회·경제·정치 시스템 내에 녹아 스며들어 있

다. (Rifkin, 2004/2005)

이렇게 본다면 과시적 장르에서 제시되는 가치는 한 집단이나 사회 내에서 지속적으로 행동하려는 방향성을 나타내며, 이에 대한 집단적인 동의를 통해 한 사회의 고유한 정체성을 만들거나 공동체의식을 강화시키는 역할을 한다. 하지만 우리가 선호하는 가치가 사람이나 사회 혹은 국가 공동체에 따라 서로 다를 수 있다는 점에서 가치판단은 늘 상대적인 성격을 띤다. 따라서 하나의 집단에서는 상식처럼 받아들여지는 가치관이라도 다른 집단에서는 전혀 다른 가치를 지닐 수 있고 심지어 몰상식이 될 수도 있다.

이처럼 이론의 여지가 있는 가치의 경우 이에 대한 논란은 불가피하다. 아리스토텔레스는 다음과 같이 말한다. "이론의 여지가 있는 선의 경우, 이를 옹호하기 위해 다음과 같은 논증이 취해져야 한다. 만약 반대가 악인 경우 그 반대는 선이다. 혹은 선의 반대는 우리의 적에게 유리한 것이다. 예를 들어 우리가 겁쟁이가 되는 것이 우리의 적에게 필히 유리하다면, 우리에게 용기가 필요하다는 점은 분명하다.(1362b)" 이를 해석하면, 어떤 대상이 우리에게 선한지 악한지 여부가 불분명할 경우에 가치에 대한 논증이 성립되는데, 이때 논의의 초점은 우리에게 유리한 것인지 불리한 것인지에 있다. 만약 겁쟁이가 되는 것이 적에게 유리하다면, 우리가 지녀야 할 가치가 '용기'라는 점을 입증해나가야 하는 것이다.

예를 들어 환경보호를 주장하는 사람들에게는 생태계를 유지하고 개발을 막는 것이 유리한 것이고, 4대강 사업 등과 같은 환경개발이 가치에 반하는 것이 된다. 건설업자 입장에서는 환경개발이 자신에게 유리하고 가치 있는 일인 반면, 환경보호운동은 자신의 이익에 불리한 행위라 할 수 있다. 이런 관점에서 가치는 '개인적인 소신personal policy'을 의미한다. 이는 숙의적 장르에서 정책을 '다수의 소신public policy'이라고 본 것과 대비되는 개념이다. 이러한 소신에 입각하여 특정 가치를 지향하거나, 특정 가치가 다른 가치보다 낫다는 것을 주장하거나, 특정 가치를 거부하는 입장을 나타낼 수 있게 된다.(강태완 외, 2001)

가치를 공유하고 있지 않거나 그 가치에 적대적인 청중을 대상으로 메시지를 전달해야 하는 사람은 아마 많이 곤혹스러울 것이다. 아리스토텔레스에 의하면 "우리가 고려해야만 하는 것은 우리가 누구 앞에서 칭찬을 하고 있는가 하는 점이다. 소크라테스가 말한 것처럼 아테네인들 앞에서 아테네인들을 칭찬하는 것은 어렵지 않다. 그러나 아테네 사람들이 펠레폰네소스 사람들 앞에서 말하거나 펠레폰네소스 사람들이 아테네 사람들 앞에서 말해야 한다면, 그들을 설득시키거나 믿게 하기 위해 아주 훌륭한 연설가가 필요하게 된다.(1367a)" 왜냐하면 화자에게 적대적인 청중들에게는 공유하는 공동체성이 없거나 이에 반하는 가치관이 있기 때문에 연설을 하는 것 자체가 쉽지 않다. 따라서 말하는 사람에게 그들을 설득할 비장의 능력이 있어야 하는 것이다.

논란이 되는 가치를 드러내어 적대적 청중의 가치를 논박하기 위해서는 크게 두 가지 차원, 즉 정의적 차원과 지시적 차원의 메시지 전략을 구상해야 한다. 정의적 차원이 '논의의 대상인 x가 무엇이냐'에 관한 논의라면, 지시적 차원은 'x가 지시하는 바가 선이냐 아니냐'에 관한 논의이다. 예를 들어 4대강 사업과 환경보호가 가치판단의 쟁점일 경우, 4대강 사업이 무엇인지를 먼저 논의한 뒤에 4대강 사업이 우리 사회가 지향해야할 가치에 비추어 선이냐 아니냐에 관해 논의를 진행해야 한다. 이 두 가지가 가치를 논할 때 반드시 논의해야 할 필수쟁점이다.

과시를 통한 구분과 차별

가치가 상대적이라는 점에서 볼 때, 과시적 장르에서 말하는 사람의 메시지를 듣는 사람은 대개 말하는 사람과 공동의 가치를 공유한 집단일 가능성이 높다. 만약 그렇지 않은 경우라 하더라도 과시적 장르에서 표현되는 대상이 연설공동체가 공유하는 가치나 규범을 잘 나타내주는 상징성을 지니고 있는 경우가 대부분이다. 따라서 말하는 사람이 전달하는 메시지를 통해 말하는 사람과 듣는 사람 사이에 가치공동체가 형성되는 것이다.

　이 과정에서 역으로 이 가치를 공유하지 않는 다른 어떤 집단과의 구별도 자동적으로 이루어지게 된다. 앞서 보았듯이 천안함의 희생자를 '영웅'이라는 입장에서 추모연설을 하는 사람과 듣는 사람 사이에는 동일한 가치공동체가 형성되기 때문에, 함께 이들의 미덕을 추모하는 동시에 이들을 희생시킨 북한을 악덕한 행위의 주체로 비난하는 마음도 공유하게 된다는 말이다. 이처럼 과시적 수사학은 말이 전해지는 현재 시점을 기준으로 말 듣는 사람들을 공동의 가치에 따라 묶거나 혹은 멀어지게 만든다. 이런 점에서 볼 때, 과시적 수사학은 현재시제로 표현되는 공동체의 언어인 셈이다.

　예를 들어보자. 이명박 전 대통령은 2008년 8월 15일에 열린 '건국

60주년 기념식'에서 다음과 같이 말한다. "대한민국 건국 60년은 '성공의 역사'였습니다. '발전의 역사'였습니다. '기적의 역사'였습니다 … 조국의 광복을 위해 목숨을 던진 순국선열들이 계셨습니다. 6.25전쟁에서 장렬히 산화한 수많은 무명용사들이 있었습니다. 이 분들이 없었다면, 자유대한민국은 없었을 것 입니다"라고 강조하였다.

이 연설에서 이명박 전 대통령은 건국의 역사에 기여한 순국선열과 무명용사의 미덕을 높이 치켜세우면서, 이 가치를 공유하는 '자유' 대한민국의 공동체를 자연스럽게 형성하려 하였다. 문제는 8.15해방으로 인한 '독립' 63주년 대신 '건국' 60주년을 전면에 내세우는 것이 이른바 '뉴라이트'에서 바라보는 우리 역사에 대한 가치판단이라는 점이다. 이에 따라 광복회 등 독립유공단체와 역사학계는 "정부가 주도하는 '건국 60년' 기념사업이 일제의 식민 지배를 미화하려는 시각을 가진 뉴라이트 학자들과 특정인을 '국부國父'로 만들려는 학자들을 중심으로 편향된 방향으로 진행되고 있다(한겨레신문, 2008년 8월 15일자)"면서, '건국'이라는 표현이 상해임시정부의 법통을 부정하는 논리라고 비판하였다. 이처럼 8.15를 기념하는 과시적 연설에 담긴 표현이 '건국'이냐 '독립'이냐를 놓고 지향하는 가치가 달라지며, 이를 지지하거나 비판하는 집단들 사이에 서로 다른 가치공동체가 형성되어 가치갈등과 대립이 나타나는 것이다.

과시적 장르에 가장 적합한 수사 기법은 과장법이다. 아리스토텔레스를 인용해보자. "일반화해서 말하면, 모든 수사적 논증에 공통되는 주제들 가운데 과장법이 과시적 화자에게 적합하다. 왜냐하면 이들 화자의 주제는 이론의 여지가 없는 행동들이기 때문에, 해야 할 일이라곤

이들 행위에 아름다움을 부여하고, 중요성을 부가할 일만 남기 때문이다.(1368a)"

과시적 장르에서는 듣는 사람의 목적이 판단하는 데에 있는 것이 아니라 즐기려는 데에 있다. 의회나 법정에서는 듣는 사람들의 판단이 의사결정이나 행위의 잘잘못을 구분하는데 결정적인 역할을 하지만, 과시적 장르에서는 듣는 사람이 동일한 가치관을 지니고 있는 한 정치적이거나 사회적인 책임이 걸린 판단과 표결의 부담 없이 말을 들을 수 있다. 따라서 즐거움이 부풀려질 때 그 효과가 더 커지기 때문에 증폭성의 관점에서 과장법이 가장 효과적이라는 것이다.

말하는 사람 역시 이미 주어진 가치판단의 공감대 내에서 주어진 대상이나 주제에 대해 수사적 기교를 과장되게 동원하여 듣는 사람의 즐거움을 배가시킬 수 있다. 만약 과시적 장르에서도 듣는 사람이 무언가를 판단한다면, 그 대상은 말의 내용이 아니라 말하는 사람의 '능력' 인 셈이다. 언어의 장식과 수사적인 강조, 과장이 허용되기 때문에 말하는 사람은 자신이 가지고 있는 언어적 기교를 마음껏 과시할 수 있고, 이 덕분에 화려하고 장중하며 과장된 언어로 표현된 인물이나 대상의 장점과 미덕, 행위가 확실하게 부각될 수 있다. 결국 과시적 장르는 듣는 사람의 이성보다는 감성에 호소하는 파토스적 성격을 강하게 띤다.

식장 연설의 대표적인 경우인 결혼식 주례사를 살펴보자. 모든 주례사는 혼인하는 신랑신부를 이 세상에서 가장 아름다운 한 쌍의 선남선녀로 칭송하면서 아낌없는 축복을 내린다. 예를 들면 이런 식이다. "오늘 우리의 미래를 짊어지고 나갈 엘리트의 자격을 충분히 갖춘 두 사람이 부부로 탄생했습니다. 신랑 ○○○군은 학생 때에도 남다른 사명감을 갖고 학생회 일을 열심히 했고 학업 도중에 힘든 군대 생활도 무난히 이겨내는 등 불굴의 의지와 성실함이 돋보이는 앞날의 기대주입니다. 신부 △△△ 양은 □□대학을 졸업하고 그 어려운 임용고시를 통과하여 어린 학생들을 이 나라를 짊어지고 갈 동량지재로 길러내고 있는 엘리트입니다."

주례가 결혼이라는 '인륜지대사'에 이 날의 주인공인 신랑과 신부의 품성에 대해 다소 과장하는 표현을 쓴다고 해도, 이미 즐길 마음으로 결혼식에 참석한 하객들에게는 전혀 문제가 되지 않는다. 오히려 주례가 신랑과 신부가 지금까지 살아온 이력을 액면 그대로 숨김없이 전달하려고 할 때 하객 공동체에서 당혹스런 반응과 항의가 제기될 것이다. 이는 이 자리를 즐기려는 마음가짐을 가진 하객들에게 찬물을 끼얹는 발언이기 때문이다. 이 같은 관행 때문에 문학계에서 작가의 작품에 대해 덕담을 과장해서 주고받는 비평가들의 비평을 놓고 '주례사비평'이라는 표현을 붙이기도 한다.

나아가 결혼식 주례사에 제시된 주례의 메시지를 들여다보면 신랑신부가 하객들과 공유하는 가치의 일단이 잘 드러나게 된다. 이 가치가 우리 사회를 지탱하는 지배적인 가치라고 볼 수 있다. 한국여성민우회는 2008년 전국 4개 도시의 결혼식장을 돌아다니며 조사한 80건의 주례사를 조사하여 결혼식 '공동체' 내에서 말하는 주례와 듣는 하객 사이에 공유된 가치를 다음과 같이 발표했다.(한겨레 21, 제727호) "효와 가족제도에 대한 강조의 메시지가 가장 많은 40건을 차지하고, 부부로서 남녀의 역할에 대한 성차별적인 가치가 21건, 부부일심동체, 희생강조 등이 17건, 신랑신부의 배경이나 학력에 대한 강조가 15건, 애국심 강조가 11건 등의 순이었다."

〈한겨레 21〉의 기자는 주례사에 드러난 이러한 가치관이 "조선시대 버전의 낡은 남녀관"이라고 비판하고 있지만, 오히려 주례와 하객이 오늘날까지 공유하고 있는 우리 사회의 지배적 가치의 반영이자 표현이라고 보는 것이 더 정확하지 않을까? "주례사가 담고 있는 가치관은 우리 모두의 마음 속 깊숙이 깔려 있는 고정관념들이다. '남자는 하늘, 여자는 땅'이라는 식의 성차별적인 사고방식, 견고한 가부장적 충효사상, 개인의 행사인 결혼식에서 난데없이 돌출해도 용인되는 애국심 강조, 출산 장려 멘트 등 어제의 관념만 있는 주례사엔 감동이 없다." 주례사에 담긴 가치가 상투적이고 지나치게 진부한 것도 그리고 아무도 듣지 않는 주례사가 되어 버린 것도 우리 모두가 너무나 당연시여기는 '상식'이기 때문일 것이다.

국민 MC와 상징공동체

상식이 반복되면 진부한 가치가 되고 더 이상 듣는 사람이 즐기지 못한다. 과시적 장르 가운데 '지금 여기'에서 가장 활발한 말의 성찬을 펼치고 있는 분야는 방송과 광고다. 주례에는 지루한 메시지를 인내하며 들어주는 하객들의 미덕이 남아있지만, 지루한 방송이나 광고를 참아줄 시청자는 없다. 따라서 방송과 광고는 즐기려는 시청자들의 눈과 마음을 붙잡기 위해 과장된 이미지와 표현을 쉴 틈 없이 날리는 것이다.

방송 가운데 과시적 장르의 특징을 가장 잘 보여주는 것이 바로 예능

프로그램이다. 예능프로그램의 시청자들이야말로 과시적 장르의 청중이 갖는 전형적인 성격, 즉 '즐기는' 입장에서 메시지를 받아들이는 사람들이다. 따라서 이들이 예능프로그램에서 말하는 사람, 즉 MC의 능력에 대한 판단 역시 다른 장르와 전혀 다르게 나타난다.

이른바 국민 MC라고 불리는 유재석이나 강호동은 우리나라 예능프로그램을 대표하는 화자, 즉 말하는 사람이다. 강호동은 우리가 알고 있는 진행자에 대한 에토스의 상식을 완전히 무너뜨리는 인물이다. 강한 경상도 악센트에 고함을 지르는 듯한 발성, 큰 덩치에 위압적인 얼굴 등 이른바 말하는 사람의 적정률인 말투, 외모, 목소리, 몸가짐 등에 비추어보면 어느 한 군데도 맞아 떨어지는 부분이 없다. 하지만 강호동이 국민 MC로서 시청자들에게 사랑받는 이유는 과장된 몸짓과 야단법석, 그리고 '무식한' 이미지를 드러내 보임으로써 시청자들에게 우월감과 즐거움을 안겨주기 때문일 것이다.

유재석의 경우는 MC로서의 적정률은 뛰어나다. 순화된 언어, 깔끔한 화술 그리고 착한 이미지와 함께 스스로를 낮추고 타인을 배려하는 겸손의 개그를 구사한다. 예능프로그램의 즐거움을 크게 둘로 나누어, 남을 무너뜨림으로써 웃음을 주는 경우와 자신이 무너지는 유형으로 구분한다면, 강호동은 끝없이 전자를 지향하지만 어수룩해서 늘 실패하는 반면, 유재석은 후자를 지향하면서 상대를 배려한다.

또 한 사람의 MC 김제동을 떠올려보자. 그는 못생긴 외모와 서민적인 코드로 사람들에게 즐거움을 주는 스타일이다. 김제동은 독특한 스토리텔링과 비유를 동원한 화법으로 이른바 '김제동 어록'이 나돌 정도로 말을 능숙하게 하는 사회자다. 특히 과시적 장르에 어울리는 은유의 기법을 유효적절하게 구사하여 듣는 사람의 심금을 울린다.

이를 테면 이런 식이다. "첫사랑과의 추억을 억지로 붙잡고 있으려는 것은 깨진 유리를 다시 붙이기 위해 움켜쥐고 있다가 상처를 입는 것과 똑같습니다. 억지로 움켜쥐고 있다가는 결국 깊은 상처를 입게 됩니다." 즉 첫사랑과 깨진 유리를 은유적으로 연결함으로써 상처라는 프레임으로 사람들의 마음을 움직이는 화술을 구사하는 것이다.

지금까지 살펴본 것과 같이 예능프로그램은 보도나 다큐멘터리와 같은 논픽션 영역과 달리 시청자들이 즐기려는 마음으로 접근하기 때문에, 여타의 영역과는 다른 에토스의 논리가 작동한다. 더불어 파토스가 중심이 되는 과시적 장르의 대표적인 영역으로서 그 독자적인 특성을 유지하고 있다는 점을 확인할 수 있다.

광고의 경우를 살펴보자. 광고 메시지에도 숙의적 성격의 논증이 담겨져 있기는 하지만, 주된 묘사는 팔려는 제품에 대한 '칭찬'이다.(Adam, Jean-Michel & Marc Bonhomme, 1997/2001) 광고를 통해 제품을 판단하려는 시청자들이 없지는 않지만, 대부분의 시청자들은 모니터에 전달되는 상품을 '판단' 하기보다는 메시지 자체를 즐기려는 자세로 광고를 본다. 이들 눈앞에 펼쳐진 늘씬한 미녀도 실제 여자들의 외모에 대한 '과장'이고, 90도에 가까운 바위산을 너끈하게 오르는 신제품 타이어도 실제 제품 성능에 대한 '과장'이다. 따라서 광고라는 과시적 영역에서는 늘 '최고' '최초' '최첨단' '제일' '유일' 등의 표현이 따라붙는다.

자랑하는 상품 각각은 미국에서 제일 맛있는 빵에서부터 제일 싼 가격의 가장 완벽한 자동차에 이르기까지 그 종류들 중 최고로 간주된다. 어떤 사실적인 비교도 문제 삼지 않는 최상급의 이런 전적인 지배력은 최상급 형태와 과장 형태 사이의 모든 차이를 지우는 경향이 있다. 최고는 아주 좋은 것과 같아진다.(Adam, Jean-Michel & Marc Bonhomme, 1997/2001)

광고에 제시된 세상은 우리 사회가 지향하는 낙관과 이상의 가치를 표현하고 있다. 광고가 표현하는 최고의 제품은 '과장'을 즐기려는 마음을 지닌 수용자에게 전혀 문제가 되지 않는다. 그들에게 최고는 최선과 같은 의미이기 때문이다. 아리스토텔레스가 행복을 최고의 선으로 간주하고 선을 지향하는 가치를 미덕이라고 판단했다면, 광고에서는 행복을 대신하여 최고의 제품이 최고의 미덕으로 치환되는 양상을 띤다는 비판인 셈이다. 따라서 최고의 제품을 최고의 가치로 판단하고 이 제품을 소비하는 소비자 역시 '과시적' 소비를 하게 되는 것이다. 보드리야르는 벤츠의 소비 대상은 자동차로서의 사용가치가 아니라 최고급 자동차를 탄다는 상징가치라고 지적하기도 하였다. 벤츠의 상징가치에 묶인 공동체는 일종의 가치공동체이자 상징공동체를 형성하는데, 이는 과거 곰이나 호랑이와 같은 자연적 대상물이 아닌 인공적 상품이 소비자인 인간과 상징적 관계에 있다고 믿는 물신적 '토테미즘'의 근간이 된다.(Williamson, Judith, 1978/1998)

정리를 해보자. 과시적 장르는 말하는 사람과 듣는 집단 사이에 공유된 가치를 표현하고 전달받는 영역이다. 이 영역에서 주된 수사 기법은 과장법이다. 왜냐하면 사람들은 이 영역에서 이루어진 표현을 통해 어떤 대상에 대한 판단을 내리는 것이 아니라 말하는 사람의 현란한 표현과 능숙한 언변을 즐기려는 입장에 놓여 있기 때문이다. 이런 관점에서

표 5 • 수사학 세 장르의 특징

장르	듣는 사람	표현대상	시간	상황	수사기법	말하는 사람
숙의적	판단	유용성	미래	의회	예증법	정치인
사법적	판단	정의 부정의	과거	법정	생략삼단논법	법조인
과시적	즐김	미덕 아름다움	현재	식장	과장법	연설자

(출처: Brton & Gauthier, 2000/2006)

과시적 영역에 속하는 전통적인 사례로 결혼식이나 장례식과 같은 의례적인 자리에서 이루어지는 '식장연설'을 들 수 있으며, 오늘날에는 예능이나 광고가 과시적 수사가 지배하는 대표적인 장르가 되고 있다.

지금까지 논의한 세 장르와 세 가지 수사기법을 묶어 정리한 것이 〈표 5〉다. 즉 수사학이 기능하는 장르로 크게 숙의적, 사법적, 과시적 장르가 있다. 숙의적 장르와 사법적 장르는 대상에 대한 판단을 위주로 하지만, 과시적 장르는 말 자체를 즐기는 것이 목적이다.

논의 대상에 내포된 시간을 살펴보면, 숙의적 장르는 현재 시점에서 미래의 정책을 판단하고, 사법적 장르는 현재 시점에서 과거의 행위를 판단하며, 과시적 장르는 현재 시점에서 공유되는 가치를 공감하는 것을 목적으로 한다.

숙의적 장르가 펼치지는 주된 공간이 의회라면, 사법적 장르의 공간은 법정이다. 그리고 과시적 장르가 열리는 공간은 식장이다. 그러나 이 세 장르 모두 현재에 이르러서는 특정 공간에 얽매이기보다는 우리의 일상 속에서 매일 펼쳐지고 있다.

숙의적 장르의 주된 기법은 예증법이고, 사법적 장르는 생략삼단논법, 과시적 장르는 과장법이다. 그러나 이 기법들 역시 세 장르를 가로질러서 자유롭게 활용되고 있다고 보아야 할 것이다.

  각 장르에서 주로 말하는 사람은 숙의적 장르는 정치인, 사법적 장르는 법조인, 과시적인 장르는 연설자로서 모두 사회지도층이지만, 수사의 영역이 일상 구석구석에 침투해 들어온 오늘날에 이르러서는 말하는 사람의 범위가 시민 전체로 확산되었다고 보는 것이 타당할 것이다. 이로써 수사학은 우리 사회 모든 사람들이 익히고 구사해야 할 보편적 기술이자 능력이 되었다.

8

설득을 위한
아이디어 착상법

08

지금까지 아리스토텔레스의 수사학에 기반을 두고 제시한 설득의 3-3-3 원리 중 두 번째 원리까지 살펴보았다. 이제 마지막 세 번째 원리로 설득적인 메시지를 작성하는 단계에 대해 살펴볼 차례다. 사실 오늘날에는 수사학의 이 원리를 수사학의 5가지 요소$_{canon}$라고 부르고 있다. 이는 설득적 메시지를 작성하여 실행에 옮기는 과정에 필요한 필수요소로서, 착상$_{invention}$, 표현$_{style}$, 배열$_{arragement}$, 전달$_{delivery}$ 및 기억$_{memory}$이 그것이다. 그러나 아리스토텔레스의 수사학에서는 이 가운데 착상과 표현 및 배열 세 가지 요소만을 중점적으로 다루고 있다. 이에 따라 이 책에서 제시하고 있는 3-3-3 원리의 마지막 요소 역시 이 세 가지를 다루게 된다. 먼저 이 문제를 상세하게 다루어보자.

5대 요소 가운데 먼저 착상은 발화의 주제를 이해하고 자기가 알고 있는 것과 자기의 생각을 모으는 일을 말한다. 이 단계는 생각을 통해 중요한 주제를 발견하고 이를 뒷받침하는 논거를 찾는 단계다. 다음으로 표현은 착상에서 생각한 것을 말이라는 수단에 담는 것을 의미한다. "착상은 말해야 할 생각을 찾아내는 것이요, 표현은 찾아낸 생각에 언어의 옷을 입히는 것이다.(양태종, 2009)" 배열은 자료들을 순서 있게 정돈하는 단계로 서론부, 진술부, 증명부, 결론부의 네 단계로 진행되는 것이 일반적이다. 전달은 적절한 몸짓과 흉내를 곁들여 담화를 소리 내서 말하는 행동으로 옮기는 단계를 말한다. 마지막으로 기억은 연설하는 데 중요한 것을 머릿속에 담아두는 것을 말한다. 동시에 즉흥연설을 할 수 있는 능력을 의미하기도 한다. 이 가운데 착상과 표현 및 배열은 메시지를 구성하기 전까지의 단계이고 기억과 전달은 이렇게 작성한 메시지를 실제 말로 실행에 옮기는 실천적 차원이 된다. 5가지 요소 가운데 아리스토텔레스의 수사학에서는 착상, 표현, 배열 및 전달에 대해서만 언급하고 있다. 기억이 수사학에 수용된 것은 아리스토텔레스 이후의 일인데, 로마시대 키케로에 의해 정리되었다.

이에 관한 아리스토텔레스의 생각을 인용해보자. "연설과 관련하여 특별히 주목해야 요소가 세 가지 있다. 첫 번째는 증거의 원천이고, 두 번째는 표현스타일, 세 번째는 연설의 각 부분들의 배열이다.(1403b)" 아리스토텔레스는 실제 메시지를 구성하는 단계에서 가장 중요한 세 가지 요소로, 증거의 원천을 기반으로 한 착상과 이러한 아이디어에 옷을 입히는 표현 그리고 표현된 메시지의 얼개를 짜는 배열을 들었다.

이어 아리스토텔레스는 표현이란 "연설에 특정한 성격을 부여하는 데 기여하는 것"이라고 정의내리면서, 여기에는 실제 우리가 연설할 때의 자연스러운 흐름처럼 다음 세 가지의 단계로 진행된다고 말했다. 첫째 설득적인 힘을 발휘하는 표현 그 자체에 대해 살펴보는 과정, 두 번

째로 이 같은 표현을 배열하는 단계, 마지막으로 전달의 단계가 그것이다.(1403b)

전달의 경우 아리스토텔레스는 수사학 3권에서 목소리의 음량volume과 어조harmony 및 리듬의 세 차원으로 구성되어 있다고 밝히면서, 전달이 설득의 효율성을 높일 수 있는 요소이지만, 아직 연구가 이루어지지 않은 분야라고 했다.(1403b) 아리스토텔레스는 전달이 연기acting의 효과와 유사하다고 보았다. 전달을 인위적인 기술art이라기보다 일종의 '천부적 끼natural talent'로 보았던 것이다.(1404a) 바로 이점이 전달의 기법을 이론화하는데 장애가 되었음을 짐작할 수 있게 한다. 나아가 몸짓과 같은 신체언어가 전달의 일부로 간주되기 시작한 것도 아리스토텔레스 이후 로마시대로 들어오면서부터이다.(양태종, 2009)

아리스토텔레스가 이렇게 착상, 표현, 배열이라는 3대 요소를 중심으로 터를 닦아 놓은 수사학의 이론은 고대 로마시대에 이르러 다양한 방법으로 실행에 옮겨졌다. 수사학이 로마로 무대를 옮기면서 키케로, 퀸틸리아누스 등을 거치며 암기라는 요소를 포함한 수사학의 5대 요소로 발전하게 된 것이다. 흥미로운 사실은 수사학을 둘러싼 그리스의 풍토와 로마의 풍토가 달랐다는 점이다. 키케로에 따르면, 그리스인들의 경우 여유를 가지고 학문탐구에 몰두할 수 있었으나 로마인들은 활동에 매달리다보니 이론은 뒷전이었다고 한다. 그 결과 그리스에서는 이론적인 수사가rhetor가 등장한 반면 로마시대에는 이를 실행에 옮기는 웅변가orator들이 활약했다고 보았다.

이 같은 역사적 배경으로 인해 전달과 기억은 아리스토텔레스의 수사학 내에서 체계적인 논의가 이루어지지 않았다. 아리스토텔레스 자신도 당시 전달과 관련된 기법들이 아직 이론화되지 못했다고 고백했지만, 이 현실은 2500여 년이 지난 오늘날까지도 별로 달라지지 않고 있다. 그만큼 실행performance과 관련된 분야를 체계화하여 이론으로 정리하는 것이 쉽지 않은 작업이라는 뜻이다.

어쨌든 아리스토텔레스가 수사학에서 가장 역점을 두고 설명하는 요소가 착상과 표현 그리고 배열이기 때문에 이 책에서 제시한 마지막 세 가지 원리 역시 이를 다룬다. 이 세 가지 요소 가운데 어떻게 하면 말하는 사람이 전달하고자 하는 주장을 설득력 있게 펼칠 수 있으며, 각 장르별로 적절한 논거와 기법을 발견할 수 있는가 하는 부분이 수사학 3권 대부분을 할애할 만큼, 착상과 표현은 메시지 전략을 짜는데 있어 핵심을 차지한다. 특히 착상의 중요성은 이것이 단순한 연설의 내용에 국한되지 않고, 배치와 표현, 전달과 기억 등 수사학의 다른 네 부분 모두에 깊은 관련을 맺고 있다는 사실에서도 부각된다. 착상은 수사학의 알파이자 오메가인 셈이다. 그럼 지금부터 말의 아이디어를 어떻게 구상할 수 있는지 착상의 방법에 대해 먼저 알아보자.

아이디어 구상

내 앞에 다음 주 회의에서 발표할 프리젠테이션 자료들이 놓여 있다. 이번 회의는 우리 회사가 새로운 시장 환경에 맞서 신상품의 출시 여부를 결정하는 중요한 자리이다. 그동안 우리 회사는 업계 1위 기업으로서 높은 브랜드 가치와 충성스런 고객들을 가지고 있는 기업으로 알려져 왔다. 그러나 급속하게 발전하는 기술의 변화에 따라 생산자 중심의 시장 패러다임이 무너지고, 소비자 중심의 참여와 활동에 기반을 둔 이른바 2.0 방식의 소비 패러다임이 우리 업계에도 밀려오고 있는 실정이다. 우리 제품의 매출이나 시장점유율 상에서도 뚜렷한 하락기조가 나타나고 있어서 지금 대비하지 않으면 독보적인 지위가 언제 흔들릴지 모를 위기 상황이다. 이 같은 시장 환경에 발맞추어 우리 회사의 상품 패턴 역시 근본적인 변화가 절실한 형편이어서 이 문제를 사장 이하 임원들이 참석한 내일 회의에서 결정하려 한다. 과연 어떤 아이디어를 내놓아야 하는가? 내 책상 위 컴퓨터 모니터에는 백지 상태의 텅 빈 워드 화면에 커서만이 저 혼자 몇 시간째 깜박거리고 있다.

무엇을 말하거나 쓸지에 대해 고민해보지 않은 독자가 있을까? 내가 말하고자 하는 바를 어떻게 표현하면 가장 좋을까? 내가 주장하는 바를 어떻게 제시하면 사람들이 내 주장에 적극적으로 동조할 것인가? 말을 하는 상황에서 자신의 아이디어를 어떻게 구체화하느냐의 문제가 바로 착상이다. 요즘 표현으로는 아이디어 발상법이라고 할 수 있다. 뭔가 생각이 막힐 때 흔히 사용하는 방법이 브레인스토밍이다. 브레인스토밍은 연상에 입각한 창의적인 사고를 통해 빠르고 구조화된 방식으로 가능한 아이디어들을 망라해서 생산하는 활동이다. 그렇다면 아리스토텔레스는 어떤 방식으로 착상을 하라고 권하고 있는가?

아리스토텔레스는 착상의 한 방법으로 변증론을 제안한다. 변증론은 앞서 언급했듯이 특정 관점에 대한 찬성 혹은 반대 양쪽의 주장을 팽팽하게 펼침으로써 각 쟁점의 타당성을 쉽게 식별해 낼 수 있는 방법이다. 변증법적 추론은 모든 탐구나 학문의 원리를 향해 다가가는 비판적 과정이기도 하지만, 일반적인 지적 훈련을 위한 용도로도 사용되었다. 고대 그리스 방식의 브레인스토밍인 셈이다. 변증론을 다루고 있는 아리스토텔레스의 저술 〈토피크〉는 이를 위한 일종의 매뉴얼이다.(김재홍, 1998)

하나의 입론에 대한 공격이 잘 이루어지지 않을 때에는 입론에 관계되어 있는 당장에 제기된 사안에 대하여 실제적이면서도 일반적으로 받아들여지고 있는 명백한 정의들에 입각해서 그 입론을 검토해야 한다. 만일 하나의 정의에서 공격할 수 없다면, 많은 정의에서 공격해야만 한다. 왜냐하면 정의했던 사람을 공격하는 것이 한층 더 쉬울 것이기 때문이다.(변증론, 111b 12~16)

즉 쟁점을 놓고 하나의 주장을 펼칠 때 어떻게 상대 주장을 비판해야 할지 잘 모르겠거든 '실제적이고 일반적으로' 받아들여지는 정의에 입각해서 상대 주장을 검토하고 비판하라는 말이다. 그렇다면 실제적이고 일반적으로 받아들여지는 정의란 도대체 무엇인가? 그리고 그것을 어떻게 우리 머리에 떠올릴 수 있는가? 아리스토텔레스는 반증을 위한 아이디어와 주제들이 마치 문서카드처럼 보관된 창고를 토포스그리스어로는 토포스topos, 라틴어로는 로쿠스locus라고 불렀다. 그리고는 아이디어가 고갈되면 바로 이 말의 창고 또는 말터로 가라고 제안한다. 현대적 의미에서 토포스는 아이디어 발상을 위한 하나의 매뉴얼이자 가이드라인으로 생각하면 좋을 듯하다.

토포스는 크게 세 가지 의미를 지니고 있다.(Hart, 1997)

첫째, 어떤 종류의 담화이든 필요한 순간에 이용할 수 있는 틀에 박힌 논거이다. 연설에 나서면서 발언자가 머리말에서 자신의 어눌한 말

솜씨에 대해 사과의 말을 한다든가, 지하철에서 구걸을 하는 걸인이 껌을 내놓으면서 그의 '불행한 유년시절' 얘기를 늘어놓는 것과 같은 테마가 바로 토포스의 첫 번째 의미이다. 주례사를 할 때 검은 머리가 파뿌리가 되도록 살아달라는 부탁 역시 주례가 늘 즐겨 사용하는 말의 목록 가운데 하나인 셈이다.

둘째, 증명의 요소 즉 '논거를 끌어낼 수 있는 것' 은 모두 토포스이다. 아리스토텔레스에 의하면 토포스에는 두 가지가 있는데 먼저 판례나 증언, 자백, 계약서, 소송서류와 같이 증명할 수 있는 객관적인 요소로 이루어진 "기교를 부리지 않는" 외재적 토포스가 있다. 다음으로 발언자가 자신의 말기술로 이끌어내는 증명 즉 내재적 토포스가 있다. 동일한 증거를 가지고도 판사를 설득하여 유죄로 이끌어내는 것은 내재적 토포스를 활용한 변호사의 말기술이라고 할 수 있다. 내재적 토포스에는 두 가지 종류가 있는데, 특정한 담화의 장르에 적용되는 특유한 토포스가 첫 번째이다. "법 앞에 만인은 평등하다"라는 말과 같이 특수한 영역에만 해당되는 토포스가 그것이다. 정치, 경제, 사회, 언론 등 우리 사회 각 영역은 장$_{field}$마다 고유한 토포스들이 존재한다. 두 번째로는 일반 토포스가 있는데 "뿌린 대로 거둔다"와 같이 어떤 장이든 관계없이 널리 보편적으로 통용될 수 있는 토포스가 그것이다. 속담, 격언 등과 같은 사회적 통념들이 이에 해당된다. 오늘날 광고와 같은 미디어 커뮤니케이션은 과거와 달리 젊음과 신선함, 아름다움, 남성성 등과 같은 일반 토포스의 목록을 풍부하게 활용하면서, 우리의 말터를 늘리는 데 결정적인 역할을 하고 있다.

세 번째 토포스는 찬성과 반대가 가능한 극히 일반적인 질문들이 포함된다. 앞서 언급한 '변증론'이 토론 훈련을 위해 바로 이 같은 토포스를 활용한 경우에 해당한다.

이 세 가지 의미의 토포스를 아우르면, 토포스는 한마디로 우리가 어떤 말을 하고자 할 때 동원하는 아이디어의 '공동터전'이라 할 수 있다.

토포스와 아이디어의 이동

말을 할 때 동원되는 아이디어들은 별안간 하늘에서 떨어지는 것이 아니다. 선택 가능한 여러 아이디어들이 모여 있는 토포스의 목록 가운데 내가 주장을 펼치기에 가장 적절한 토포스를 선택한다. 이렇게 선택된 토포스는 내 주장을 입증할 이유이자 하나의 전제가 되고, 우리는 이 토포스에 기대어 펼치고자 하는 주장으로 도약하게 된다. 이 같은 전제와 주장의 연결을 반 에머렌van Eemeren은 '이동move'이라고 부른다. (van Eemeren, 1996) 내가 선택한 토포스가 탄탄하다면 내 주장이나 결론을 여유 있게 입증할 수 있을 정도의 '환상적인 도약'이 이루어질 것이다. 그렇지 않다면 내 주장은 부실하기 짝이 없게 되어 '상승'과 동시에 바로 추락하고 말 것이다. 이렇게 보면 토포스는 내 아이디어나 주장을 '하늘로 날리는' 일종의 논리적인 도약대인 셈이다. 토포스라는 도약대에서 내가 펼치고자 하는 주장으로 비행하는 모습은 〈그림 5〉와 같다.

예를 들어보자. 신상품의 도입을 설득하기 위해 '신상품은 A 제품의 2.0이다'라는 아이디어를 내놓았다고 하자. 이는 주어(신상품)와 기존 상품 A 사이의 질적인 차이를 개념화한 것이므로, '질'의 토포스를 활

그림 5 • 토포스와 아이디어의 이동

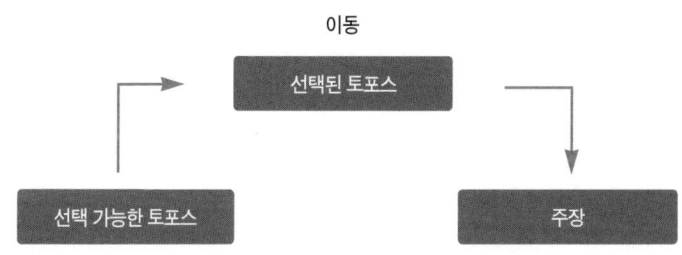

용하여 아이디어의 도약을 펼친 것이 된다. 또는 '신상품은 회사의 구명조끼다'라는 말은 회사의 현 상황이 좋지 않고 신상품의 필요가 절실하다는 것을 표현한 것이다. 이는 신상품의 성격과 실체를 비유적으로 포착함으로써 '실체'의 토포스를 활용한 것으로 볼 수 있다.

아리스토텔레스는 우리가 선택할 수 있는 이 같은 아이디어 발상의 목록으로 10가지의 토포스를 정리했다. 그 10가지 목록은 실체, 양, 질, 관계, 장소, 시간, 놓임새, 소유, 능동 그리고 수동이다. 이 10가지가 착상과 어떻게 연결될 수 있을까? 우리가 고민하고 있는 문제를 다시 거론해 보자. 여기서는 시장 환경에 따라 시급히 도입해야 할 '신상품'이다. 이 신상품의 출시를 주장하기 위해 우리는 그 이유를 제시하는 아이디어를 10가지 방식으로 도출할 수 있다. 즉 이 각각의 목록에 대해 다음과 같은 질문의 형태를 만들어 봄으로써 우리가 고민해야 할 문제점들을 정리해 볼 수 있다.

- 신상품은 무엇인가(실체)?
- 얼마만큼인가(양)?

- 어떤 성질의 것인가(질)?
- 무엇과 관계를 맺는가(관계)?
- 어디에 있는가(장소)?
- 언제인가(시간)?
- 어떻게 내놓는가(놓임새)?
- 무엇을 담을 것인가(소유)?
- 신상품으로 무엇을 할 것인가(능동)?
- 신상품으로 무엇이 이루어질 것인가(수동)?

이처럼 아이디어의 도약대로서의 토포스는 기본적인 언어형식에 있어서 의문문과 이에 대한 대답의 꼴로 표현된다. 이 질문 목록 가운데 가장 본질적이고 중요한 질문에 대한 답을 구하는 과정에서 이른바 아이디어에 대한 착상이 가능해지는 것이다. 아리스토텔레스는 아이디어 발상을 위해 질문을 제기하는 순서를 다음 세 단계로 구분하고 있다.

첫째, 논의가 이루어지는 문제와 이와 관련된 토포스를 찾는다. 우리 사례에서는 질과 실체의 토포스를 선택하는 것이 이 과정에 해당한다.

둘째, 해결해야 하는 문제와 관련 있는 여러 질문과 논의의 근거가 되는 여러 명제에 관한 질문들을 하나하나 자신의 마음속에서 순서매기는 과정이다. '신상품은 우리 회사의 2.0이다' 라는 명제와 관련하여 "신상품이 과연 2.0이라고 표현할 만큼 혁신적인가?" "우리 회사가 새로운 패러다임을 도입할 만큼 변화와 도전을 받고 있는가?" "신상품이 경쟁할 시장의 여건이 과연 2.0 방식이 먹힐 만큼 혁신적인 분위기로 무르익었는가?" 등의 질문들이 연쇄적으로 제기될 수 있다. 따라서 이 같은 추가적인 질문의 목록을 작성하고 이에 대한 대답을 준비하는 과정이 여기에 해당한다.

이렇게 스스로 질문을 제기하는 것은 주장을 제기하는 이유를 보다 명확하게 하기 위한 노력임과 동시에 예상되는 반론에 대비하는 과정이기도 하다. 아리스토텔레스 역시 이 과정을 꼼꼼하게 챙길 것을 제안하고 있다. "때로는 스스로 자기 자신에 대하여 반론을 들이대야 한다. 왜냐하면 답하는 사람들은 올바르게 논의를 진행하고 있다고 생각하는 사람들에 대해서는 의심을 품지 않기 때문이다. '이러이러한 견해가 일반적으로 그렇다고 받아들여지고 또 말해진다'는 것을 부연하는 것도 유용하다. 왜냐하면 반론을 가지지 못한 사람은 관용적인 의견을 흔드는 것을 주저할 뿐만 아니라, 이와 동시에 그들 자신도 그런 관용의 의견을 이용하고 있기 때문에 관용적인 의견을 뒤집는 것에 매우 주의한다.(변증론, 156b~157a)"

셋째, 이렇게 철저하게 준비하게 되면 실제 회의에 들어가서는 자기가 세운 순서와 방식에 따라 질문을 던지고 이에 대한 종합적인 논의를 통해 원하는 결론을 전개하면 되는 것이다.(김재홍, 1998)

이 10가지 토포스가 최초로 등장한 곳은 이미 밝혔듯이 아리스토텔레스의 저술 〈변증론〉이다. 그리고 이후 〈범주론〉에서 이 10가지의 토포스를 언급하면서 이 가운데 실체, 양, 질, 관계 등 네 개의 토포스를 중점적으로 논의하였다. 아리스토텔레스는 이처럼 10개의 토포스를 범주론과 명제론('A=X'와 같이 명사로 표현하면 범주가 되고, 'A는 X다'라고 술어로 표현하면 범주가 하나의 명제가 된다) 차원에서 제시하고 있기는 하지만, 이를 체계적으로 정리하지는 않았다.

아리스토텔레스는 수사학 2권에서 생략추론을 논의하면서 토포스의

그림 6 • 아이디어 이동의 실제

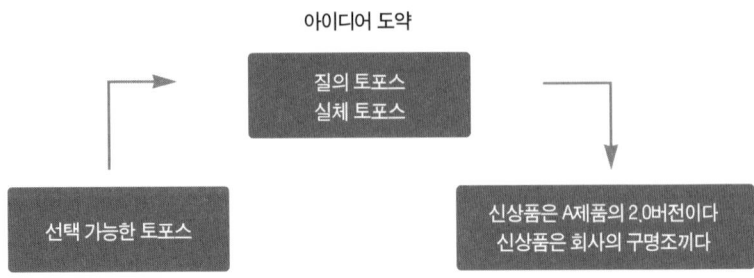

목록에 대해 언급하고 있다. 여기서 토포스란 생략추론을 가능하게 하는 숨어 있는 전제나 이유를 의미한다. 아리스토텔레스 스스로도 생략추론의 요소와 토포스를 동일한 의미로 이해하고 있는 것이다. 생략할 정도로 상식화된 이유들이 어떤 논의를 출발할 수 있는 토포스 즉 말의 기반이 될 수 있다고 보았던 것이다. 이 목록에는 선과 악, 아름다움과 추함, 정의와 부정의 등과 같이 가치판단을 내릴 때 우리에게 상식화된 전제들이 포함된다.

예를 들어 우리 사회에서 전쟁은 악이고 평화는 선이기 때문에, 이 같은 상식화된 가치판단은 생략추론에서 생략할 수 있는 전제이자 논의를 위한 아이디어 창고의 목록이 된다. 아울러 성격과 정열, 성향 등과 같은 에토스의 요소나 파토스적 요소들도 토포스의 목록에 포함되어 있다. 따라서 우리 사회가 기대하는 리더로서의 품성에 대한 기대나 붉은 악마가 보여준 뜨거운 애국심 등은 일일이 거론하지 않고 생략해도 좋을 전제이자 공통의 말터가 될 수 있다. 나아가 아리스토텔레스는 수사학 2권에서 28가지 토포스를 더 제시하는데, 이중 몇 가지를 제시

해보면 다음과 같다.(1392a~1393a)

- 서로 대립되는 것으로부터 도출되는 토포스(전쟁이 현존하는 악의 원인이라면 평화와 함께 악을 고쳐나가야 할 것이다)
- 상호적 관계로부터 도출되는 토포스(당신들이 파는 것이 수치스럽지 않다면 우리가 사는 것 역시 수치스럽지 않다)
- 많고 적음으로부터 도출되는 토포스(신들조차 전능하지 않다면 인간은 더욱 그러할 것이다)
- 시간의 고려로부터 도출되는 토포스(제가 행동하고 난 지금에 와서 당신은 그 조각상을 거절하시는 겁니까?)

아리스토텔레스가 제시한 토포스의 개념은 분류기준이 명확하지 않고 보기가 제시되었다 해도 이해하기 어려운 점이 많은데, 이를 정리한 사람이 로마시대 키케로와 퀸틸리아누스다. 이들은 토포스를 사람에 대한 것과 일에서 나오는 것으로 구분하였다.(양태종, 2000) 이를 정리한 것이 〈표 6〉이다.

토포스는 우리가 상식이라고 생각해서 굳이 거론할 필요가 없는 전제들 전반을 포괄하고 있기 때문에 그 범위가 매우 넓다. 그래서 이 분류작업을 한 퀸틸리아누스 조차 다음과 같이 분류작업의 고통을 토로하고 있다.

아무 말터에서나 무수히 많은 논거들이 나오기 때문에 말터를 상위 범주별로 제시하는 것은 충분하지 않고, 사안의 성질상 개별적인 종류 모두를 하나씩 검증할 수도 없는 노릇이다. 그래서 이런 것을 시도해 본 선생은 두 가

표 6 • 키케로의 토포스 리스트

사람의 토포스	일의 토포스
혈통	동기
민족	장소
조국	시간
성별	가능성
나이	정의
교육	유사성
신체	정합성
운	원인
신분	비교
본성	허구
직업	상황
기호	
과거 언행	
이름	

지 고통에 시달리게 된다. 하나는 너무나 많은 것을 가르쳐야 한다는 것이요, 다른 하나는 그래도 그게 전부는 아니라는 것이다(양태종, 2000).

시대에 따라 통용될 수 있는 상식과 생략 가능한 전제가 달라지기 때문에 이를 망라하여 체계화하기란 어려운 작업이 아닐 수 없다. 아리스토텔레스 역시 말의 설득력을 높이기 위해 일반 토포스를 제시하긴 했지만, 어떠한 논의의 장이냐에 따라 다양한 특수 토포스가 활용될 수 있다고 보았다. 따라서 우리 사회에 통용될 수 있는 토포스의 수를 헤아리는 것 자체가 불가능에 가까운 작업이 될 수밖에 없다.

아이디어의 틀: 프레임

아이디어 구상이 끝났다면 이제 메시지 구성을 위한 구체화 작업으로 넘어가보자. 현대수사학에서는 이를 아이디어의 틀을 짜는 단계라고 해서 프레임 단계라고 한다. 그럼 프레임의 개념과 이를 활용하는 방법에 대해 알아보자.

프레임이란 용어를 최초로 언급한 사람은 거프만(Goffman, 1974)이다. 그는 프레임을 '어떤 일이 무엇인가를 인식하는 범주'라고 정의하고 있다. 달리 말하면 어떤 대상을 바라보는 방식how을 결정짓는 것이 바로 프레임이라는 얘기다. 예를 들어 매스미디어는 우리 사회에서 발생하는 다양한 사건들을 어떻게 바라봐야 하는지를 결정하는 프레임 형성에 결정적인 역할을 한다. 언어 역시 마찬가지이다. 어떤 대상을 어떻게 표현하는가 하는 문제는 단순히 수사적인 장식의 문제만은 아니다. 언어는 표현 대상을 어떻게 바라봐야 좋을지how to think를 결정하는 프레임의 역할도 하기 때문이다.

조지 레이코프는 "모든 단어는 개념적 프레임에 맞추어 정의되고 우리가 어떤 단어를 들었을 때 우리 두뇌에서는 그 단어와 결부된 프레임이 작동한다. 프레임을 재구성 한다는 것은 대중이 세상을 바라보는 방식을 바꾸는 것인데, 새로운 프레임을 위해서는 새로운 언어가 요구된다.Lakoff, 2004/2006"라고 말한 바 있다. 예를 들어보자. 레이코프는 미국 공화당의 세금감면 정책에 대해 다음과 같이 언급하였다.

조지 W. 부시가 백악관에 입성한 바로 그날부터 백악관에서 '세금구제tax

relief'라는 용어가 흘러나오기 시작했습니다 … '구제relief'라는 단어의 프레임을 생각해봅시다 … '세금'이라는 말이 '구제' 앞에 붙게 되면, 그 결과로 다음과 같은 은유가 탄생합니다. 세금은 고통이다. 그리고 그것을 없애 주는 사람은 영웅이고, 그를 방해하는 자는 나쁜 놈이다. 이것이 바로 프레임입니다. 이 프레임은 '고통' '영웅' 등의 개념으로 이루어집니다.(Lakoff, 2004/2006)

세금과 구제라는 표현이 은유적으로 결합하여 사람들이 세금을 바라보는 '틀'을 형성한다. 구제라는 말에는 고통이 연상되고, 고통을 주는 자는 악당이지만, 고통을 없애주는 자는 영웅이라는 식의 연상이 일어나게 되는 것이다. 따라서 정말 고통스럽게 세금을 내는 납세자는 물론 세금과 별로 관계 없는 하층민들까지도 세금을 고통스럽게 바라보는 연상작용이 자연스럽게 이루어지게 된다.

이렇게 본다면 프레임은 토포스에서 언급한 범주의 일종(A=X)이자 은유의 한 차원이 된다. 아리스토텔레스는 은유를 "이름 없는 대상에게 이름을 부여하는" 방법이라고 했다. 하지만 은유는 "에둘러 표현하는 것이 아니라 같은 종에 속하는 가까운 친족들 중에서 유출"된다.(1405b) 프레임 식으로 표현하면 대상에 이름을 부여하되, 기존의 것이 아닌 새로운 방식으로 대상을 바라볼 수 있게 해주는 가까운 개념들 가운데 하나를 선택하여 이름을 붙이는 것이 바로 은유라는 얘기다.

아리스토텔레스는 은유가 일으키는 가장 큰 효과는 "명료성과 즐거움과 신선한 분위기foreign air를 불러일으키는 것(1405a)"이라고 보았다. 즉 새롭게 대상을 바라보는 방식을 결정하는 은유를 통해 말하고자 하는 바가 보다 분명해지고, 연상하는 즐거움을 맛볼 수 있으며, 나아가 신선한 분위기를 불러일으키는 환기효과까지 기대할 수 있다는 것이다. 그러면서 다음과 같은 전략적 고려를 당부한다.

 은유는 그 대상과 조화를 이루어야 한다. 이러한 조화는 하나의 유추의 산물이다. 그렇지 않으면 부조화가 나타난다. 반대 항들 간의 대립은 이들이 서로 이웃하여 병치될 때 가장 명료하게 나타난다 … 만일 어떤 사람이 자신이 말하고자 하는 대상subject을 장식하고자 한다면, 동일한 속genus에 속하는 것 가운데 가장 고결한 종species들로부터 은유를 추론하면 된다. 그와는 반대로 비난하고자 한다면, 가장 가치 없는 종들로부터 은유를 차용하면 된다.(1405a)

 따라서 세금이라는 비난의 대상을 은유적으로 프레임하기 위해서는 '가장 가치 없는 종' 으로부터 은유를 차용하면 된다. 반면 비난의 대상인 세금의 부담을 줄여주는 방식으로 프레임을 설정하기 위해서는 이러한 비난의 대상을 '제거' 하는 행위를 '가장 고결한 종' 에 관한 은유로 수식하면 될 것이다. 후자의 관점에서 선택된 표현이 바로 '구제' 인 것이다.

 미국에서 설정된 '세금구제' 라는 프레임은 우리 사회에서도 유사한 형태로 나타난 바 있다. 우리의 경우는 '세금폭탄' 이었다. 이 말은 당시 논란이 되었던 종부세를 겨냥한 것이다. '세금=폭탄' 이라는 범주적 등식을 통해 폭탄이란 표현에서 연상되는 여러 가지 부정적인 이미지들이 일반 시민의 머릿속에 연상되었다. 그 결과 종부세를 내는 시민은 물론 종부세와 전혀 무관한 서민조차 종부세라는 '대못' 을 빨리 뽑아야겠다는 생각을 하게 만들었다.

 이렇듯 언어 프레임은 우리가 세상을 바라보는 방식을 형성하는 정신적 구조물이다. 그런데 마치 안경을 낀 사람이 안경의 테(프레임)를 의식하지 못하듯 언어프레임 역시 의식되지 않는다. 이를 인지적 무의식cognitive unconscious이라고 한다.(Lakoff, 2004/2006)

수사적으로 프레임은 강력한 설득의 힘을 발휘한다. 왜냐하면 프레임은 우리가 어떤 대상을 바라보는 시각이 무의식의 수준에서 결정되기 때문이다. 나아가 프레임을 통해 연상되는 개념들은 모두 우리 머릿속에 사전에 저장된 경험이나 지식이다. 따라서 프레임 자체를 설정하는 것은 말하는 사람이지만, 그 프레임이 제시된 순간 연관된 개념들을 연상하는 것은 듣는 사람이다. 이 같은 자발성과 참여성 때문에 듣는 사람들은 제시된 프레임을 자연스럽게 자신의 것처럼 생각하고 받아들이게 된다. 레이코프를 인용해보자.

신경과학에 의하면 우리가 가지고 있는 모든 개념들(우리 생각의 구조를 이루는 장기적인 개념들)은 우리 두뇌의 시냅스에 구체화되어 있다. 개념들은 누가 사실을 알려 준다고 해서 바뀔 수 있는 것이 아니다. 우리는 사실을 접할 수 있지만, 우리에게 그것이 의미를 지니려면 그것이 우리 두뇌에 존재하는 시냅스와 맞아떨어져야 한다. 그렇지 않으면 사실은 우리 머릿속으로 들어왔다가 그대로 밖으로 나간다. 그리고는 그것이 비합리적이거나 미쳤거나 어리석은 것이라고 딱지를 붙여 버린다.(Lakoff, 2004/2006)

프레임이 가장 활발하게 작동하는 영역은 무엇보다도 미디어 영역이라고 할 수 있다. 뉴스 프레임은 하나의 이슈가 곧 무엇에 대한 것이며, 궁극적으로 어떻게 이해해야 하는 것인지 제시하는 현상을 이해하기 위해 필요한 주제 구성의 중심적 견해이자 해석적 의미요소의 집합

interpretive packages이다. 따라서 선거를 경마 식으로 보도하게 되면, 사람들의 관심은 경쟁중인 후보자의 순위 다툼에 집중될 수밖에 없으며, 그로 인해 다른 이슈들, 예를 들면 정당정책들은 실종되어버린다.

프레임은 어떻게 작동하는가? 기본적으로는 토포스의 움직임과 동일하다. 다만 토포스에서는 단일 차원의 전제와 주장이 연결되어 있다면 프레임에서는 복합적 차원에서 움직임이 일어난다. '세금폭탄' 프레임을 예로 들어보자. '세금=폭탄' 이라는 은유적 프레임이 명시적으로 드러나 있다. 그런데 이 프레임 밑에는 숨은 전제가 생략되어 있는데, 이 전제들은 모두 폭탄과 연관된 이미지들의 연쇄들이다. 이를테면 '폭탄은 위험하다' '폭탄은 공포스럽다' '폭탄은 고통스럽다' '폭탄은 제거해야 한다' 등이 생략된 전제인 것이다.

나아가 '세금=폭탄' 이라는 프레임으로 인해 이 프레임이 주장하고자 하는 바가 명시화되지 않은 채 암시적으로 제시된다. 이때는 폭탄에 결부된 부정적 이미지들이 고스란히 세금으로 넘어가서 결합된 형태로 나타난다. 즉 '세금은 위험하다' '세금은 공포스럽다' '세금은 고통스럽다' '세금은 제거해야 한다' 와 같은 은유적인 프레임으로 인해 사람들이 기존에 가지고 있던 부정적인 이미지(폭탄)가 프레임이 결합시킨 새로운 대상(세금)으로 자연스럽게 연결되는 과정이 언어적으로 표현되지 않은 생략된 상태에서 진행되는 것이다.

또 하나 흥미로운 대목은 세금이 상대적으로 추상적 개념인데 비해 폭탄은 우리에게 뭔가 구체적이면서 물질적 실체성을 지닌 대상이라는 점이다. 세금에 대해 사람들이 가진 막연한 생각이나 경험이 폭탄이라는 물질적 대상과 연결됨으로써, 우리 머릿속에는 이른바 '구체성의 논

그림 7 • 프레임의 구조와 구체성의 논리

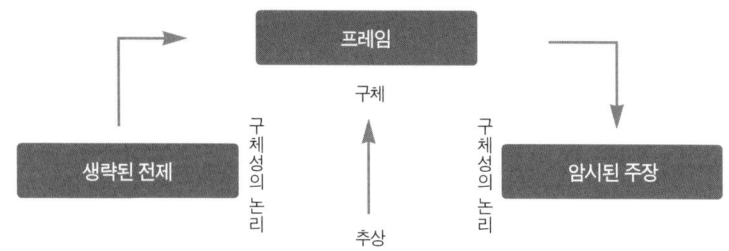

리'가 작동하게 된다. 구체성의 논리란 "사회에서 중요시하는 추상적 개념을 구체적인 경험을 통해 은유적인 형태로 구현함으로써 체감"을 극대화시키는 논리의 사다리를 말한다.(Fisk, 1990/2001) 프레임의 진행과정을 그림으로 제시하면 〈그림 7〉과 같다.

프레임의 힘의 원천은 프레임 자체가 이처럼 생략된 전제와 암시적 주장을 내포하고 있다는 점과 프레임을 받아들이는 사람들이 이 과정을 '자발적으로' 추론하는 절차를 밟게 된다는 점에 있다. 즉 프레임에 생략된 전제를 찾아내고 암시적인 주장을 추론하는 과정은 언어로 표현된 것이 아니기 때문에, 듣는 사람들이 마음속으로나마 능동적으로 개입하지 않고서는 한발 짝도 앞으로 진행하지 못한다. 따라서 프레임 자체는 분명 미디어나 말하는 사람이 제시한 것이지만, 프레임 밑에 생략된 전제와 암시된 주장을 연결시키는 과정은 프레임을 수용하는 사람 스스로 진행시키는 것이다. 그 결과 마치 프레임 자체를 듣는 사람 자신이 설정한 틀인 것처럼 자연스럽게 생각하게 되는 것이다.

또한 프레임은 은유 자체의 작동 논리와 마찬가지로 구체적인 실체를 추상적인 대상이나 개념에 연결하는 경향을 지니고 있다. 막연하게 생각했던 대상에 '물적 개념'과 이 대상을 연상시키는 '이미지들'을 연결시킴으로써 추상적인 개념을 구체화시키는 논리를 취하게 되는 것이다. 이렇게 연상 자체가 구체화되면 그 물적 대상 밑에 이항대립 형태로 존재하는 추상적 개념, 예를 들면 선과 악(세금은 악 vs 감세는 선) 개념을 전면에 내세우지 않고서도 사람들이 추상적인 이항대립의 논리를 자발적으로 위로 끌고 올라가는 힘을 발휘하게 된다. 이 과정에서 구체성의 논리 사다리를 타고 오르는 사람 역시 듣는 사람 자신이기 때문에 프레임의 힘은 배가된다고 볼 수 있다.

프레임과 생략삼단논법

프레임은 세금과 폭탄이라는 전혀 다른 두 영역을 묶는다. 이를 통해 우리는 다음과 같은 유사 논리의 삼단논법이 작동하는 것을 알 수 있다.

　모든 폭탄은 위험하다 (생략된 전제)
　세금은 폭탄이다 (프레임)
　따라서 모든 세금은 위험하다 (암시된 주장)

'모든 폭탄은 위험하다'가 생략된 전제라면 '모든 세금은 위험하다'는 암시된 주장이다. 그리고 이 두 진술문을 연결하는 매개문이 바로 '세금은 폭탄이다(세금폭탄)'라는 프레임이다. 이렇게 보면 프레임 역시 생략삼단논법의 일종인 셈이다.

앞 장에서 우리는 토포스가 생략삼단논법의 하나라는 사실을 살펴보았다. 토포스에서 생략 가능한 전제들은 우리 사회의 상식들이었다. 너무나 보편적인 전제들은 굳이 언급하지 않고도 생략할 수 있는 여지를 가지고 있다. 프레임의 전제가 생략 가능한 이유 역시 '모든 폭탄은 위험하다' 라는 사실이 우리에게 너무 익숙한 상식이기 때문이다. 나아가 우리 눈앞에 폭탄이 터지는 장면을 연상할 만큼 구체성을 띠고 있기도 하다. 프레임에서 전제가 생략된 것은 그것이 그만큼 상식적이고도 구체적인 연상을 낳을 수 있는 개념이라는 얘기다.

'모든 세금은 위험하다' 라는 암시된 주장은 생략된 전제와 마찬가지로 메시지로 표현되지 않는다. 역설적으로 들리지만, 프레임이 힘을 발휘하는 것은 주장하고자 하는 바가 표현되어 있지 않다는 점에 있다. 프레임을 따라가면 우리는 너무나 자연스럽게 프레임에 연계된 주장(모든 세금은 위험하다)을 머리에 떠올릴 수 있다. 이를 통해 프레임은 말하는 사람이 주장하는 것이 아니라, 듣는 사람 스스로 주장하는 것과 같은 자발적 연상의 효과를 낳게 한다. 말하는 사람이 명시적으로 어떤 주장을 펼치느냐 아니면 듣는 사람이 마치 자신의 주장인 것처럼 자연스럽게 암시된 주장을 떠올리느냐가 결정적인 차이인 셈이다. 듣는 사람 입장에서는 전자가 수동적으로 받는 입장에 처하는 반면, 후자 즉 프레임에서는 말하는 사람을 대신해서 듣는 사람이 마치 말하는 듯한 착각에 빠지게 된다. 이처럼 프레임은 말의 객체를 오히려 주체의 자리에 위치시키는 듯한 효과를 발휘한다. 이것이 바로 프레임 뒤에 숨겨진 강력한 메시지 효과다.

그림 8 • '세금폭탄' 프레임의 작동 구조

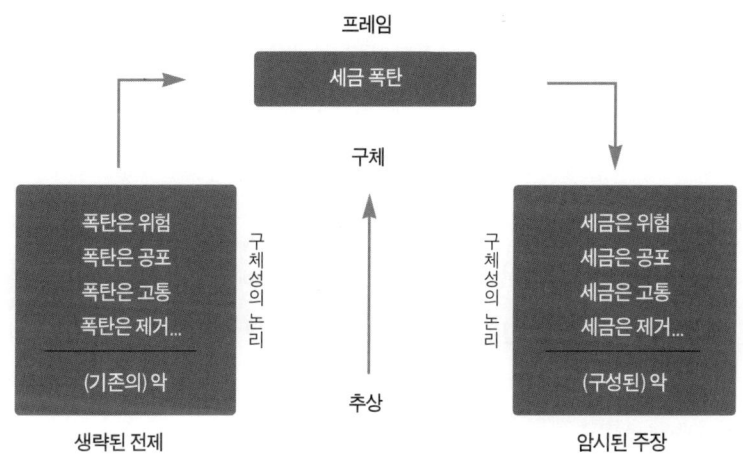

〈그림 8〉에서 알 수 있듯이 하나의 프레임 아래에는 그 프레임으로 연상할 수 있는 무수한 이미지들이 연쇄적인 삼단논법의 네트워크를 만든다. '폭탄은 위험하다' '폭탄은 공포스럽다' '폭탄은 고통스럽다' '폭탄은 제거되어야 한다' 이처럼 폭탄을 통해 우리가 떠올릴 수 있는 표현은 사람에 따라 무수히 다양하다. 이 모든 이미지들이 다 생략된 전제로서의 역할을 수행한다. 생략된 전제가 무수히 많으면, 하나의 프레임을 통해 우리가 암시할 수 있는 주장이 역시 무수히 많을 수밖에 없다. '세금은 위험하다' '세금은 공포스럽다' '세금은 고통스럽다' '세금은 제거되어야 한다' 이처럼 하나의 프레임이 생략할 수 있는 전제와 암시할 수 있는 주장이 거의 무한대로 증폭되는 것이다. 이것은 프레임만이 작동시킬 수 있는 자기증식적 논리의 네트워크다. 앞서 살

펴본 토포스의 경우는 하나의 전제가 하나의 주장만을 낳는다. 반면 프레임은 하나의 유효한 프레임이 무수한 생략된 전제를 기반으로 그 수만큼의 주장을 암시해낼 수 있는 마력을 발휘한다. 이것이 프레임이 갖는 숨겨진 그렇지만 무시무시한 힘인 셈이다.

프레임이 작동하는 대표적인 영역은 정치이다. 오늘날 정당정치는 수사정치라고 불릴 정도로 말의 힘에 의존하고 있다. 특히 선거와 같이 권력의 향방이 결정되는 시기에는 정당 간에 치열한 '프레임' 싸움이 벌어진다. 2008년 대선 당시 야당이었던 한나라당은 '경제대통령'이라는 프레임으로 강한 포지션을 형성했던 반면, 여당인 민주당의 프레임은 '군대는 안 갔지만 위장하나는 자신 있다'는 식의 상대 후보에 대한 네거티브 전략이 중심이었다. 지난 17대 대선은 이 같은 '프레임 vs 네거티브'의 대결에서 프레임의 일방적인 승리로 결판이 났다. 따지고 보면 참여정부 내내 당시 여당은 야당인 한나라당의 이른바 '민생' 프레임에 걸려 고전을 면치 못했다. 일체의 개혁적인 정책들이 모두 '민생'이라는 리트머스 시험지에 걸려 좌초하고 말았던 것이다. 예를 들어 당시 논란이 되었던 사학법 개정안은 '민생 법안이 아니다(사실)→민생 문제와 전혀 연관이 없다(연관성)→따라서 중요하지도 시급하지 않다(중요성/시의성)'라는 연상작용을 일으키며 입법에 실패하고 말았다. 이밖에 '잃어버린 10년' '좌파 정권' '무능 정부' 등의 다양한 프레임이 지난 정부의 모든 정책들을 무력화하는데 성공했다.

이렇게 보면 여야 양대 정당 가운데 한나라당이 수사적 역량에 있어서는 우위에 있다고 볼 수 있을 것 같다. 비록 여론의 반대에 부딪혀서 좌절되었지만, 정보통신법을 '최진실법'으로 네이밍한 것이나, 4대강 살리기를 '제2의 한강 기적'으로 프레임 하는 등의 감각은 뛰어나다고 볼 수 있을 듯하다.

그렇다면 집권 이후 여야의 역할이 바뀐 상황에서 프레임 대결은 어떻게 진행되었을까? 2010년 지방의회선거를 예로 들어보자. 당시 지방의회선거를 앞두고 한나라당 지방선거기획위원장인 정두언은 '시사IN'과의 인터뷰에서 다음과 같이 말한 바 있다.

Q 주요 전선, 프레임을 어떻게 만들 생각인가?
A 프레임은 바꾼다고 바뀌는 게 아니더라. 중간평가라는 프레임을 인정하되, 제대로 하자고 가는 게 맞다. 그러면 야당은 평가를 할 자격이 있나, 만날 발목만 잡으면서. 이렇게 가는 게 맞다. 사실 광역단체장 후보를 보면 거의 친노세력의 부활이다. 2년 전에 국민이 노무현 정부에 대해 염증과 환멸을 느껴서 이명박 정부가 탄생했는데, 고스란히 부활한다는 말이다. 그 사람들이 잘해서 기회를 주는 건가? 그건 아니라고 본다. 게다가 거의 비리 전력자다. 정계를 은퇴하겠다던 사람들이 다시 나오는 상황이 선거가 닥치면 유권자들에게 환기될 것이다. (시사IN, 2010. 4. 10)

정 위원장은 지금까지 지방의회 선거가 대개 중간평가의 프레임으로 진행되어 왔다는 사실을 인정했다. 2010년 지방선거 역시 '정권안정' 프레임 대 '정권심판' 프레임의 대결이 기본 구도였다. 그는 선거에서 또다시 '정권심판' 프레임을 작동시킬 야당에 대해 이른바 '자격론'을 제기할 예정이라고 발언했다. 야당 스스로 '비리 전력'이 있고 이른바 '친노세력'이기 때문에 심판을 제기할 자격이 있는지 여부를 유권자에게 환기시키겠다는 의도를 드러낸 것이다. 그럼 이를 어떻게 프레임 화하겠다는 것일까? 인터뷰를 좀더 인용해보자.

(한명숙 후보) 재판이 변수가 될 것이라고 하는데 그렇게 보지 않는다. 유무죄를 떠나서 한명숙 후보는 국민에게 실망을 줬다. 시저의 부인은 의혹의 대상이 되어서는 안 된다. 한명숙 총리는 맑고 청초한 이미지를 가진 분이었는데 잘 모른다고 한 사람과 골프숍에도 가고 그분 골프빌리지에 한달 가까이 있고, 이런 자체가 실망을 줬을 것 같다.

한나라당의 선거 전략상 기소 자체가 논란을 낳았던 한명숙 사건의 경우, 재판의 유무죄가 중요한 게 아니라고 본 것이다. 의혹이 된 것만으로도 후보로서의 자격이 없고 국민에게 실망을 주었다고 판단한 것이다. 한나라당이 '정권안정' 프레임을 긍정적으로 제시할 수 있는 정치적 여건이 안 된다는 판단에 따라 다가 올 선거에서 예상되는 야당의 프레임에 맞서 상대의 자격을 박탈시키는 식의 네가티브 전략을 기획한 것으로 읽히는 대목이다.

이 같은 한나라당의 선거 전략과 달리 한명숙 후보가 재판에서 무죄가 선고되고 이명박 정권에 맞서 야권연대가 형성되자, 한나라당이 우려했던 '정권심판' 프레임이 설정되는 방향으로 진행되었다. 이 프레임에 맞설 수 있는 프레임이 부재했던 한나라당으로서는 '천안함 사건'을 활용한 이른바 '북풍 프레임' 혹은 '안보 프레임'을 가동할 수밖에 다른 대안의 여지가 없었다. 결국 2010 지방선거는 잘 알다시피 '노풍'에 맞서는 '북풍'이라는 프레임이 설정되어 진행되었다. 그러다 선거 막판에 이른바 '역풍' 즉 '전쟁 대 평화'라는 프레임을 재설정한 야당 전략에 따라 한나라당은 다시 스스로를 '미래세력'이라고 제시하는 새로운 프레임을 설정하게 된다. '이명박 정권 심판' 프레임 대 '미래세력 지지'라는 프레임이 2010 지방선거의 최종 프레임이었던 것이다. 그런데 '미래세력'이라는 표현 자체가 추상성이 강하고, 상대적으로 정권심판론에 비해 힘이 약했기 때문에 2010 지방선거는 여당의 패배로 끝나고 말았다. 이처럼 하나의 선거가 진행되는 과정에서조차 각 정당들은 여러 가지 다양한 프레임을 설정하고 대항 프레임을 만들면서 선거와 관련된 쟁점들을 자기 정당에 유리한 방향으로 이끌려고 노력하는 것을 알 수 있다.

레이코프는 자신의 저서 《코끼리는 생각하지 마》에서 "코끼리는 공화당을 상징하는 동물이다. 코끼리가 설정한 프레임을 아무리 공격해봤자 사람들에게 연상되는 것은 코끼리 자체일 뿐이다"라고 말했다. 한 정당이 선점한 프레임을 공격하지 말고 아예 그 프레임을 재구성하라는 제안인 셈이다. 2008년 당시 여당인 민주당은 '경제대통령'이라는 프레임에 이명박 후보자 개인에 대한 '네가티브 캠페인'으로 맞서다가 결국 실패했다. 반면 2010년 야당인 민주당은 여당의 북풍 프레임에 맞서 '평화 프레임'을 재구성하고 이를 기존의 야당이 가진 프리미엄, 즉 중간평가 성격의 정권심판론과 결합하여 일정한 성공을 거둘 수 있었다. 이처럼 하나의 프레임이 정치적 대결에서 승패를 좌우할 정도로 큰 영향력을 발휘한다는 사실을 역대 정치선거를 통해서도 충분히 확인할 수 있다.

정치영역만큼이나 치열한 프레임 대결이 펼쳐지는 영역이 바로 상업적인 광고 분야일 것이다. 광고의 메시지 역시 기존 상품과 새로운 상품의 프레임 싸움이라고 볼 수 있다. 대표적인 광고로 '침대는 가구가 아닙니다. 침대는 과학입니다' 라는 메시지를 떠올릴 수 있다. '침대는 가구' 라는 기존의 범주를 해체시키고, '침대=과학' 이라는 새로운 프레임을 제시하여 화제를 모았던 유명한 광고다. 사실 이 광고의 경우 논리적으로는 범주오류이다. 그래서 초등학교 시험문제에서 '다음중 가구가 아닌 것은?' 이라는 질문에 '답은 침대' 라는 우스갯소리가 퍼지기도 했다. 이 광고가 초등학생들의 범주판단에 혼란을 초래했던 것이다. 하지만 광고메시지를 기획하는 입장에서 볼 때, 이 같은 반응은 역으로 '침대=과학' 이라는 프레임이 아주 효과적으로 작동하고 있다는 하나의 방증이 아닐 수 없다.

"공기청정기가 아닙니다. 건강청정기입니다!"라는 한 공기청정기의 광고 역시 '건강=청정기' 라는 프레임으로 기존의 공기청정기에 대한 개념을 재구성한 대표적인 사례라고 볼 수 있다. 삼성전자의 '또 하나의 가족' 시리즈 광고도 마찬가지다. 가족이라는 개념으로 우리가 연상할 수 있는 긍정적이고 따뜻한 마음이 차갑고도 의미가 비어있는 삼성전자의 가전제품에 자연스럽게 전이될 수 있도록, 클레이 애니메이션의 투박한 질감과 함께 시각적, 언어적으로 설정한 프레임인 것이다.

지금까지 살펴본 바와 같이 프레임은 기본적으로 은유의 방식으로 작동한다. 따라서 프레임 전략을 어떻게 짜느냐의 문제는 메시지 스타일상으로는 은유의 표현기법과 맞물려 있다. 프레임에 연결되는 대상은 구체적인 실체성을 띤 개념인 경우가 많다. 그리하여 익숙하고도 구체적인 대상(보조관념)을 낯설고도 비어있는 대상(원관념)에 결부시키는 방식으로 구체성의 논리가 작동하는 것이다.

프레임 이론은 '파블로프의 개' 실험으로 유명한 자극-반응의 연계적associative 학습이론과 유사하다. '파블로프의 개'에서는 무조건 자극 (음식)과 중립적 자극(종소리)을 연계하여 중립적 자극만으로도 침을 흘리게 하는 반응을 도출해냈다. 앞에서 예로 든 '폭탄'이나 삼성의 '가족'은 이런 의미에서 무조건 자극에 가깝다. 폭탄을 떠올리면 파괴적 이미지가 연상되고, 가족을 떠올리면 따뜻한 분위기가 '무의식적으로' 떠오르기 때문이다. 반면 '세금'이나 '삼성전자'는 중립적 자극에 가깝다. 물론 사전 경험여부에 따라 이 두 중립적 자극에 이미 상당한 경험이 축적되었을 수도 있겠지만, 상대적으로 앞의 무조건 자극에 비하면 연계되는 개념이 약할 수밖에 없다. 무조건 자극과 중립적 자극을 하나로 묶는 프레임을 통해 우리는 무의식적으로 두 자극을 연계하는 것을 배운다. 미디어의 반복된 보도나 하루에도 수없이 노출되는 광고가 바로 이 연계를 조건화시키는 학습과정인 셈이다. 그리고 그 결과 우리는 무조건 자극 없이 중립적 자극만으로도 부정적 혹은 긍정적 이미지를 떠올리는 학습의 성과를 얻게 되는 것이다.

이런 관점에서 프레임 이론은 자연스럽게 프로파간다에 관한 논의로 넘어간다. 미국의 커뮤니케이션 학자들은 2차 세계대전 당시 활용된 선전에 대한 연구를 통해 크게 7가지 효과적인 설득기법을 정리한다. (차배근, 1999) 나쁜 이름 붙이기name calling, 번지르르하게 만들기glittering generality, 연상transfer, 증언testimonial, 친 서민기법plain folks, 증거 쌓기card stacking, 부화뇌동bandwagon이 그것이다. 이 중에서 나쁜 이름 붙이기는 앞서 아리스토텔레스가 말한 '가장 가치 없는 종'으로부터의 은유에 해당한다. 반면 번지르르하게 만들기는 '가장 고결한 종'으로부터의 은유에 속하는 것이다. 연상이란 그 자체가 프레임 혹은 은유의 다른 표현이다. 이처럼 강력한 선전기법 가운데 세 가지 기법이 프레임과 직접 관련되어 있음을 알 수 있다. 이에 비해 증언이나 친 서민기법은 말하는 사람의 에토스와 연관된 것으로서 특히 후자는 뒤에서 언급할 '겸양전략' 과 관련이 깊다. 말하는 사람이 자신의 뛰어난 에토스를 스스로 낮추어 듣는 사람의 평범한 에토스와 눈높이를 같게 하는 기법이 바로 친 서민기법이자 겸양전략이다. 증거 쌓기는 자신의 주장에 유리한 증거만을 제시하는 기법으로 로고스에 입각한 기법이다. 반면 부화뇌동은 선전에 활용되는 전형적인 파토스 기법이라고 볼 수 있다.

이처럼 프레임을 악의적인 의도로 활용하게 되면 바로 프로파간다가 된다. 나치 하의 괴벨스야말로 바로 이 프레임의 힘을 효율적으로 활용한 대표적인 경우이다. 그는 '국력은 방어에 있는 것이 아니라 침략에 있다' 는 프레임(국력=공격)으로 침략전쟁을 정당화했으며(연상), '대중은 여자와 같다. 혼자서는 아무것도 할 수 없어서 자신을 지배해줄 강력한 지도자가 나타나기를 기다린다' 는 프레임(대중=여자)으로 히틀러의 절대 권력을 옹호했다(나쁜 이름 붙이기). 이처럼 괴벨스는 정치적으로 민감한 쟁점에 대한 은유적 표현에 관심을 가지고, 그것이 대중들에게 막대한 영향력을 발휘할 수 있음을 다음과 같이 설명했다. "이게 바로 프로파간다의 비밀입니다. 어떤 생각을 설득시키려면, 프로파간다 당하는 사람이 그 생각에 완전히 빠져 있어야 합니다. 자신이 빠져 있다는 것을 전혀 느끼지도 못하면서 말이죠.(Patkanis & Aronson, 2005)"

그렇다면 지금까지 논의한 프레임 이론을 통해 우리가 얻을 수 있는 함의는 무엇인가? 가장 효과적인 메시지 전략은 적절한 프레임을 설정하는 것이다. 이때 은유적이면서도 구체적인 방식으로 작동하는 프레임의 구조를 잘 숙지할 필요가 있다. 이렇게 효율적으로 설정된 프레임은 반복적인 재생산을 통해서 사람들에게 널리 인지시킬 필요가 있다. 한 번 설정된 프레임은 좀처럼 무너지지 않는다는 점을 염두에 둔다면, 메시지 전략의 승패가 바로 이 프레임의 구축에 달려있다고 해도 과언이 아닐 것이다.

그렇다면 정치적인 대항세력이든 시장의 경쟁자든 상대방에 의해 프레임이 선점된 경우에는 어떻게 해야 할까? 레이코프는 절대로 상대의 프레임을 공격하지 말라고 권유한다. 상대의 프레임을 공격하면 공격할수록, 사람들의 머릿속에 각인되는 것은 상대의 프레임 자체이지 네거티브 메시지가 아니라는 것이다.

상대의 프레임을 거부하라. 그리고 이에 맞설 수 있는 자신만의 대항 프레임을 서둘러 마련하라. 물론 이때 설정하려는 프레임이 진실에 반하는 프로파간다가 아니라는 전제하에서 말이다.

| 실습 | 프레임 분석

다음은 우리 사회에서 여전히 큰 힘을 발휘하고 있는 이른바 좌파 프레임에 대한 두 사례이다. 좌파에 대해 상반된 시각을 가지고 있는 다음 글을 읽고 말하는 사람의 연설에 내재된 좌파 프레임이 무엇이며, 이것이 어떻게 작동하는지 분석해보라. 이때 좌파 프레임에 생략된 전제가 있다면 무엇이고, 또한 암시적 주장이 있다면 무엇인지 그리고 어떠한 구체성의 논리가 적용되고 있는지에 대해서 생각해보라.

지난 10년간의 좌파정권 동안에 정말 엄청나게 편향된 교육이 이루어졌습니다. 그래서 이제는 그 편향된 교육을 정상화된 교육으로 바꿔 나가야 됩니다. 이것이 오늘날 이 시대에 있어서 교육이 가야 할 길이라고 생각하는데 여러분들 생각은 어떻습니까? … 법을 지키는 정신이 몸 속에 체득되어 있어야 합니다. 지금 법치주의가 무너지고 떼법이 난무하고 폭력이 난무하고 시위도 불법이 난무합니다. 이렇게 해서 선진국가가 될 수 있겠습니까? 자유민주주를 지킬 수 있겠습니까? 이런 잘못된 교육에 의해서 대한민국 정체성 자체를 부정하는 많은 세력들이 생겨나고 있고, 그야말로 극악무도한 흉악범죄들, 아동 성폭력 범죄들까지 생겨나고 있는 것입니다. 이것은 법치주의가 아직 이 땅에 정착되지 못했기 때문이라고 생각합니다.

(안상수, 2010년 3월 16일 바른교육국민연합 창립대회 연설문 중)

다음은 이같은 좌파 프레임에 의해 좌파로 간주되어온 한 연예인의 발언이다. 이 발언에 좌파 프레임에 맞서는 대항 프레임이 존재하는가? 있다면 이 프레임은 어떻게 작동되는지 분석해보라.

좌파가 무엇인지 나는 잘 모른다. 그런데 전직 대통령 서거에 조의를 표하는 것이 좌파라면 나는 좌파다. 우리 모두는 언젠가 약자가 될 수 있으니 약자인 쌍용차 노동자를 잊지 말자고 했는데, 그게 좌파라면 나는 좌파다. '빵꾸똥꾸'라는 말을 쓰게 해달라고 하는 게 좌파라면 나는 좌파다. 기꺼이 받아들이겠다. 그러나 자기와 뜻이 다르다고 해서 좌든 우든 몰아세우는 건 안된다. 내가 아는 한 진짜 좌파는 정태춘밖에 없다. 그분은 앨범 재킷 사진보다 시위하다 끌려나가면서 찍힌 사진이 더 많다. 대중의 인기에 영합하면서 살거냐, 아니면 대중에게 갈 길을 보여주면서 살거냐 만날 나보고 묻는다. 그러면 내가 말한다. 무슨 말씀이냐고. 상식적인 것에 대해 비상식적 잣대를 들고 와서 (좌파라) 하면 못 받아들이겠다.

(김제동, 2010년 4월 10일자 시사IN 인터뷰)

9

메시지를 표현하는 전략

09

지금까지 우리는 설득적인 메시지를 만들기 위한 사전 단계로서 아이디어를 어떻게 구체화할 것인가와 관련된 논의를 진행했다. 아이디어를 구상하기 위해서는 토포스를 활용하고 프레임을 설정하라는 것이 앞의 장에서 논의한 주요 내용이었다. 그렇다면 이렇게 개념화한 메시지를 어떻게 표현할 것인가?

아리스토텔레스는 "무엇에 대해 말해야 할지를 아는 것만으로는 충분하지 않으며, 어떻게 말해야 하는지에 대해서도 잘 알고 있어야 한다(1403b)"고 말했다. 메시지 표현전략은 이를테면 토포스와 프레임 등을 통해 창안한 아이디어를 어떻게 포장해야 더욱 효과적인지에 관한 방법을 다루는 것이다. 이처럼 창안과 표현은 메시지의 알맹이와 겉포장으로 말의 안과 밖을 구성하는 요소이다.

보다 설득적인 표현이 되기 위해 아리스토텔레스는 정확성purity, 명료성perspcuity, 적절성propriety 등의 원칙을 제시한 바 있다. 정확성이란 불확실한 표현을 문법에 맞게 정확히 표현하는 것을 말한다.(1407a) 명료성이란 연설의 의미를 분명하게 제시하는 것을 말한다. 명료하게 제시하지 못하면, 연설이 맡은 바 기능을 수행하지 못하게 된다.(1403b) 따라서 표현이 애매하거나 이중 해석을 낳는 표현을 사용해서는 안 된다.(양태종, 2000)

적절성이란 표현이 "마음과 품성을 잘 나타내고 주제를 이루는 대상들과 잘 어울리는 경우"를 말한다.(1408a) 예를 들어 "심한 모욕이 있을 때, 이를 표현하는 언어는 화가 난 사람의 언어가 되며 … 칭송할만한 행위에 관해서는 찬사의 언어행위가 되며, 동정심을 유발하는 행위들과 관련해서는 겸손한 언어로 드러나게(1408a)" 하는 경우이다. 아리스토텔레스는 품성과 연관해서 "천박한 사람과 교양 있는 사람이 동일한 사태를 말할 수도 없을 뿐만 아니라 같은 용어를 사용하지도 못할 것(1408a)"이라고 보았다. 이처럼 적절성은 말하는 사람의 품성과 듣는 사람의 마음에 상응하는 표현을 찾을 수 있을 때, 설득력을 높일 수 있다. 또한 문체가 다루는 주제와 관련해서 너무 평이하지도 너무 수준이 높지도 않은 상태 역시 적절성을 나타낸다. 예를 들어 시적 언어는 평이하지 않기 때문에, 연설문에 쓰기에는 적절하지 않다. 연설에는 주로 일상어와 고유어 그리고 은유 등이 사용하기 적합한 표현이다. 일상적인 연설은 "지나치게 멋을 부리는 것이 아니라 자연스러운 분위기를 풍겨야 한다. 자연스러울 때 설득이 되고 너무 인위적일 때는 설득이 되지 않기 때문이다.(1404b)"

아리스토텔레스가 제시한 이 같은 요소들은 오늘날 표현원칙 혹은 문체원칙으로 발전하였다. 앞서 다룬 생략삼단논법, 예증법, 과장법 등이 수사학에서 동원할 수 있는 대표적인 표현원칙이 되겠다. 이에 대해서는 이미 수사학 장르와 연계하여 상세하게 다루었기 때문에 여기서는 더 이상 다루지 않는다. 그 밖에 우리가 고려해야 할 수사적인 문체는 사실 문학의 영역에 속하기 때문에 이를 다루는 것은 필자의 역량 바깥에 속하는 문제이다.

따라서 이 장에서는 커뮤니케이션의 관점에서 설득적인 메시지를 만들 때, 듣는 사람과의 대인 관계 측면을 고려한 세부적인 표현 전략 문제만을 다루도록 하겠다. 누구를 설득하느냐에 따라 서로 다른 표현전략을 고민해야 하기 때문이다. 이 논의는 아리스토텔레스의 〈수사학〉과는 별도로 현대적인 논의가 될 것이다.

설득적인 메시지가 '주장+이유+근거'라고 한다면 에토스, 파토스, 로고스 이 세 가지 근거를 동원한 설득적 메시지의 표현전략은 어떠해야 하는가? 이에 대한 해답의 단초를 키케로에게서 찾을 수 있다. 키케로는 다음과 같이 말했다.

> 말하는 방법 전체는 설득에 기여하는 세 가지 요소에 집중한다. 즉 우리가 대변하는 것이 참임을 증명하는 것, 청중의 공감을 얻어내는 것, 사안이 그때그때 요구하는 바의 의미에서 청중의 감정에 영향을 끼치는 것에 집중한다.(양태종, 2009)

다시 말해 로고스는 증명하는 것이고, 파토스는 청중의 공감을 얻어내는 것이며, 에토스는 청중에게 영향을 끼치는 것이다. 따라서 논리적으로 설득하기 위해서는 입증되었음이 표현되어야 하고, 정서적으로 설득하기 위해서는 공감적 표현이 고려되어야 하고, 품성을 동원하여 설득하기 위해서는 말하는 사람의 공신력이 듣는 사람에게 영향을 끼칠 수 있도록 메시지를 고안해야 한다. 그렇다면 이러한 고려가 표현의 전략과 결합하면 어떠한 양상이 벌어지게 될까?

에토스와 대인관계에서의 영향력

말하는 사람이 상대방에게 자신의 에토스를 동원하여 설득하고자 할 때 표현상 고려해야 할 지점은 크게 세 가지이다. 자신의 품성을 그대로 드러내는 경우, 자신의 품성을 조금 과시하여 제시하는 경우, 자신의 품성을 낮추어서 접근하는 경우가 그것이다.

먼저 품성 그대로를 드러내는 전략은 일상적인 사회관계에서 통상적으로 통용될 수 있는 전략이다. 그 자체로서는 평범하지만, 한편으로는 솔직한 표현전략이라고 할 수 있다. 그러나 자신의 품성에 대해 자신의 입으로 말하는 것은 사실 껄끄러운 점이 없지 않다. 이 때문에 아리스토텔레스도 타인의 입을 빌려서 자신의 에토스를 표현하게 하는 것이 더 적절하다고 판단했다. 인용을 하면 다음과 같다.

자기 자신의 도덕적인 품성이나 성격에 관해 말할 때에는 (다른 사람의) 시샘을 불러일으키거나 너무 장황하게 소개하거나 자기모순에 빠지기 쉽고, 다른 사람의 도덕적인 품성을 말할 때에는 그의 명예를 훼손하거나 무례해지기 십상이기 때문에, 다른 사람이 자신을 대신하여 말하게 하는 것이 좋

다.(1418b)

따라서 에토스를 표현해야 할 때 설득의 효과를 배가시키는 가장 좋은 전략은 타인이 자신의 품성을 말할 수 있게 하는 것이다. '오른 손이 하는 일을 왼손이 모르게 하라' 라는 성경의 말씀도 어찌 보면 자기자랑이 낳을 수 있는 역효과를 염두에 둔 것이 아닐까 싶다. 공자 역시 논어에서 "옛사람이 말을 함부로 꺼내지 않는 것은 실천이 미치지 못할 것을 부끄럽게 여겼기 때문이다古者言之不出 恥躬之不逮也"라며 말을 아낄 것을 조언하였다. 예를 들어, 결혼식에서 신랑신부에 대한 이력은 사회자가 소개한다. 고희연을 맞이한 분의 인생에 대한 소개 역시 그러하다. 특별한 상을 수상하는 수상자가 적절한 자격을 갖추었음을 입증하는 것 역시 사회자의 몫이다. 심지어 강연에 나서는 강사의 이력도 자기 입으로 말하지 않는다. 이 모든 사례들이 한 사람의 에토스에 대한 신빙성을 높이려는 전략적인 배려인 셈이다.

다음으로 자신의 품성을 높여서 말하는 경우는 다른 사람과 비교하여 품성상의 특별한 차이가 드러나지 않을 때 선택할 수 있는 방법이다. 예를 들어 면접에 임하는 수험생을 생각해보자. 자기 주변에 무수한 경쟁자들이 있다. 이때는 다른 경쟁자들과 달리 자신만의 품성을 드러내야 어려운 관문을 통과할 수 있다. 이럴 때 취할 수 있는 전략적 메시지는 이른바 '티내기distinction' 전략이다.

프랑스 사회학자로서 문화자본이라는 개념을 통해 한 사회에서 문화적인 에토스가 어떻게 '경제자본' 이나 '사회자본' 으로 전환될 수 있는지를 분석한 부르디외는 티내기 전략을 '문화적 자본을 가진 사람들이 자신의 라이프스타일에 우월적 가치를 부여하려는 경향' 이라고 말했다(Broudieu, 1996). 예를 들어 지식, 교양, 기능, 취미, 감상 등과 같은 문화적 수용 측면의 차별화를 통해 자신만의 취향을 드러내는 것이 티내기다. 이에 의하면 이른바 명품족이 명품으로 스스로를 치장하고 다니는 행위 역시 자신의 품성을 과시하려는 티내기 전략의 한 표현으로 볼 수 있다. 광고는 자신의 제품만이 갖는 차별성을 소비자에게 부과하여, 타사 제품 소비자와 '구별짓기'를 시도하는 상징적인 표현 전략이다.

취업시장에서 살아남기 위해 다양한 '스펙'을 쌓는 것도 자신의 품성을 드러냄으로써 경쟁에서 살아남으려는 전략의 일환이라고 볼 수 있다. 취업시장으로 나온 예비사회인들은 자신의 에토스가 남다르다는 것을 표현하기 위해 '자기소개서'를 작성한다. 이 텍스트에 기록되는 개인의 이력은 자신이 축적한 문화자본, 예를 들면 출생지나 학력, 어학능력, 해외여행 경험, 취향 등에 대한 소개로 채워진다. 그밖에 대인관계나 사회적인 네트워크, 동창회나 향우회, 페이스북facebook과 같은 블로그 활동이나 트위터twitter의 팔로어follower 등을 자신만이 구축한 사회자본의 소재로 삼는다. 이 모든 활동들이 취업 이후 취업자의 조직활동에 도움이 되는, 즉 기업 입장에서 즉시 '경제자본'으로 전환될 수 있는 개인의 문화자본이자 사회자본인 셈이다. 이러한 자본이 남다를 때, 혹은 부르디외의 표현으로 구별짓기가 가능할 때 예비사회인의 성공적인 취업시장 진출이 가능해진다.

이와 반대로 자신의 품성을 낮추어 말하는 경우를 겸양전략이라고 한다. 이는 듣는 사람과 비교하여 말하는 사람의 품성 차이가 현저할 때 동원할 수 있는 표현 전략이다. 앞서 소개한 선전기법 가운데 이른바 '친 서민기법'이 이에 해당한다. 예를 들어 대통령과 같은 지도자의 경우, 굳이 말로 표현하지 않아도 한 사회에서 지도자적인 품성을 지니고 있다고 여겨진다. 이런 경우 자신의 품성을 과장하는 것은 물론, 있는 그대로 드러내는 것조차 일반 국민의 입장에서는 권위적이거나 권력적인 압박으로 보일 수 있다. 사회에서 발언하는 사람은 말의 통로를 독점하고 있는 권력자인 경우가 많다. 유권자 앞에서 연설하는 정치인, 직원회의를 주재하는 CEO, 학생 앞에서 강의하는 선생님 등을 떠올리면 이 같은 말을 둘러싼 권력의 위계적 관계를 이해할 수 있으리라 본다. 결국 말의 발언권을 놓고 말하는 사람과 듣는 사람 사이에 사회적 권력관계가 이미 주어져 있다는 얘기다. 바로 이점 때문에 에토스를 동원한 설득을 권위적인authoritative 논증이라고 부르기도 한다.

말의 권위적인 힘에 대한 이해를 돕기 위해 1960년대 예일대학의 밀그램Stanley Milgram 교수가 행한 실험을 소개해볼까 한다. 실험자는 실험에 자원한 사람들을 두 그룹으로 나누어 한 그룹에게는 선생님의 역할을, 다른 그룹에게는 학생의 역할을 맡겼다. 선생 역할자 1명과 학생 역할자 1명씩을 짝지은 다음, 학생 역할자를 가죽 끈으로 의자에 묶고 그들의 양쪽 손목에 전기충격장치를 연결했다. 그 후 학생 역할자에게는 암기해야 할 단어들이, 선생 역할자들에게는 테스트할 문제들이 주어졌다. 그런 다음, 선생 역할자들에게 "학생들이 틀리면 15볼트의 약한 전기충격을 가하라"고 한 후, 틀릴 때마다 전압을 15볼트씩 올리도록 지시했다. 징벌(전기충격)에 따른 학습효과(암기력의 향상)를 연구한다는 명목이었지만, 이 실험의 주된 목적은 사람들이 도덕적 명령에 직면한 상황에서 언제 그리고 어떻게 권위에 도전하는가를 보는 것이었다. 선생 그룹으로 선정된 사람들에게는 비밀로 했지만, 학생 역할자들은 자원자들이 아니라 모두 실험 팀의 일원이었고, 전기충격도 시늉만 하는 것이었다. 실험이 진행되는 동안 선생 역할자의 옆에는 실험주관자(권위자의 역할)가 앉아서 "걱정 말고 계속 전압을 높여라. 책임은 내가 진다."라는 격려 내지 압력을 행사하였다.

처음 15볼트 정도의 전기충격을 가할 때, 선생 역할자는 벽 너머로 들리는 상대방 학생의 가벼운 비명 소리에 키들키들 웃지만, 전압이 90볼트를 넘어가면서 약간 의심스러운 표정을 짓기 시작했다. 150볼트가 넘어가자 걱정스러운 얼굴로 바뀌면서, "더 이상 못하겠다"고 말하기 시작했지만, 실험주관자가 선생 역할자에게 매우 차가운 목소리로 "괜찮다. 실험의 일부일 뿐이다"라고 이야기하며 진행을 독려했다. 이에 선생 역할자는 괴로운 표정을 지으면서도 계속 전압을 높여갔다. 사실 언제든지 "못하겠다"고 자리를 박차고 나가면 그만인데도 그냥 계속 전압을 높여갔다. 실험이 시작되기 전, 밀그램 교수는 150볼트 이상으로 전압을 높여야 할 상황이 되면 대부분의 사람들이 이를 거부하고, 실험중단을 요구할 것으로 예상했다. 그러나 실험 참가자 중 무려 65퍼센트가 450볼트까지 전압을 높였다.

그렇다면 무엇이 사람들로 하여금 '권위'에 복종하게 만드는가? 첫째, 피험자를 상황에 묶어두는 '구속요인'들이다. 피험자의 공손함이나 실험자를 돕겠다는 처음의 약속을 지키려는 소망, 그러한 약속의 철회가 낳는 어색함 등이 여기에 해당한다. 둘째, 피험자의 생각 속에서 일어나는 많은 순응적 변화가 권위자에게서 벗어나려는 결심을 방해한다. 이는 무력한 사람에게 해를 가하라는 권위자의 지시에 복종적인 사람들이 보이는 전형적인 사고다. 자신에게는 책임이 없다는 생각 때문에 실험자의 권위에 도전하지 않고 단지 "시키는 대로 했다"고 말하는 것이다. 이는 나치 전범들이 "단지 임무를 다 했을 뿐"이라고 말했던 방어적인 진술과 맥을 같이 한다. 조직 내에서 명령을 내리는 사람과 그 명령을 수행하는 사람 사이의 언어를 둘러싼 권력적 관계는 말을 듣는 사람의 역할을 이토록 수동적이고도 무기력하게 굴복시키는 결과를 낳는다.(Milgram, 1974/2009) 이처럼 품성을 매개로 한 발언권 자체에 이미 사회적이고 권력적인 관계가 반영되어 있다.

언어는 의사소통 또는 지식의 수단일 뿐만 아니라, 권력행사의 수단이기도 하다. 사람들은 자신의 말을 이해시키려 할 뿐만 아니라 다른 이들이 믿고 따르며 존중하고 대우해주길 바란다. 따라서 언어능력에 대한 완벽한 정의는 정당한 언어, 공인된 언어, 권위 있는 언어를 말할 수 있는 권리이다. 언어능력이란 결국 수용을 강제할 수 있는 권력을 의미한다.(Bourdieu, 1995)

밀그램의 '복종실험'에서 알 수 있듯이 사람들은 전문가나 권력자와 같은 권위적인 인물의 말을 전적으로 신뢰하고 이를 따르려는 성향을 지니고 있다. 따라서 사회적인 권력자는 굳이 자신의 품성을 말로 드러내서 표현할 필요가 없으며, 오히려 자신의 품성을 낮게 표현하는 것이 설득의 효과를 배가시킬 수 있는 전략이 된다. 역대 대통령이 서민 이미지를 풍기기 위해 들판에서 농부들과 막걸리를 먹는 것이나, 불량청소년을 선도하려는 선생님이 이들 청소년들이 사용하는 은어를 의도적으로 사용하는 경우가 모두 여기에 해당한다.

겸양전략은 이미 상징적인 권력관계에 있어서 상당한 지위를 자신할 수 있는 사람만이 구사할 수 있는 전략이라는 점에 주의해야 한다. 자신의 에토스에 자신이 없다면 결코 구사할 수 없는 전략이라는 말이다. 역으로 상당한 에토스가 구축된 사람이 겸양전략을 구사할 경우, 베버의 표현대로 발화자의 '카리스마'를 자발적으로 이끌어내고 말의 '초과이윤extra-profit'을 얻을 수 있는 가장 강력하고 효과적인 설득전략이 될 수 있다.(Bourdieu, 1995) 다음은 삼중스님이 교도소에서 재소자를 대상으로 한 강연의 앞부분이다.(양태종, 1999)

저는 여러분과 닮은 점이 많습니다. 첫째는 여러분과 마찬가지로 머리카락이 없습니다. 둘째는 옷이 닮았습니다. 저는 회색이고 여러분은 청색일 뿐, 우리는 같은 옷을 입고 있습니다. 이 옷을 입고 저는 구도의 길을, 여러분은 갱생의 길을 가고 있는 것입니다. 셋째 여자가 없다는 점입니다. 이 자리에서 여자 얘기를 하나 하겠습니다. 저 같이 못생긴 사람이나 여러분 같은 사나이나 똑같이, 이 여인은 한 사람씩 영혼 속에 간직하고 있기 마련입니다. 저는 오늘 이 여인의 얘기를 전해드리고자 이곳에 왔습니다. 꿈에도 잊지 못할 이 여인, 언제나 여러분을 위해 웃고 울고 기도하는 바로 어머님이십니다. 저의 어머니, 여러분의 어머니…

재소자를 대상으로 하는 강연에서 권위적인 설교 식으로 죄와 도덕을 이야기 했다면 아마 바로 거부감이 들었을 것이다. 그러나 삼중스님은 자신과 재소자 사이의 동질성에 대해 먼저 이야기함으로써 스스로를 재소자의 위치로 낮추었다. 이 같은 겸양의 메시지는 듣는 재소자들이 마음의 벽을 허물고 스님에 대해 지니고 있던 권위적인 인상을 벗어버릴 수 있게 만든다. 그 다음에 들려준 '어머니'에 대한 이야기가 들는 이의 마음속 깊이 파고들 수 있었던 것도 바로 스님이 선택한 겸양 전략 덕분이었다고 말할 수 있을 것이다.

청중의 공감을 부르는 표현 전략

듣는 사람의 공감을 불러일으키는 표현이란 듣는 이의 내면적 가치, 열망, 욕구와 관련된 메시지를 표현하는 것을 말한다. 가장 적극적인 형태의 공감은 듣는 사람의 마음을 말하는 사람의 마음과 동일한 상태로 움직일 때 일어나는데 이를 한마디로 표현하여 '동기화motivation'라고 한다. 결국, 파토스적인 메시지는 듣는 사람의 마음을 말하는 사람의 마음만큼 움직일 수 있도록 동기를 부여할 때 성공할 수 있다.

앞서 말을 둘러싼 권력적 관계에 대해 언급한 바 있는데, 듣는 사람들은 말하는 통로를 장악한 사람보다는 상대적으로 열세의 위치에 놓여 있다. 나아가 듣는 사람은 그들이 강연의 청중이든 혹은 집회의 군중이든 집단의 양상을 띠고 있다. 따라서 듣는 사람의 마음이란 개인적이기보다는 집단의 정서에 의해 좌우될 수 있는 여지가 크다. '침묵의 나선'이라는 커뮤니케이션 이론은 집단의 심리에 대해 "사람들은 이른바 여론을 지향하는 '제6의 감각기관six sense'을 지니고 있기 때문에 다수의 의견이라고 판단되는 순간, 집단으로부터의 고립을 피하기 위해 자신의 마음(소수의견)을 숨기고 침묵하는 경향이 있다"고 말한다.

혈연이나 지연, 학연 등의 이유로 응집력이 강한 집단의 경우, 집단 내부의 압력으로 인해 도덕적인 판단, 현실검증, 정신적 효율성이 저하

되기 때문에 순응에 대한 압력이 더욱 강하게 나타날 수 있다. 그 결과 다수는 더욱 다수의 의견으로, 소수는 더욱 소수화 된 형태로 여론에 표출된다고 한다. 이른바 여론에 반영되지 않은 '숨겨진 표심'이 존재한다는 것은 역대 선거에서도 늘 나타난 현상이었다.

선전기법 가운데 부화뇌동이 이와 유사한 내용을 지닌다. 차이가 있다면 '침묵의 나선'에서는 소수 의견이 다수 의견의 압력을 두려워하여 침묵하는 것에 비해, 부화뇌동에서는 다수 의견에 편승하여 무조건적으로 추종한다는 점일 것이다. 이와 유사한 실험도 있다. 한 실험에서 소집단 내에서 실험공모자 한 명이 오답을 유도하면 대부분 정답을 말하지만, 공모자가 두 명이면 13%, 세 명이면 33%가 오답을 내놓았다고 한다. 이처럼 집단의 마음은 개인의 마음 전체를 합한 결과와 다르게 나타난다. 이 점을 고려하여 말하는 사람이 듣는 사람을 끌어오는 메시지 표현 전략이 있다. 바로 공모와 단합이다.(Bourdieu, 2005)

정치인은 리콜되지 않는다. 정치인은 반품도 되지 않고, 애프터서비스도 되지 않는다. 따라서 뽑을 때 선택을 바로 하는 수밖에 없다. 절대 권력을 휘두르며 독단과 전횡을 일삼고 있는 이 정권에 대해 죄는 죄로 가고 벌은 벌로 받는다는 것을 확실히 보여주자.

신문 사설의 한 구절이다. 이 문장에는 수용자의 자발적 동의를 얻기 위한 공모의 전략이 숨어 있다. '~하자'라는 청유형의 표현이 바로 듣는 사람과 말하는 사람의 공모를 나타낸다. 사실 위의 사설 어디를 봐도 말하는 사람의 의도밖에 담겨져 있지 않다. '확실히 보여주자'는 의지를 모은 독자는 비어 있는 상태인 것이다. 이 신문이 어느 공간에서 어떤 독자를 만나서 사설을 쓴 사람과 같이 공모의 관계에 들어갈지 아무도 모른다. 심지어 글을 쓰는 논설위원도 모르는 것이다.

그럼에도 불구하고 '내가 확실히 보여 주겠다' 는 형식을 취하지 않은 이유는, 누가 되든지 이 글을 읽는 독자로 하여금 마치 논설위원이 사전 동의 하에 자신의 마음을 대신 표현해주는 듯한 공명 효과를 불러 일으키기 때문이다. 이처럼 공모는 말하는 사람과 듣는 사람의 사전 합의 없이도 마치 듣는 사람이 말하는 사람의 입장과 동일한 마음인 것처럼 전제한 표현전략인 셈이다. 공모는 듣는 사람을 '지식 없는 인식' 즉 의식하지 못한 채 인정하는 상태로 만드는 효과를 발휘하기 때문에, 말하는 입장에서는 쉽게 포기할 수 없는, 아니 적극적으로 선택해서 구사할 만한 효과적인 파토스 전략이다.(Bourdieu, 1995)

또 다른 파토스 표현 전략은 단합이다. 단합 역시 듣는 사람과 말하는 사람 사이의 마음의 차이를 인정하지 않고 "우리는 ~" 의 형태로 표현하는 전략이다. '우리가 남이가' 라는 식의 메시지가 대표적인 단합의 전략이다.

우리가 추구해야 할 목표가 무엇일까. 한마디로 표현한다면 북한사회의 변화이다. 북한이 변하지 않고서는 진정한 평화체제를 기대하기 힘들다. 따라서 4자회담의 결과로 북한이 변할 수 있는 가능성을 모색하는 것이 앞으로 우리가 해야 할 일이다.

이 말에서처럼 단합전략은 말하는 사람의 개인적인 신념이나 주장을 표현함과 동시에 듣는 사람의 마음과 동일시하는 표현을 사용하여 집단적 합의로 전환시키는 표현전략이다. 이를 통해 말하는 사람이 말속에 자신을 주체로 노출시키고 않고 듣는 사람의 마음을 받아들이는 것과 같은 메시지를 구사함으로써, 결과적으로는 듣는 사람에게 말하는 사람과 동등한 입장을 강요하는 효과를 얻을 수 있다.

    결국 공모와 단합의 표현 전략은 듣는 사람을 말의 대상이 아닌 말의 주인 자리로 승격시킴으로써 마치 듣는 사람이 말하는 사람이 되는 것과 같은 착각의 효과를 불러일으킨다. 말하는 사람 입장에서는 자신의 마음과 의지에 이토록 쉽게 동의를 표해주는 사람을 만날 수 있다는 점에서 아주 매력적인 표현 전략이 아닐 수 없다.

로고스를 활용한 증명 전략

논리적인 말은 증명하는 표현을 취한다. 앞서 지적했듯이, 수사학에서의 증명은 삼단논법과 같이 형식에 의해 결정되는 것이 아니다. 일상적으로 설득될 가능성이 높은 말이란 진실 자체가 아니라 진실일 것 같은 개연성이 높은 말이다. 그리고 진실일지 아닐지에 대한 판단은 형식이 아니라, 말 속 이유와 주장 사이의 이동이 그럴듯한 지 아닌 지에 의해 결정된다. 결정의 주체는 당연히 말하는 사람이 아니라 듣는 사람이다. 바로 이점 때문에 수사학에서의 증명은 형식 자체가 하는 것이 아니다. 말하는 사람이 내세운 이유를 기반으로 한 주장으로의 이동이 말을 듣는 사람 입장에서 그럴듯하다고 판단하면, 그 주장이 사실임직한 것으로 판명나는 것이다.

  이 이동을 그럴듯하게 만드는 방법으로 수사학적 연역법과 수사학적 귀납법이 있다는 점은 이미 살펴본 바가 있다. 그리고 이를 표현하는 방법이 바로 생략삼단논법과 귀납법이다. 이 외에는 인과적인 방법과 징후적인 방법 두 가지 정도를 더 살펴볼 수 있다.

  인과적인 방법은 원인을 '이유'로 하여 결과를 '주장'하는 표현 전략이다. 예를 들어 "눈이 많이 와서(원인)+지각을 했다(결과)" "맹훈련한 결과 우리가 경기에서 이길 수 있었다" 등의 표현이 이에 속한다. 인간은 현상을 일으킨 원인에 대해 궁금해 하고 이를 규명하고 싶어하는 동물이다. 이 점에서 인과적인 주장은 말을 통해 논리를 입증하는 가장 보편적인 방법이다. 나아가 인과적 표현은 말을 통한 입명의 설득력을 높일 수 있는 전략이기도 하다. 말과 말 사이에 '왜냐하면'이라는 접속사만 포함시켜도 듣는 사람들은 상대의 말이 뭔가 '논리적이구나'라고 착각할 수 있다는 점도 이미 언급한 바 있다.

  징후적인 주장은 관찰된 현상을 '이유'로 새로운 사실을 추론하는 '주장'을 제시할 때 사용하는 표현전략이다. 징후적인 주장은 현상(근거)에 입각하여 과거를 추론하거나 미래를 예측하는 방식으로 연계하는 점에서 인과적인 주장과는 다르다. 범행 현장에 남겨진 단서를 토대로 범인을 추론해내거나, 현재까지 축적된 데이터(지금까지 늘 지각을 했기 때문에)를 토대로 미래 행동(내일도 지각할거야)을 예측해내는 주장이 징후적인 것이다. 이 방법이 범행의 동기(애증/원한관계)를 밝히거나 지각의 이유(폭설/늦잠)를 밝혀내는 인과적 주장과 다르다는 점은 분명하다. 인과적 주장만큼이나 징후적인 추론 역시 인간의 추론

본능에 따른 논증방식이라고 할 수 있다. 특히 이는 불확실한 미래에 대한 예측이나 과거에 대한 추측 욕구에서 비롯된 것이다.

수사학에서 사용하는 모든 논리적 표현은 표현형식 자체가 참임을 입증하지 못한다는 점에서 늘 오류일 가능성이 존재한다. 예를 들어 인과적인 추론에서 이른바 우연한 결과를 마치 어떤 원인에 의한 것으로 착각하는 '수탉의 오류'가 있다. 닭이 운 다음 동이 트는 것을 보고 닭이 울기 때문에 아침이 온다는 식으로 착각하는 것이 바로 그것이다. 이는 운과 우연의 일치를 간과함으로써 비롯한 오류라 할 수 있다. 운동선수들에게서 관찰되는 이른바 징크스라는 것도(면도를 안해야 경기를 이긴다는 식) 인과적 오류의 한 유형인 셈이다.

징후적인 주장에도 오류가 늘 상존한다. 차가 갓길에 멈추어 선 것을 보고, '차가 고장났다'고 판단하는 경우가 이에 해당한다. 차가 갓길에 서있는 이유는 여러 가지가 있을 수 있으므로, 멈추어 서 있는 모습만으로 고장여부를 추론하는 것은 무리일 수 있다. 관상이나 손금 등도 기호에 대한 증후적 해독의 일종이다. 이는 무지의 오류로 연결되는데, 지금 당장 반증할 만한 증거가 없기 때문에 그 주장이 사실이라고 판단하는 경우라고 볼 수 있다.

귀납적 표현에도 오류의 가능성이 상존하는데, 이를 성급한 일반화의 오류라고 한다. 몇 가지 사례에서 관찰된 사안을 가지고 보편적인 것처럼 받아들일 때, 성급한 일반화의 오류가 발생한다. "경상도 남자들은 다 마초야"라고 표현하는 경우가 이에 해당한다고 볼 수 있다. 마찬가지로 연역적인 표현에서도 오류가 발생할 수 있다. "그 친구도 전라도 사람이잖아"라는 말은 모든 '전라도 사람'이 가졌을 것으로 추정되는 어떤 보편적 속성으로부터 개별 사례에 대한 추론 판단을 한 경우이다. "여수 가서 돈 자랑하지 말고 벌교 가서 주먹자랑하지 마라"라는 속설은 그와 같은 보편적 판단 자체가 참이 아니기 때문에, 이에 근거한 연역적 추론 역시 오류가 되는 것이다. 이처럼 연역적 오류는 대개 사람들이 가지고 있는 고정관념과 연관되어 있다. 즉 오래 생각하지 않고 상대방이 속한 집단에 대한 편견에 근거하여 어떤 사례를 평가하고 판단하는 경우가 이에 속한다.

논리적 표현과 일상의 오류

이처럼 우리는 일상 속에서 논리적으로 조리 있게 잘 말한다고 해서 늘 진실만을 전달하는 것은 아니라는 점을 유의해야 한다. 사실 논리와 설득은 야누스의 양면성을 지닌다. 설득적인 표현이 논리적으로는 오류일 가능성이 더 크다는 말이다. 왜냐하면 수사를 동원한 설득적 표현은 늘 조금 더 부풀려 과장하거나 일반화하거나 단정적으로 구성되기 때문이다.

광고를 떠올려보면 이 같은 양상을 쉽게 이해할 수 있을 것이다. 자기 상품을 조금이라도 더 과장해서 잘 보이고 싶은 마음은 모든 광고주들의 공통된 욕구다. 따라서 말하는 사람은 좀 더 과장된 표현을 추구하게 되고, 이 같은 동기가 보다 자극적인 메시지로 표출된다. 혹은 자신에게 유리한 증거들만 제시하고 불리한 증거들은 의도적으로 삭제하는 경향이 있다. 앞서 언급한 선전기법 7가지 가운데 '증거 쌓기'가 이에 해당한다. 이러한 편협한 생각이 자기주장에 대한 일방적인one-sided 증거들로 메시지를 구성하게 만드는 결과를 낳는다. 나아가 이러한 욕심이 과장을 넘어서 허위(광고)로 이어질 때, 논리적인 증명에 대한 윤리적 책임이 부과될 수 있다. 사실 수사학에서 오류판단은 이 같은 과장과 허위의 중간지대 어딘가에 자리 잡고 있다. 따라서 말을 듣는 사람이 오류판단을 동원하여 제시된 주장이 정말 어떤 논리적인 이유에 기반을 두고 있는지 늘 점검하는 자세가 필요하다.

하지만 지금까지의 학계 논의를 보면 듣는 우리들은 주어진 메시지를 합리적으로 분석하고 오류를 걸러내는 수고를 잘 하지 않는다는 것이다. 커뮤니케이션 이론 가운데 '정교화가능성 모델'이 있다. 이 모델에 의하면 인간이 메시지를 처리하는 경로는 중심경로와 주변경로 두 가지 길이 있다. 중심경로를 택할 경우, 사람들은 메시지 자체의 논리적인 차원에 주목하고 내용에 대해 심사숙고하지만, 주변경로를 택하게 되면, 내용보다는 말하는 사람의 품성에토스이나 분위기, 정서파토스 등과 같은 주변적인 단서에 의거하여 새로운 정보를 받아들인다는 것이다. 다시 말해 새로 접하게 되는 메시지에 대해 개인적인 관심이 높거나 정보를 처리하고 해석할 수 있는 능력을 겸비하지 않는 한, 사람들은 그 정보에 대한 판단을 주변적 단서에 입각하여 쉽게 처리해버린다는 얘기다. 유권자들이 선거에서 후보자의 공약이나 정책 등을 꼼꼼하게 따져서 투표에 나서는 경우가 중심경로를 이용하여 선거관련 메시지를 처리하는 경우라고 한다면, 후보자의 잘생긴 외모를 보고 표를 던지거나 혈연, 지연, 학연 등의 인맥에 근거하여 투표를 하는 경우가 주변경로로 선거이슈를 처리하는 경우라고 할 수 있다.(Patkanis & Aronson,

2005)

　그렇다면 사람들은 왜 자신에게 들어온 메시지를 이렇게 대충 처리하는 것일까? 그 이유는 무엇보다도 오늘날의 사회가 정보과잉시대이기 때문이다. 현대와 같은 정보사회에서는 주변 환경으로부터 전해지는 무수히 많은 메시지를 모두 다 중심경로로 처리하는 것 자체가 물리적으로 불가능하다. 따라서 논리적인 주장을 전할 때, 듣는 사람들은 우리의 기대 만큼 많은 에너지를 들여서 메시지를 꼼꼼하게 따지지 않는다는 것이 이 연구의 결론이다. 나아가 사람들의 생각 자체가 너무도 완고해서 자신의 태도나 신념과 배치되는 메시지에 쉽게 노출되려 하지 않고, 설사 노출되었다 하더라도 자기 맘대로 해석해 버리는 선택적인selective 경향도 강하다.

　이 같은 연구 성과들은 사람들이 외부에서 들어오는 정보와 관련해서 인지적으로 '구두쇠'가 된다고 보고 있다. 우리의 정보환경 자체가 지나치게 복잡하고, 사람들이 모든 정보에 심도 깊은 주의를 기울여 주장의 실체성이나 논리성에 대해 따지는 것 자체가 불가능한 형편이기 때문에, 정보처리과정에 별다른 노력을 기울이지 않고 편의적인 방식으로 메시지를 대충 처리한다는 얘기다. 여기에 덧붙여서 주어진 메시지를 자신의 주관에 따라 선택적으로 접하거나 해석하거나 기억하려는 경향까지 더해진다면, 논리적 표현에 대한 듣는 사람들의 합리적 판단을 기대하기는 더욱 더 어려워질 수밖에 없다.

　설득의 논리성을 높이려는 노력이 말하는 사람만의 노력으로는 반쪽에 불과할 수 있다는 점에서 듣는 사람의 합리적이고 비판적인 개입을 기대할 수밖에 없다. 하지만 듣는 사람들이 이처럼 인지적 차원에서 자기 고집에 사로잡혀 있고, 말하는 사람 역시 수사적인 과장을 넘어 오류나 허위 주장에 기대려는 유혹에 쉽게 빠져들 때, 말을 통한 논리적이고 합리적인 소통 가능성은 더욱 더 줄어들 수밖에 없다. 궤변적인 소피스트는 바로 이러한 말의 환경을 배경으로 창궐하게 되는 것이다.

10

메시지를 배열하는 전략

10

착상의 단계에서 아이디어를 내고 표현을 고려하여 말이라는 그릇에 담고 나면, 이 말들을 이제 설득의 효과를 높일 수 있는 방식으로 배열해야 한다. 배열은 말로 표현한 자료들을 순서 있게 정돈하는 것을 의미한다.

아리스토텔레스는 메시지 배열과 관련해서 "연설은 두 부분으로 나누어진다. 먼저 말할 주제에 대해 언급해야 하고, 그런 다음 그것을 증명해야 한다. 주제를 말한 후에 그것을 증명하지 않거나 미리 주제를 설명하지 않고 무언가를 증명하는 것은 불가능하기 때문이다. 전자는 사안에 대한 진술부분이고 후자는 증명proof부분이 된다. 아니면 전자가 문제제기 부분이 되고, 후자가 입증demonstration으로 구분될 수도 있다 (1414a)"고 밝히고 있다. 이에 의하면 메시지를 배열할 때 가장 기본이 되는 구성 원칙은 진술부와 증명부 혹은 문제부와 입증부라는 2분할 구조이다. 연설을 염두에 두고 제안한 아리스토텔레스의 이 같은 생각은 모든 메시지 구성의 기본 전략이자 원리다.

하지만 이 같은 구성의 원칙도 영역에 따라 다소 차이가 있다고 밝히고 있다. 2분할 구조는 숙의적 장르에 어울린다고 보았다. 반면 사법적 장르는 서론, 비교, 요약이라는 3분할 구조가 나을 수도 있다는 것이다. 어떤 연설 메시지를 2분할 구조에 담는 것이 나을지 아니면 3분할 구조로 제시하는 것이 나을지에 대한 판단은 경우마다 다를 수 있다.

이 구조를 보다 세분화한 것이 서론부exordium, 진술부statement, 증명부proof, 결론부epilogue로 구성되는 4분할 구조다. 4분할 구조에서는 상대진술에 대한 반박이나 자신의 입장을 확장시키기 위한 비교가 모두 다 증명부에 해당한다. 반면 서론부나 결론부는 단지 듣는 사람의 기억이나 주의를 환기시키려는 목적을 갖고 있기 때문에 보조적인 역할에 불과하다. 이렇게 본다면 3분할 구조든 4분할 구조든 메시지 구성의 기본은 '진술+증명'이라는 2분할 구조인 셈이다. 이러한 아리스토텔레스의 생각을 표로 정리하면 〈표 7〉과 같다.

표 7 • 메시지 배열의 구조

	2분할 구조	3분할 구조	4분할 구조
연설의 배열	진술부(문제부)	서론부	서론부
		본론부	진술부
	증명부(입증부)		증명부
		결론부	결론부

서론부의 구성전략

서론은 연설의 시작이다. 아리스토텔레스는 연설을 시작하는 방법에 여러 가지가 있다고 하면서 이를 장르별로 구분하였다. 과시적 장르에서 서론은 마치 '시에서의 프롤로그나 플루트 연주곡에서의 전주곡' 과 같은 역할을 한다고 보았다. 따라서 플루트 연주자가 자신이 가장 잘 연주할 수 있는 곡을 전주곡으로 삼은 뒤에 본 곡으로 넘어가듯이, 과시적 연설의 경우에도 먼저 자기가 가장 좋아하는 화젯거리를 제시하고, 그 다음으로 논지key-note를 제시한 후 본론으로 넘어가는 구성을 취하라고 권고한다. 논지에서 벗어난 여담으로 시작하는 경우도 가능한데, 이는 연설 자체가 단조로울 경우에 적절한 방법이라고 아리스토텔레스는 말한다.(1414b)

과시적 장르에서 동원 가능한 서론의 소재로는 어떤 사람이나 행위에 대한 찬사나 비난이 있을 수 있다. 또한 격언 등을 동원하여 어떤 행위를 권고하거나 자제를 부탁할 수도 있고, 청중에의 호소와 같은 사법적 영역에서 통용되는 소재를 가지고 올 수도 있다고 보았다. 이 같은 소재들은 연설에서 흔히 동원하는 테마일 수도 있고, 아니면 전혀 듣지 못한 새로운 경우일 수도 있다.(1415a)

반면 숙의적 장르에서는 청중들이 무엇에 관해 토론하는지 알고 있기 때문에 서론의 역할이 그다지 중요하지 않다고 보았다. 숙의적 장르에서 서론이 필요한 경우란 연설자 자신의 품성을 드러내거나 반대자의 품성을 깎아내릴 때, 듣는 사람이 연설의 주제에 대해 너무 과도하거나 너무 적은 관심과 중요성을 가지고 있는 때이다. 이런 경우를 제외하고 숙의적 장르에서 서론은 단지 장식적 기능을 한다고 보았다.(1415b) 이러한 특성은 정책적 토론을 예로 들어보아도 알 수 있는데, 토론의 경우 논제 자체가 일종의 서론의 성격을 띠고 있기 때문에 바로 개념 정의와 지지 혹은 반박의 주장을 펼치는 것이 가능하다.

서론이 가장 중요한 역할을 하는 장르는 사법적 영역이다. 아리스토텔레스는 사법적 장르에서 서론은 마치 연극의 서막이나 서사시의 서두와 같은 효과를 발휘한다고 보았다. 연설에서 서론은 연설 전체의 표본 역할을 한다는 것이다. 이를 통해 듣는 사람이 무엇에 관한 연설인지 미리 알 수 있게 되어, 듣는 사람의 마음이 의혹에 사로잡히지 않을 수 있다는 것이다.(1415a)

아리스토텔레스는 서론의 가장 특별한 기능은 연설의 목적과 의도를 분명하게 해주는데 있다고 보았다. 따라서 주제가 분명하거나 중요하지 않다면 서론부를 굳이 제시할 필요가 없다. 또한 서론은 청중이 주목하고 있지 않거나, 비호의적인 태도를 가지고 있는 경우에 이를 극복하기 위한 처방전처럼 활용할 수도 있다. 이러한 경우에 활용할 수 있는 서론의 소재로는, 말하는 사람이나 듣는 사람과 관련된 사안이나 주제에 관한 내용, 법정에 마주 선 상대방에 관한 내용 등이 있으며, 자신에 대한 편견을 없애거나 상대방에 대한 편견을 만들 수 있는 품성에 관한 것이 주가 된다.(1415a)

이 때, 변호하는 입장과 고소하는 입장이 다를 수 있는데, 변호하는 사람은 혐의와 관련된 부분을 서론에서 드러내야 하지만, 고소하는 경우에는 혐의와 관련된 부분을 결론에 넣어야 한다. 그 이유는 변호하는 사람은 자신에 대한 의혹을 일소시키는 것부터 시작해야 하고, 혐의를 부각시키고자 하는 사람은 듣는 사람들이 피고의 혐의를 더 잘 기억할 수 있게 해야 하기 때문이다.(1415a)

서론에서 활용할 수 있는 듣는 사람과 관련된 소재로는 듣는 사람들을 호의적으로 만들거나 분노를 일으키는 소재가 좋다. 듣는 사람의 호감을 얻는 방법은 자신에 대한 칭찬이나 듣는 사람에 대한 칭찬이 될 것이다. 반대로 상대방을 비난함으로써 청중의 분노를 유발할 수 있는데, 이는 간접적인 방식으로 호감을 사는 방법이라고 할 수 있다.(1415b; 양태종, 2009)

이렇게 본다면 서론의 주된 목적은 본론의 방향과 목적에 대한 사전 정보를 주는 것이다. 부차적으로는 적대적인 청중이나 무관심한 청중에게 주의를 환기시키거나 자신에 관한 편견을 허물어뜨리는 작업이 서론에서 이루어진다. 서론에서는 에토스, 즉 품성이 중요한 역할을 하는 것으로 볼 수 있는데, 품성을 서론의 메시지 전략으로 삼을 때는, 자신의 품성을 드러내 보이거나 듣는 사람의 품성을 칭찬하거나 비난 대상의 품성을 깎아내리는 방식으로 메시지 전략을 선택할 수 있다.

진술부의 구성전략

진술부는 주장하고자 하는 바가 무엇인지를 제시하고, 그 배경과 개념을 밝히는 대목이다. 이 대목 역시 장르별로 서로 다른 전략이 필요하다.

아리스토텔레스는 과시적 장르의 경우 진술이 반드시 연속적인 내러티브 형태로 제시될 필요는 없으며 불연속적 성격을 띠게 된다고 보았다. 연설의 주제가 되는 행동을 연속적으로 제시하면 듣는 사람이 이를 쫓아 기억하기 어렵기 때문이다. 불연속적으로 제시한다는 말은, 말하고자 하는 행동을 사람들이 못 믿는 경우에는 그 행동이 실제로 일어났다는 점을 부각시키고, 그 행동이 어떤 성격의 것인지 제시하고, 나아가 그 행동이 어떠한 중요성을 지니고 있는지에 대해 말하는 방식으로 연설을 구성한다는 의미이다.

예를 들어 천안함 사병들의 '영웅'적인 행동에 대해 추모하는 연설에서 핵심적인 메시지 구성은 사병들의 모든 행동을 일거수일투족 연대기적으로 묘사하는 것이 아니라는 얘기다. 그 중 몇 가지 행동만으로 사병들의 행동을 용기 있는 것으로 제시하거나, 현명한 행동에 찬사를 보내거나 혹은 정의로운 행동이라고 표현하는 식으로 접근할 필요가 있다는 얘기다. 그러나 잘 알려진 행동에 대해서는 단순한 암시만으로도 충분하지만, 사람들이 잘 모르는 행동의 경우는 전부 이야기할 필요가 있다고 보았다. 결혼식장이나 추모식 등에서 축하받거나 추모의 대상이 되는 사람의 행동이 어떠했는지를 상세하게 말하는 경우는 대개 행적이 잘 알려져 있지 않은 경우이다.

반면 숙의적 장르에서는 진술부가 설정되기 어렵다. 미래의 영역을 진술할 수는 없기 때문이다. 숙의적 장르에서 진술 대상은 과거에 관한 것이 된다. 듣는 사람에게 미래에 펼쳐질 정책에 대해 자문해주는 목적 하에서 과거의 사안이 언급될 수는 있다. 하지만 이때 언급되는 과거 사안은 칭송의 대상이거나 비난의 대상이라는 성격을 지니기 때문에, 숙의적 성격에는 더 이상의 의미가 없다고 봐야 할 것이다.(1417b)

사법적 장르에서 진술은 서론과 마찬가지로 고소와 변호에 따라 입장이 갈린다. 아리스토텔레스는 고소의 경우 "하나의 행동이 여러 목적으로 행해질 수 있기 때문에 고소인은 상대방의 행위를 가장 나쁜 것으로 해석함으로써 상대방을 깎아내려야만 한다(1416a)고 밝히면서 고소와 관련된 진술은 이것만으로도 충분하다고 했다. 반면 변호의 경우는 좀 복잡한 전략이 세워져야 한다. 첫 번째 전략은 논란이 되는 행위 자체가 "실제로 일어나지 않았다"는 것을 제시하는 경우이다. 즉 (범죄 행위) 사실 자체가 부재함을 말하는 것이다. 두 번째 전략은 그 행위는 일어났지만, "해가 되지 않으며 더구나 원고에게 해를 끼치지 않았다"고 제시하는 경우이다. 사실이지만 무해함을 주장하는 전략이다. 세 번째 전략은 만약 어느 정도 원고에게 해가 되었다 하더라도, "그다지 큰 해가 되지는 않았다는 것"을 밝히는 단계이다. 그리고 네 번째 전략은 실제 사실이고 해로운 사실이지만, "불법적이지도 비도덕적이지도 않기 때문에 결국 대수롭지 않은 것"이라는 점을 강조하는 경우를 말한다.(1416a) 이와 관련한 구체적인 설명은 위기관리 전략을 다룬 6장에서 이미 제시한 바 있다.

증명부의 구성전략

연설에서 필요한 세 번째 단계는 증명이다. 과시적 장르에서는 표현된 행동이 명예롭거나 유용했다는 사실을 증명하기 위해 일반적으로 과장법을 활용한다. 이때에는 신뢰가 기반이 되어야 하는데, 왜냐하면 이 같은 성격의 증거는 찾기가 어려울뿐더러, 설사 증거가 있다고 해도 믿

을 수 없거나, 증명의 부담을 제3자가 가지고 있는 경우가 대부분이기 때문이다.(1417b)

반면 숙의적 장르에서는 (반대 입장의 경우) 제안한 정책들이 예상되는 결과를 가져오지 못할 것이라거나, 그 결과들이 발생하기는 하지만 올바르지도 유용하지도 중요하지도 않다는 점을 주장할 수 있다.(1417b) 이는 제안된 정책이 문제를 해결할 가능성이 없다거나, 혹은 해결하더라도 얻을 수 있는 이익이 없거나 이익이 있어봤자 아주 사소하다는 점을 논점으로 삼는 경우이다. 또한 논제에서 벗어난 진술이라는 점을 들어 반증을 제기하는 것도 가능하다고 보았다.

사법적 장르에서 증명이란 확증적인 힘을 지닌 증거를 제시하는 단계이다. 앞의 변론의 4가지 전략과 연결해서 고소자는 반대 증거를 제시해야 한다. 즉 행위사실 자체를 부정할 때는 그 증거를 공판 중에 법정에 제시해야만 한다. 행위가 있었다면, 그 행위가 끼친 해를 증명해야 하며, 그 행위가 커다란 해를 입혔다는 점을 입증해야 하고, 마지막으로 이 같은 행위가 부당한 것임을 입증해야 한다. 이처럼 "증명 과정에서 고소자와 변론자 가운데 한 사람은 반드시 악의적인 자임이 입증되어야 한다. 왜냐하면 옳고 그름의 문제에서와 마찬가지로 무지하다고 행위가 면책되는 것은 아니기 때문이다.(1417b)"

이미 살펴본 바와 같이, 아리스토텔레스는 표현기법과 관련해서 사법적 증명에서는 생략삼단논법이 큰 역할을 차지하는 반면, 숙의적 장르에서는 예증이 큰 역할을 차지한다고 보았다. 숙의적 장르는 미래를 다루지만, 사례들은 과거에서부터 추출되어야만 하기 때문이다. 사법적 장르는 사실의 존재 유무가 관건이기 때문에 생략삼단논법과 같은 증명이 가능한 필연적인 증거들이 필요하다. 과거를 다루는 사법적인 영역은 인과적인 증거들을 다루기 때문이다.(1418b) 나아가 아리스토텔레스는 생략삼단논법을 정서적인 호소나 윤리적 성격의 연설에는 사용하지 말 것을 권유했다. 정서적인 호소에 생략삼단논법을 사용하면 오히려 감정이 메마르게 되어 아무 도움이 되지 않기 때문이다. 아울러 아리스토텔레스는 생략삼단논법을 동원한 증명은 어떠한 도덕적 성격이나 목적도 개입되지 않는 자명한 성격을 지니고 있기 때문에 윤리적 성격의 연설에도 적절하지 않다고 충고하고 있다.(1418a)

증명부는 주장에 대한 이유와 근거를 제시하는 과정이기도 하지만, 반대 주장에 대한 논박이 이루어지는 단계이기도 하다. 논박 역시 증거의 일종이기 때문이다. 사법적 장르에서든 숙의적 장르에서든 먼저 자신의 주장에 대한 이유를 제시하고, 그런 후에 상대 반론에 대한 반박이 이루어져야 한다. 그러나 자신의 주장에 대한 반론들이 많고 강력하다면 먼저 반대 논거들을 다룰 필요가 있다. 반박에 나서는 사람은 먼저 상대 주장에 맞서는 자신의 주장을 제시하고, 상대 주장을 반박해야 한다.

특히 상대 주장에 대해 사람들의 동의가 많다면, 이에 대해 삼단논법을 동원하여 대답하라고 권유하고 있다. 상대방이 연설을 잘 한 경우에는 이미 사전에 자신에 대한 편견에 사로잡힌 잘못된 태도가 듣는 사람들의 마음에 형성되어 있기 때문에, 듣는 사람의 마음에 자신이 주장할 내용이 받아들여질 수 있는 여지를 먼저 만들 필요가 있다. 이를 위해서는 상대가 이미 구축한 선입견을 파괴해야만 한다. 따라서 먼저 상대방의 모든 주장을 논박하거나, 상대방의 아주 중요한 논거들이나 가장 설득력 높은 논거들을 공략하거나, 아니면 가장 반박하기 쉬운 논거를 공략한 후에 자신의 입장을 구현할 필요가 있다(1418b)고 아리스토텔레스는 설명한다.

증명부에는 질문과 대답도 제시되어야 한다. 아리스토텔레스는 질문이 설득적 효과를 낳는 경우를 네 가지로 제시하고 있다.(1419a) 먼저 첫 번째로 상대방이 이미 반대 진술을 한 상태에서 질문을 통해 이 진술이 불합리하다는 사실이 드러날 수 있을 때를 들 수 있다. 누군가 '구조는 보이지 않는 관계의 망'이라고 정의했을 때, "그러면 당신은 보이지 않는 그 구조를 어떻게 알 수 있었나요?"라고 질문하는 것이 이 방식에 해당할 수 있다.

두 번째 경우는 두 가지 관점 가운데 하나는 명백한 사실에 해당되어 쉽게 대답이 나올 수 있고, 다른 하나의 관점은 추가 질문을 통해 동의를 이끌어낼 수 있는 경우이다. 이때 질문을 통해 동의를 얻은 두 번째 사실과 관련해서는 그것이 명백한지 여부에 대한 부가적인 질문을 만들지 말고, 반드시 그 사실로부터 결론을 도출해내야 한다고 말하고 있다. 예를 들면 이렇다. "영혼은 존재하지 않지요?"라고 질문을 해서 상대가 "예"라고 답한 경우, 추가질문을 통해 "제사는 죽은 조상님께 올리는 의식이지요?"라고 묻는다. 역시 "예"라고 상대가 답하면, 바로 "여기 영혼을 믿지 않지도 않으면서도 죽은 조상을 위해 제사를 지내는 (자가당착에 빠진) 사람이 있습니다."라고 바로 결론을 내리는 것이 이에 해당한다.

세 번째의 경우는 상대방이 모순적이라는 사실이나 역설을 옹호하고 있다는 사실을 보여주고자 할 때이다. 한비자에는 다음과 같은 에피소

드가 나온다. "초나라에 방패와 창을 파는 사람이 있었다. 그는 방패를 자랑하며 이렇게 말했다. '내 방패는 무엇으로도 뚫을 수 없을 만큼 견고 합니다.' 그는 또 창을 자랑하면서 이렇게 말했다. '내 창은 어떤 것도 뚫지 못하는게 없을 정도로 날카롭습니다.' 옆에 있던 어떤 사람이 물었다. '그러면 그대의 창으로 그대의 방패를 찌르면 어떻게 되오?' (이상수, 2007)" 한비자의 모순론에 나오는 이 질문이 이 경우에 해당되는 적절한 사례라고 볼 수 있다.

네 번째는 질문을 통해 상대방이 궤변적인 답밖에 내놓지 못했을 때다. 한비자에 나오는 또 다른 일화다. "아열兒說은 송나라 사람으로 논변에 뛰어났다. 그는 '흰말은 말이 아니다' 라는 주장으로 제나라 직하학궁의 논변가들을 모두 설복했다. 그러나 그가 흰말을 타고 관문을 지나갈 때는 흰말에 대한 세금을 물지 않을 수 없었다.(이상수, 2007)" 이 우화에서 우리는 다음과 같은 질문을 던질 수 있다. "흰말은 말인가 아닌가?" 흰말이 말이 아니라는 것은 다른 말과 달리 흰색이기 때문이다. 그런데 흰말이 말이 아니라면 세금을 물어야 할 이유도 없다. 이에 대한 대답은 아마 "세금을 낸다는 점에서는 말이지만, 흰색이라는 점에서는 다른 말과 다르므로 말이 아니다." 정도가 될 것이다. 이처럼 '부분적으로는 맞지만 부분적으로는 틀리다' 는 식의 자기 궤변적 대답을 유도하는 질문을 던지라고 충고하고 있다.

아리스토텔레스는 이 네 가지 경우가 아니고서는 질문을 던지지 말라고 한다. 만약 상대방이 내가 던진 질문에 대해 이의를 제기하면, 마치 그가 논쟁에서 이긴 것처럼 보이기 때문이다. 또한 청중들은 많은 질문을 따라 갈 수 있는 능력이 되지 않기 때문에, 질문이 많은 것이 설

득력을 떨어뜨리는 요인이 될 수도 있다고 보았다.(1419a)

아리스토텔레스는 질문에 대해 답변하는 요령에 대해서도 언급하였다(1419b). 먼저 모호한 질문에 대해서는 충분한 설명을 통해 질문들을 정의내리면서 답변하라고 제안한다. 또한 우리를 모순에 빠트리는 질문의 경우, 상대가 추가질문이나 어떤 결론을 내리기 전에 즉시 답변을 내놓음으로써 모순에 대한 해결책을 제시하라고 말한다. 만약 상대방이 결론을 질문의 형태로 내놓은 경우에는 답변을 통해 그 이유를 짚고 넘어가야 한다. 바로 이점 때문에 아리스토텔레스는 결론이 내려진 이후에는 더 이상 질문을 하지 말 것이며, 결론 역시 질문의 형태로 제시하지 말 것을 권유한다. 추가적인 답변의 기회를 상대방이 갖게 되기 때문이다.

결론부의 구성전략

아리스토텔레스는 결론부를 네 가지 내용으로 구성해야 한다고 보았다. "첫째, 청중들이 우리에게 호감을 갖고 우리의 상대방에 대해서는 나쁜 감정을 갖도록 하는 내용, 둘째, 이러한 감정들을 증폭시키거나 약화시키는 내용, 셋째, 청중에게 정념을 불러일으키는 내용, 넷째, 본론의 요점을 요약하고 열거하는 내용 등이다. 따라서 결론부의 자연스러운 순서는 우선 우리가 믿을 만한 사람이고, 상대방이 틀렸다는 점을 보여준 뒤, 스스로를 칭찬하고 상대를 비난한 다음, 요약을 하면 된다.(1419b)"

이같은 아리스토텔레스의 전략을 상세하게 설명하면 다음과 같다.(1420a) 결론부의 구성에서 에토스를 제시하는 방법은 두 가지다. 자신의 에토스를 높이는 방법과 상대방 에토스를 폄하하는 방법 가운데 하나를 선택하면 된다. 이러한 제시 뒤에는 주제의 본질을 과장하거나 폄하하는 작업이 뒤따른다. 이때는 과장법이 동원될 수 있다. 다음으로 듣는 사람의 마음을 연민, 분개, 분노, 증오, 갈망, 경쟁심, 반박정신 등과 같은 마음의 틀에 놓을 필요가 있다. 이런 과정을 거치고 나면 요약이 제시되어야 한다.

결론부에서는 증명에 사용했던 논거들을 요약해야 한다. 이는 상대방의 논증과 비교하면서 진행된다. 즉, "상대방은 그 주제와 관하여 그렇게 이야기했다. 하지만 나는 이러한 이유들 때문에 이렇게 이야기 한다."고 말하는 경우이다. 나아가 "내 상대방이 그것 대신에 이것을 증명했다면 어떻게 되었을까?"라는 식으로 비교에 있어서 아이러니를 동원할 수도 있다. 아니면 "무엇이 증명되지 않았는가? 혹은 내 상대방은 무엇을 증명하였는가?"라는 식으로 단순 질문을 던질 수도 있다.

결론부의 맨 마지막 부분은 결론을 내리기 위해 접속사가 없는 문장으로 구성하는 것이 적합하다. 이를 테면 이러한 방식이다. "나는 말했고, 여러분들은 들었다. 여러분들은 (새로운) 사실을 알게 되었다. 이제 여러분들이 결정을 내려달라.(1420a)"

각 장르의 배열 구조

아리스토텔레스가 수사학에서 제시한 배열의 원칙들을 이제 각 장르별로 구분하여 정리해보자.

먼저 과시적 영역의 경우 서론부는 자신 있는 화젯거리나 여담, 격언 등으로 구성하고, 진술부는 찬사받을 행위나 비난받을 행위에 대해 묘사하고, 증명부에서는 과장법을 활용하여 이 같은 행위에 대한 이유를 제시하는 방식의 메시지 구성이 가능하다.

숙의적인 장르는 서론이나 결론 없이 진술부와 증명부로 구성된다. 그 이유는 제시된 쟁점 자체가 이미 서론의 기능을 하고 있으며, 최종적인 판단의 몫이 수용자에게 있기 때문에 결론 없이 쟁점 대립만으로 마무리 지을 수 있다고 본 것이다. 사실 아리스토텔레스가 언급한 이 구조만으로 숙의적인 장르의 배열구조 전반을 파악하기는 어렵다. 앞서 5장에서 다룬 숙의적 장르에 대한 논의를 끌어와서 숙의적인 장르의 배열구조를 보완해보도록 하자.

숙의적인 영역은 미래의 정책에 대한 판단을 위한 논의를 펼친다. 여기에는 정치적인 정책의 결정, 기업이나 조직의 의사결정, 일상의 공간에서 펼쳐지는 모든 판단들이 포함된다. 이 같은 미래의 논의는 앞서 말한 바와 같이 현 상태에서의 변화(새로운 정책이나 신제품의 도입과

그림 9 • 과시적 장르의 배열 구조

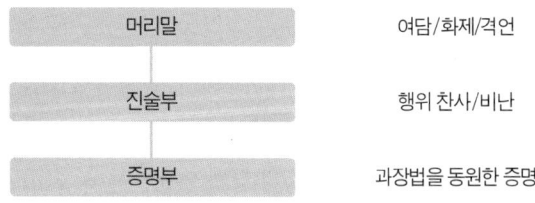

그림 10 • 숙의적 장르의 배열구조

진술부		과거 문제
증명부		
찬	반	미래 선택의 근거
문제 해결 이익	문제 미해결 무익/불익	

 같은 의사결정)를 전제로 한다. 이에 따라 토론의 논제는 새로운 변화를 위해 도입해야 할 방안을 제시하는 것으로 설정된다. 예를 들면 "행정수도를 이전해야 한다" "4대강 사업을 실시해야 한다" 등이 방안을 제시한 논제이다. 이 논제는 설정되는 것 자체가 서론의 역할을 한다. 따라서 아리스토텔레스가 언급한 바와 같이 토론과 같은 숙의적인 논의의 장에서는 서론부 없이 바로 진술부로 들어가는 것이 가능하다.
 진술부는 새로운 방안을 논제로 내놓을 정도로 많은 문제를 초래한 과거부터 지금까지의 현상에 대해 기술하는 부분이다. 정책적 변화를 주장하는 입장에서는 현재 상태가 지니고 있는 문제점들을 집중적으로 거론함으로써 변화에 대한 명분을 쌓아야 한다. 이점에서 볼 때, 진술부는 논제를 정당화하는 단계를 의미한다. 정당화 작업은 변화가 없는 현 상태가 얼마만큼 '심각한지' 그리고 이 문제가 얼마나 '지속적인 문제'인지를 밝히는 부분으로 구성된다.
 다음으로 논증부에서는 논제로 제안한 방안이 앞서 언급한 문제를 해결할 수 있다는 이유를 제시하는 단계이다. 토론에서 논증부는 크게 두 단계로 구성된다.

먼저 방안에 대한 이유를 제시하는 단계이다. 이 부분에서는 방안이 문제를 실질적으로 해결해 낼 수 있을 뿐만 아니라, 정책결정의 주체나 의사결정을 내리는 조직 혹은 기업이 이 방안을 '실천'에 옮길 수 있다는 점이 입증되어야 한다. 이를 해결가능성과 실현가능성이라고 말하는데, 해결가능성이란 지속적이고 심각한 문제를 논제로서 제안한 방안이 풀 수 있다는 뜻이다. 실현가능성이란 이 방안을 실행에 옮길 주체의 실천적인 능력이 충분하다는 것을 입증하는 대목이다.

다음으로 이익에 대한 이유를 제시하는 단계가 필요하다. 주어진 방안이 문제를 해결할 수 있고 실현에 옮길 수 있을 지라도, 이 방안으로 얻을 수 있는 이익이 불이익보다 크다면 선택하기 어려울 것이다. 따라서 논제로 제시된 방안을 통해 얻을 수 있는 이익이 새로운 변화로 초래될 수 있는 불이익보다 더 크다는 점을 입증해야 한다.

요약하면, 정책적 제안을 하는 찬성의 입장에서는 진술부 단계에서 변화에 대한 명분을 '정당화' 논리를 통해 쌓는다. 이어 논증부에서는 이 정책을 도입해야 할 이유를 방안과 이익 이라는 두 가지 차원에서 제시해야 한다.

이에 반해 정책에 반대하는 진영에서는 찬성 측의 명분에 대한 반대 이유를 제시해야 한다. 이것이 첫 번째 반증 전략인데, 찬성 측이 주장하는 바와 같이 현실의 문제가 심각하거나 지속적이지 않다면, 정책을 통해 변화를 꾀해야 할 명분이 사라지게 된다.(반증전략 I)

만약 반대 측이 이 같은 명분에는 찬성하지만 이 문제를 푸는 방안에 대한 생각에서 찬성 측과 입장이 다르다면, 두 번째 반증전략으로 넘어가게 된다. 여기서는 찬성 측에서 제시한 방안이 문제를 해결하지도 못하고 실행에 옮길 능력도 되지 못한다는 식으로 이유를 제시해야 한다.(반증전략Ⅱ) 나아가 찬성 측이 제시한 방안을 통해 얻을 수 있는 이익보다 그로 인한 불이익이 더 크다는 관점에서 반증 전략을 구사할 수도 있다. 이것이 세 번째 반증전략이다.(반증전략Ⅲ) 두 번째 반증 전략과 세 번째 전략은 반대 측이 새로운 대안을 제시할 논리적 근거가 된다. 그러나 반대토론에서 반드시 새로운 대안을 제시해야 하는 것은 아니다. 찬성 측의 논거에 반대되는 이유를 입증하는 것만으로도 토론에서의 제 역할은 충분한 것으로 평가할 수 있다.

이처럼 찬반의 형태로 진술부와 논증부에서의 논박이 모두 진행되면 최종적인 논제로 제안된 정책을 받아들일지 여부는 듣는 사람의 판단과 결정에 달리게 된다. 숙의적 장르의 결론부가 없는 이유는 이처럼 결

그림 11 • 정책 토론의 배열구조와 흐름도

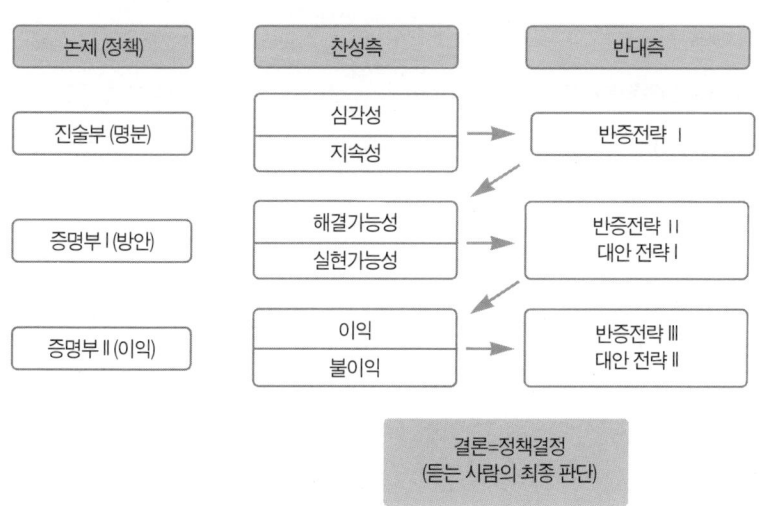

그림 12 • 사법적 장르의 배열구조와 흐름도

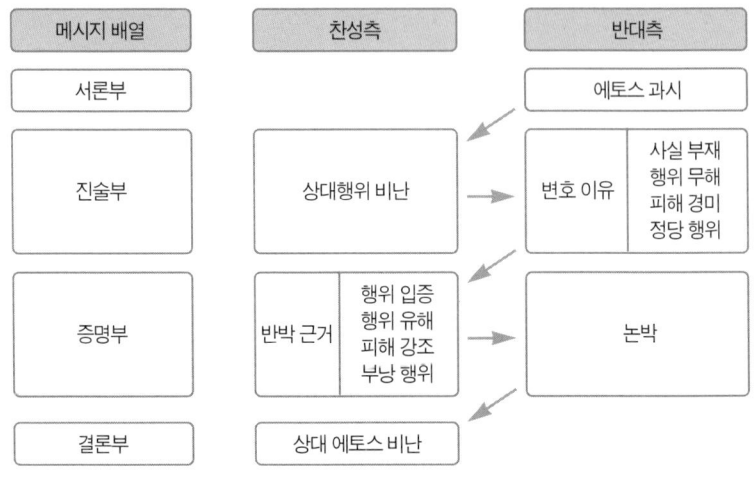

론을 내리는 것이 말하는 사람이 아닌 듣는 사람의 몫이기 때문이다. 이를 도식으로 제시하면 〈그림 11〉과 같은 흐름이 된다. 이 배열 구조를 활용하면 숙의적 쟁점에 대한 논리적인 흐름을 분석을 하는데 도움이 될 뿐만 아니라 실제 회의나 토론을 진행하는 데에도 활용할 수 있다.

　사법적인 장르에서 고소인은 고소의 내용 자체가 분명할 경우 고소만으로도 충분하기 때문에 특별한 서론이 필요 없다. 진술부는 상대방 행위를 가장 나쁘게 해석하는 비난으로 채운다. 증명부에서는 변호인이 주장하는 4가지 변론을 조목조목 반박한다. 즉 변호하는 측의 (나쁜) 행위가 있었으며, 이 행위가 고소인에게 유해한 결과를 끼쳤고, 그 피해 정도가 상당하며, 이 행위 자체가 불법적 성격을 띠고 있다는 내용으로 구성한다. 마지막으로 결론부에서는 상대 변호인의 에토스를

그림 13 • 일반적인 메시지의 배열구조

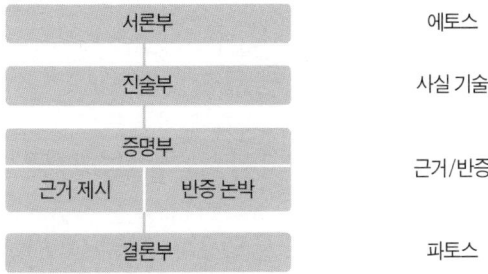

비난함으로써 이 같은 행위가 의도를 가진 악의적인 것이었음을 부각시키면 된다.

변호하는 입장에서는 서론에서 자신의 에토스를 높이거나 고소인의 에토스를 격하시키는 내용을 통해 듣는 사람이 가지고 있는 나쁜 편견이나 선입견을 없앤다. 진술부에서는 행위 자체를 부정하거나, 행위의 무해함을 강조하거나, 피해 정도를 완화시키는 발언을 하거나, 해는 주었지만 행위자체는 정당했음을 주장한다. 증명부에서는 고소인의 반대 증거에 대한 논박을 펼치는 단계를 밟게 된다. 이를 표로 요약하면 〈그림 12〉와 같다.

이 같은 각 장르별 배열의 특징을 통해 연설이나 모든 메시지 구성에서 활용할 수 있는 보다 일반화된 배열의 구조를 〈그림 13〉와 같이 단순하게 정리할 수 있다. '서론부'의 경우 말하는 사람의 품성, 즉 에토스를 근거로 제시하여 듣는 사람의 마음의 벽을 허무는 것이 좋다. 듣는 사람이 말하는 사람을 믿게 되면 설득 과정이 아주 쉽게 진행되는 반면, 발언자의 공신력이 떨어지면 아무리 논리적인 논증을 펼치더라도 수용자의 변화를 이끌어내기가 쉽지 않다.

'서론부'를 구성한 뒤에는 주장하고자 하는 바를 제시하고 그 배경과 개념을 밝히는 '진술부'가 뒤따르게 된다. 주장을 입증하기 위한 논리적 근거를 제시하는 '증명부'는 자기주장에 대한 지지 근거만을 제시하는 일면적 메시지 구성방법과 이 주장에 대한 상대방의 반증들을 가져와서 이를 재반박하는 양면적 메시지 구성방식 두 가지가 다 가능하다. 대개 듣는 사람의 지적 수준이 높고, 주장의 설득력을 높이려는 경우에는 양면적인 메시지 구성이 바람직하다. '진술부'와 '증명부'를 통해 로고스 영역에 대한 메시지 구성이 마무리되면, 마지막으로 듣는 사람의 감성에 호소할 수 있는 '결론부'를 파토스 차원에서 구성하게 된다. 로고스가 듣는 사람의 이성 즉 머리를 움직이는 것이라면, 파토스는 듣는 사람의 마음을 감동시키는 것이다. 이처럼 '결론부'를 감동적으로 마무리함으로써 듣는 사람의 판단을 도와주는 것이 메시지 배열의 기본원리라고 할 수 있다.

| 실습 | 메시지의 배열과 필수쟁점

다음에 제시된 〈훈민정음 서문〉은 세종대왕의 문자창제 정책을 정당화하는 진술문으로 구성되어 있다. 이 글에 내재된 논리의 배열구조를 필수쟁점을 활용하여 아래의 표에 재구성해 보시오.

> 우리나라 말이 중국 말과 달라서 한자와 그 뜻이 서로 통하지 아니하므로 제대로 나타낼 수가 없다. 이런 까닭에 백성들이 말하고자 하는 것이 있어도 자기의 뜻을 글로 써서 나타내지 못하는 사람이 많다. 내가 이를 딱하게 여겨 새로 스물여덟 글자를 만들어 내놓으니, 모든 사람들이 이를 쉽게 익혀서 날마다 쓰는 데 불편이 없도록 하고자 할 따름이니라.

메시지 구성	내용	흐름	서문 내용
서론부	what	방안	
진술부	what	심각성	
		지속성	
증명부 I	How	해결가능성	
		실행가능성	
증명부 II	Why	이익/행복 불이익/불행	
결론부	So	따라서 방안	

〈모범답안〉

　〈훈민정음 서문〉은 한글창제 정책의 정당성을 밝히는 숙의적 장르에 속하는 전형적인 글이며, 진술부와 증명부의 2분할 구조를 지니고 있다. 〈서문〉에 별다른 언급이 없지만, '훈민정음은 창제되어야 한다' 는 두괄식 주장이 서론부에 생략되어 있는 것으로 볼 수 있다.

　진술부는 문제가 무엇인지(what)를 밝히는 대목이다. 〈서문〉에는 우리 글이 없기 때문에 나타나는 문제가 심각성 차원에서 제시되어 있다. 즉 우리 말과 중국 글이 서로 통하지 않는 문제와 이에 백성들이 자신의 뜻을 말하고자 하여도 이를 글로 표현하지 못하는 문제가 제기되어 있다. 지속성 차원에서는 별다른 언급이 없는데, 이는 훈민정음 창제 이전에 이 문제를 풀고자 하는 어떠한 정책적 시도도 없었다는 점에서 이해될 수 있는 대목이다.

　증명부 I은 진술부에서 제시한 문제를 어떻게 풀 수 있는지(how) 입증하는 대목이다. 〈서문〉에는 진술부에 나타난 문제를 훈민정음 창제를 통해 '모든 사람이 쉽게 익' 힐 수 있기 때문에 말과 글이 다른 데서 오는 표현의 어려움을 풀 수 있다는 식으로 문제의 해결 가능성이 제시되고 있다. 다만 훈민정음을 창제한 후 에 나온 〈서문〉이기에 세종대왕 입장에서 이 문제를 풀기 위해 '내가 새로 스물 여덟 글자를 만들어 내놓' 았다는 식의 정책 실행의 결과만이 실행가능성 차원에서 제시되어 있다.

　증명부 II는 새로운 정책으로 얻을 수 있는 이익 혹은 불이익(why)이 제시되어 있다. 새로운 변화로 얻을 수 있는 이익이 불이익 보다 크다면 정책을 도입하지 말아야 할 어떤 이유도 없기 때문이다. 〈서문〉에는 새

글자를 통해 '날마다 쓰는데 불편이 없고자' 했다고 밝혀 우리 말을 우리 글로 표현하는데 따른 편리함과 불편 해소가 이익으로 제시되어 있다.

〈서문〉에는 결론부 역시 제시되어 있지 않지만, 위와 같은 진술부와 증명부의 논증 결과 '훈민정음 창제'라는 정책이 시행되어 마땅하다는 점을 어렵지 않게 추론할 수 있다.

메시지 구성	내용	흐름	서문 내용
서론부	what	방안	(훈민정음은 창제되어야 한다)
진술부	what	심각성	우리나라 말이 중국 말과 달라서 한자와는 그 뜻이 서로 통하지 아니하므로 제대로 나타낼 수가 없다. 이런 까닭에 백성들이 말하고자 하는 것이 있어도 자기의 뜻을 글로 써서 나타내지 못하는 사람이 많다.
		지속성	
증명부 I	How	해결가능성	모든 사람들이 이를 쉽게 익혀서
		실행가능성	내가 이를 딱하게 여겨 새로 스물여덟 글자를 만들어 내놓으니
증명부 II	Why	이익/행복 불이익/불행	날마다 쓰는 데 불편이 없도록 하고자 할 따름이니라.
결론부	So	따라서 방안	(훈민정음은 창제되어 마땅하다)

11
아리스토텔레스의 수사학을 넘어서

11

　지금까지 우리는 아리스토텔레스의 수사학을 통한 9가지의 효과적인 설득 원리를 살펴보았다. 이 원리들은 수사학을 체계화하는 이론적인 틀이자 실제로 설득을 잘하는데 도움을 주는 매뉴얼이기도 하다. 따라서 이 원리들을 잘 익히면 말의 구조가 보다 선명하게 드러날 뿐만 아니라, 어떤 장소에서 어떠한 컨셉으로 말해야 할지 막막할 때 도움을 얻을 수 있다.

　예를 들어, 미래 정책과 관련해서 발언하고자 할 때는 말하는 사람의 품성을 전면에 깔고 정책의 유효성을 보여 줄 사례를 들어 전달하는 구도가 적절하고, 과거의 행위에 대해 판단을 내릴 때는 주장과 이유 그리고 그 논리적 근거를 충실하게 찾아서 생략삼단논법으로 메시지를 구성하는 것이 가장 적절할 것이다. 식장 연설을 할 때는 동원하고자 하는 수용자의 감정의 틀을 잡은 뒤에 다소간의 과장을 곁들여 공동의 가치를 제시하는 방법이 설득의 효과를 배가시키는 전략이 될 수 있을 것이다.

여기에 시간적인 변수를 고려해 보자. 정치적인 영역은 미래에 도입될 정책적인 대상을 현재 시점에서 판단하여 도입 여부를 결정하는 것인데, 이를 설득하는데 있어서는 에토스 즉 말하는 사람의 품성이 가장 큰 힘을 발휘한다. 이 때 동원되는 기법은 과거의 선례나 외국의 사례 등을 동원하여 정책의 효율성 여부를 입증하는 예증법이 된다. 새로운 정책의 도입을 주장하면서 동일한 정책을 도입한 외국의 입법사례나 정책도입의 긍정적 효과를 예로 들어 자신의 주장이 타당함을 입증하는 방식이라고 하겠다.

정치적인 영역에서 에토스가 큰 힘을 발휘하는 이유는 대의제 민주주의 하에서 민의를 대변하는 정치인들이 지니는 상징성과 권력으로 인해 이들의 품성이 중요한 선출의 잣대이기 때문이다. 아리스토텔레스 당시의 직접민주주의 하에서도 정치인의 품성이 중요한 설득의 수단이라고 보았던 이유는, 무엇보다 미래에 실현될 불확실한 정책을 현재 시점에서 판단해야 하는 정치적/정책적 이슈가 지닌 시제의 특수성에 따른 것으로 보인다. 결국 말 자체를 확실하게 판단할 가능성이 떨어지면 떨어질수록 말하는 사람의 품성이 말의 설득력을 좌우지하게 된다. 이는 마치 족집게 점쟁이의 '품성' 혹은 '공신력' 이 미래 예언적 점괘의 신빙성을 좌우하는 것과 마찬가지라고 볼 수 있다.

사법적인 영역은 과거의 행위에 대해 현 시점에서 내리는 사법적 판단(유·무죄여부)을 다루는 부분으로, 죄가 있고 없음이 논리적으로 입증되어야 한다. 이때 동원되는 기법은 전제나 결론을 생략한 가운데 추론이 이루어지는 생략삼단논법이다. 예를 들면, 유죄를 주장하는 사람은 "범행 장소에서 피의자 A의 DNA가 나왔다"라고 주장한다. 이 주장은 두 가지의 진술을 생략한 채 단언적으로 제시된 것이다. 즉 "범행 장소에서 발견된 DNA의 주인이 범인이다"와 "따라서 A는 범인이다"라는 진술문이 생략된 것이다. 이 같은 추론의 구조는 다음과 같이 삼단논법의 꼴을 취하고 있다. 따라서 생략삼단논법을 생략추론법이라고 부르기도 한다.

범행 장소에서 발견된 DNA의 주인이 범인이다   - 생략된 전제
범행 장소에서 피의자 A의 DNA가 나왔다   - 추론된 진술
따라서 A는 범인이다   - 생략된 결론

이처럼 사법적인 영역은 말하는 사람의 품성이나 듣는 사람의 감정과 무관하게 말 자체가 자기 증명적 성격을 띠어야 한다. 한 사람의 유무죄 여부가 말하는 사람에 따라 달라지고, 듣는 사람에 따라 다르게 판단된다면 판단의 대상이 되는 '피의자'는 얼마나 황당하겠는가? 사법적 영역이 말하는 사람과 듣는 사람 모두와 무관한 말의 '논리적인 증거력'을 통해 주장이 이루어지고 판단되는 이유는 바로 이 점 때문이다.

과시적인 영역은 주로 축사나 애도사, 주례사 등 오늘날의 식장 연설이 이루어지는 공간이다. 기뻐하거나 슬퍼하는 청중의 마음을 틀frame of mind을 잡아주는 것이 과시적인 수사의 목적이고, 이런 점에서 파토스 기법이 주된 논증의 수단이다. 시점으로 보면 현재적인 청중의 마음을 연사의 말에 반영하여 틀을 지움으로써 이를 현재화시키는 역할을 한다. 이렇게 묶인 말하는 사람과 듣는 사람은 같은 마음과 가치를 공유

한 일종의 연설 공동체를 형성하게 된다. 그리고 이때 동원되는 말은 다소간의 과장을 무리 없이 허용한다. 청중의 슬픈 마음은 더 슬프게, 기쁜 마음은 더 기쁘게, 화난 마음은 더 분노하게 만드는 것이 바로 과장법이다.

오늘날 TV광고와 같은 영역이 대표적인 과시적 장르라고 할 수 있다. 문자 중심의 신문광고나 잡지광고와 달리 15초 내외의 짧은 시간에 원하는 메시지를 효과적으로 전달하기 위해서는 정서적 파토스에 기댈 수밖에 없다. 따라서 '제품으로 인해' 기뻐하고, 즐거워하고, 행복해하는 모습을 반복적으로 보여줌으로써, 이 제품이 표방하는 가치에 수용자도 같이 묶이길 바라는 의도가 반영된 것이라고 볼 수 있다.

이제 이렇게 정리된 아리스토텔레스의 수사학을 보다 현대적 관점에서 다시 정리하고 결론을 내리는 작업이 남았다. 이후의 논의는 주로 이론적인 설명으로 구성되어 있기 때문에 독자에 따라서는 내용을 따라잡는 것이 쉽지 않을 수 있다. 특히 말의 실행을 위한 실용적인 매뉴얼로서 수사학의 원리가 필요한 독자의 경우는 굳이 이 장을 붙잡고 씨름할 필요가 없다. 다만, 오늘날 말을 놓고 어떠한 논의들이 쟁점이 되고 있으며, 이를 바라볼 수 있는 현대의 수사학 이론으로는 어떤 것들이 있는지 알고 싶은 독자들이라면 계속해서 진도를 나가는 것이 좋겠다.

여기서 크게 세 가지 문제에 대해 질문을 던져보자. 먼저 말은 과연 우리의 생각과 의도를 모두 담고 있는 그릇인가? 말을 잘 다룰 수 있는 기술을 습득한다고 해서 과연 우리의 뜻을 상대방에게 효과적으로 전달할 수 있을 것인가? 이것이 바로 표현된 말과 표현되지 않은 의도의 문제이다.

만약 말로 표현하지 못한 의도가 있다면 왜 그런 현상이 일어나는가? 소통에 나서는 우리 스스로도 자기를 드러내 보이고 싶은 부분이 있는 반면 숨기고 싶은 부분도 있지 않은가? 따라서 말을 통해 드러난 내가 나의 전부라고 말할 수는 없지 않을까? 이것이 바로 내 안에 숨겨진 표현되지 않은 나와 알려져 있지 않은 나의 존재에 관한 질문이다.

내 안에 이러한 양면성이 있다면, 소통에 나서는 내가 다른 사람과 만나 일정한 관계를 형성할 때 여러 가지 복잡한 관계의 문제가 발생하지는 않을까? 이 복잡한 관계 내에서 수사학이 그리는 보다 이상적인 관계와 소통의 모습은 무엇일까? 이것이 바로 내 안의 자아가 다른 자아와 만났을 때 발생하는 소통과 관계의 어려움에 관한 질문이다.

이 세 가지 차원, 즉 말의 양면성, 말과 자아 혹은 심리, 말과 관계 차원에 관한 질문을 이제 하나하나 점검해보자.

표현된 말과 표현되지 않은 의도

아리스토텔레스의 수사학은 말을 동원하여 설득을 효과적으로 잘 할 수 있는 기술에 관한 이론서이다. 아리스토텔레스는 설득을 잘 할 수 있으려면, 듣는 사람이 누구인가에 따라 구분된 각 장르에서 세 가지 근거인 에토스, 파토스, 로고스를 동원하여 생략삼단논법이나 예증법 혹은 과장법과 같은 표현기법으로 말하면 된다고 했다. 나아가 어떤 말을 메시지에 담을 것인지에 대해서는 아이디어 착상법에 따라 토포스나 프레임을 설정하고, 표현기법에 신경을 써서 정확성·명료성·적절성을 고려하여 포장을 잘 입히고, 구성된 메시지를 잘 배치해야 소통의 효과가 극대화될 것이라고 보았다.

문제는 모든 소통과 설득이 '표현된' 말을 통해서만 가능한 것인가 하는 점이다. '이심전심'과 같이 말이 없어도 뜻이 전달되는 경우가 있지 않은가? 체면치레 때문에 맘에도 없는 말을 하는 경우는 어떤가? 말을 액면 그대로 받아들이기에는 뭔가 선뜻 내키지 않는 경우가 일상인데 수사학에서는 이를 어떻게 이해하는가?

이 문제에 대해 접근하기 위해 먼저 한때 인기 케이블 프로그램인 '롤러코스터'를 들여다보자. 케이블 프로그램의 경우, 시청률이 1%만 넘어도 '대박'이라고 하는 상황에서 평균 시청률 1.45%(AGB닐슨), 순간 최고 시청률 3.3%를 기록한 이 프로그램의 코너 중에 '남녀탐구생활'이 있다. 베스트셀러였던 《화성에서 온 남자 금성에서 온 여자》의 드라마 버전이라 할 수 있는 이 코너는 "남자, 여자 몰라요. 여자, 남자 몰라요"라는 모토를 가지고 남녀 간 생활방식의 차이와 이로 인한 소통의 어려움을 코믹하게 다루고 있다. 그 중 2009년 8월 29일에 방송된 한 에피소드에 다음과 같이 흥미로운 상황이 소개되었다.

옷가게에서 남자친구와 데이트 중인 여자가 옷 한 벌을 들고 가격을 보면서 "이 옷 비싸다!"라고 한마디를 한다. 그러자 "여기서 잠깐! 여자의 말은 한국말과 다른 관계로 번역해드립니다"라는 내레이터의 말과 함께 다음과 같은 설명이 이어진다.

여자 말에 '비싸다'는 '갖고 싶다'는 말입니다. 의역하면 '사줘'라는 의미로도 해석될 수 있습니다. 여자 말에 '너무 비싸다'는 '너무 갖고 싶다'라는 뜻입니다. 의역하면 "꼭 사줘" 라는 의미로도 해석할 수 있습니다. 하지만 한 가지 주의할 점. 억양에 따라 의미가 달라집니다. '뭐 이렇게 비싸!' 하고 '싸' 에 억양이 강조될 경우에는 '맘에 안 드는데 가격만 더럽게 비싸다' 는 뜻이 됩니다. 이런 경우에는 사주면 괜히 센스 없다고 욕만 먹습니다.

남녀 간 의사소통 과정에서 흔히 겪는 상황을 코믹하게 극화한 이 에피소드에서 우리는 수사학과 커뮤니케이션에 관한 묵직한 이론과 만나게 된다. 먼저 여기에서 주목할 지점은 '비싸다' 라는 말이 '갖고 싶다' 라든가 '사줘' 라는 식의 전혀 다른 의미로 해석될 수 있다는 대목이다. 말의 액면과 그 말 아래에 내재된 심리가 다른 경우를 말한다. 이 문제를 주목한 이론이 바로 화행speech-act이론이다.

화행이론에 따르면 우리들이 일상에서 하는 모든 말speech은 어떤 행위act를 낳는다. 데이트 도중에 여성이 말한다. "아이 추워!" 그 말을 듣고서 "나도 추워"라고 대답하면 아마 십중팔구 퇴짜를 맞을 것이다. 이 말을 듣는 즉시 자기 옷을 벗어서 여성에게 건네주거나 입혀줘야 한다. 여성이 단순하게 '춥다' 는 말만 했는데도 남성이 알아서 옷을 벗어주는 행위를 했다. 이것이 어떻게 가능한 일일까? 화행이론은 말속에 담겨진 행위에 대한 의도를 남성이 읽었기(혹은 들었기) 때문에 가능한 일이라고 본다. 앞의 인용에서 '비싸다' 라는 옷에 대한 사실적 진술문을 '사줘' 라는 행위 요청문으로 해석해서 읽어내야만 여자친구에게 이쁨을 받는 상황과 동일한 현상이다. 이처럼 모든 말에는 그것이 드러나 있든 숨겨져 있든 어떤 행위를 수반하는 의도와 심리가 내포되어 있다고 보는 것이 화행이론의 시각이다.

그렇다면 말이 수반할 수 있는 행위의 유형에는 어떠한 것이 있을까? 화행이론에서는 크게 단언, 지시, 언약, 표현, 선언의 5가지 유형으로 구분하고 있다. 먼저 단언assertives이란 표현된 명제의 진위에 대한 발화자의 언질로 진술·확신·추정·믿음 등의 행위를 내포한다. 흔히 사실fact의 영역을 담고 있는 것이 바로 단언이다. '비싸다' 라는 말도 일종의 단언인데, 여기에는 '이 옷이 비싸다' 라고 믿거나 확신하거나 추정하는 행위가 수반되기 때문이다. 단언은 사법적인 영역에서 어떤 사람의 행위에 대한 잘잘못을 판단할 때 활용되는 표현이다. '그 사람이 범인임을 확신한다/믿는다/추정한다' 등의 표현이 바로 단언이다.

다음으로 지시directives는 듣는 사람에게 무언가를 행하도록 요구하는 것으로 명령·간청·기원·애원·권유 등이 이에 해당한다. 경우에 따라서는 질문도 하나의 지시다. 앞의 예에서 '비싸다' 라는 단언적인 표현에 '사줘' 라는 지시적인 의도가 숨어있다는 것을 이미 언급한 바 있다. 강의실에서 교사가 "왜 이렇게 복도가 시끄럽지?" 라고 말하면, 학생 중 한 사람이 나서서 창문을 닫고 온다. 교사는 단지 단언적인 말만 했을 뿐인데, 듣는 학생은 이를 지시적인 의도로 해석해서 창문을 닫는 행위를 하는 것이다. 이처럼 지시는 말을 통해 미래의 행위를 수반하는 힘을 갖고 있다. 이를 말의 구성적인constructive 힘이라고 표현한다. 말이 단언처럼 단순하게 현실들을 반영하는 것만이 아니라, 말을 통해 현실 자체가 움직이고 변화되는 결과를 낳기 때문이다.

세 번째 언약commissives은 말하는 사람이 미래의 자신의 행동을 듣는 사람에게 약속하는 것을 말한다. 이는 약속·맹세·탄원·약정·보증·수용·거부·착수·동의 등으로 구성된다. 선거는 발언자인 정치인이 듣는 사람인 유권자에게 자신이 미래에 펼칠 정책에 대해 약속하고 설득시키는 절차다. 언약 역시 지시와 마찬가지로 말이 가진 구성적인 힘과 능력을 잘 보여주는 특징이 있다. 언약은 주로 숙의적인 장르와 연결된다. 어떤 정책이 우리에게 행복을 가져다 줄 것이라고 약속하고 보증한다고 설득하는 과정이 선거의 공약으로 제시되는 것이다.

네 번째로 표현expressives은 발화자의 심리적인 상태를 드러내는 것으로 감사·경축·사과·동정·환영 등이 그것이다. '옷이 비싸다'는 말을 '옷을 갖고 싶다'는 마음을 드러낸 것으로 해석하는 경우가 이에 해당한다. 따라서 표현은 주로 과시적 장르에 많이 나타나는 수행문이라고 볼 수 있다.

마지막으로 선언declaration은 관습적인 일에 변화를 주며, 언어외적 관습에 의존하는 것으로 임명·결혼·해고·사임 등이 포함된다. 선언은 말로 표현한 것을 현실화시키는 힘을 지니고 있다. 예를 들어 "두 사람이 부부가 되었음을 선언합니다"라는 말은 이 말과 동시에 두 사람의 결혼이 효력을 발휘하는 결과를 낳는다. 즉 말이 행위를 발효시키고 행위가 말을 완결시키는 것이다. 따라서 선언은 말과 행위가 동시에 연계되는 마법적인 힘을 발휘한다.

이처럼 화행이론에 의하면 모든 말에는 명시적이든 암시적이든 행위에 대한 요청이나 수행이 내재되어 있다. 명시적으로 행위에 대한 요청이 있는 경우를 언표행위locutionary act라고 한다. 이 경우에는 언어 표면에 행위 수행과 관련한 메시지가 드러나 있기 때문에 듣는 사람으로서도 오해의 소지가 없다. 문제는 위의 '롤러코스터'에서 볼 수 있듯이 말 그 자체에는 이러한 언급을 하지 않은 채 문맥 속에 자신의 마음과 의도를 숨기는 경우이다. 이 같은 경우를 화행이론에서는 비언표행위 illocutionary act라고 한다.

고맥락 사회에서 눈칫밥 먹기

비언표행위와 같이 말에 의도가 드러나 있지 않은 상황에서는 어떻게 상대의 심리를 해석하고 읽어낼 수 있을까? 그것은 우리가 소통하는 가운데 주고받는 말을 모두 액면 그대로text만 해석하는 것이 아니라, 말이 전달된 상황이나 맥락context에 의존하여 해석함으로써 가능하다. 즉 말 자체의 뜻보다 말하는 사람의 의도speaker meaning를 추론하는 능력이 있을 때 가능한 일인 것이다. 비싸다는 여자 친구의 말에도 불구하고 눈빛 가득한 옷에 대한 욕심을 읽은 경우, 우리는 여자친구의 본심을 추론할 수 있다. 말과 배치되는 이러한 비언어적인 혹은 상황적인 요소를 통해 이 말을 그대로 해석하는 것이 옳은지 아니면 숨어 있는 다른 뜻이 있지 않은지 여부를 판단하는 것이다.

　동양사회를 고맥락high context 사회라고 말하는 이유는 서양에 비해 자신의 속내를 감추고 잘 드러내지 않기 때문이다. 상대의 말에는 드러나 있지 않지만 말 아래에 깔려 있는 속내를 잘 읽어내는 것을 보고 우리는 '눈치가 빠르다'고 말한다. 직장이나 조직 생활에서 상사의 속내를 잘 읽어내어 재빠르게 대처하는 직장인들은 이러한 비언표적 의도를 알아채는 눈칫밥의 달인인 셈이다.

　우리의 의사소통은 이처럼 표현된 부분과 표현되지 않은 부분 사이의 역동적인 상호작용 과정의 연속이다. 말 속에 의도를 표현할지 아니면 숨길지 여부에 대한 판단은 듣는 사람과의 관계와 상황 등에 따라 달라진다. 나의 말이 타인에게 일으키는 의도적/비의도적인 결과를 화행이론에서는 언표효과perlocutionary act라고 한다. 여기에는 설득, 당혹시킴, 위협, 지겹게 함, 고무 등이 있다.

예를 들어 천안함 사건 때, 당시 이명박 정부는 지방선거를 코앞에 두고 대국민 담화문을 발표했다. 그 내용 안에는 "국가 안보 앞에서 우리는 하나가 되어야 합니다"라는 지시적인 표현이 들어 있다. 이 말은 표면적으로는 원론적인 메시지이지만, 선거를 앞둔 위기 상황에서 "여당에게 힘을 실어 달라"는 뜻으로 해석될 수 있다. 좋게 말하면 천안함을 계기로 국민을 각성시키는 언표효과를 노린 것이고, 좀 과장해서 말하면 전쟁불사론까지 지피면서 국민을 위협하는 언표효과가 깔린 것이다. 그런데 이 대국민담화는 뜻하지 않은 역풍을 낳았고, 그 결과는 여당의 선거 패배로 이어졌다. 즉 천안함을 빌미로 국민을 '설득' 혹은 '위협'하려 했던 의도가 전혀 다른 언표효과를 낳은 것이다.

이 경우에서 알 수 있듯이 언표행위와 언표효과는 같은 듯하면서도 다르다. 말하는 사람의 언표행위는 듣는 사람의 이해를 구하고 설득하는데 있다. 반면 언표효과는 말하는 사람의 목적과 의도를 넘어서는 결

그림 14 • 말과 행위의 세 차원 : 언어 · 심리 · 관계

과를 낳을 수 있다.(Austin, 1975/1992) 소통이란 일방적인 과정이 아니라 말하는 사람과 듣는 사람 사이의 상호작용이기 때문이다.

정리해보자. 화행이론을 통해 우리는 말이 늘 행위를 수반한다는 점을 알게 되었다. 화행이론에서 말과 행위의 관계는 크게 5가지이다. 단언과 표현은 대개 과거나 현재 시점에서 말하는 사람의 믿음이나 마음을 드러내는 것이다. 따라서 단언이 사법적 영역에서 주로 활용되는 화행이라면, 표현은 주로 과시적 영역에서 사용되는 화행이다. 언약은 현재 시점에서 말하는 사람의 미래에 대한 약속을 기반으로 듣는 사람을 설득하는 것이다. 따라서 언약은 주로 숙의적인 장르에 걸맞은 것으로 이해할 수 있다. 지시는 언약과 마찬가지로 말하는 사람이 현재 시점에서 듣는 사람을 움직이는 힘을 발휘한다. 이것을 말의 구성적인 능력이라고 했다. 선언은 말과 행위가 동시에 효력을 발휘하는 특징을 지닌다.

문제는 이처럼 말에 내재된 행위 수반 유형이 늘 말에 드러나지는 않는다는 점이다. 아리스토텔레스의 수사학은 드러난 말을 통해 설득의 효과를 정리했다는 점에서 언표행위 차원의 이론서이다. 하지만 말 아래에 깔려있는 숨은 의도와 이것이 소통에 미치는 영향에 대한 분석은 말과 심리의 관계가 문제인 셈이다. 말은 하는 사람과 듣는 사람의 상호작용이다. 따라서 말하는 사람이 의도한 결과가 꼭 그대로 나타나리라는 보장이 없다. 이런 관점에서 아리스토텔레스의 수사학은 말하는 사람 중심의 이론서라고 할 수 있다. 현대 수사학이론이 말을 듣는 사람으로서 수용자의 심리와 의도의 문제를 적극적으로 다루는 것도 이같은 고대 수사학의 한계에 대한 반성이자 반작용이라고 할 수 있다. 이제 말과 심리의 문제를 좀 더 깊숙이 들여다보자.

'조하리 창'과 자아의 4가지 유형

사람들은 왜 말로서 자신의 의도를 모두 드러내지 않는 것일까? 말로 표현한 '나'는 과연 온전한 나 자체일까? 아니면 나를 말에 담는 순간 나의 모습은 일그러지는 걸까? 말을 하는 나는 누구란 말인가? '나' 곧 자아를 자기노출과 타인반응의 관계로 설명한 조하리 창Johari Window을 살펴보자.

조하리 창은 자기성찰과정이 진행되는 동안의 자기인지 변화를 나타내는 심리학 모델로 미국심리학자인 Joseph Luft와 Harry Ingham에 의해 개발되었다. 이 모델에 따르면 한 사람의 자아는 주관적 자아와 객관적 자아로 구성되어 있다. 즉 내 안의 '나'와 남이 바라보는 '나'의 끊임 없는 대화 속에서 한 사람의 자아가 구성된다. 예전 광고 중에 광고모델 좌우에 천사와 악마가 등장해서 맛있는 음식을 먹을까(악마의 목소리) 참을까(천사의 목소리) 번민하던 장면을 기억하는 독자가 있을 것이다. 조하리 창에서 설명하는 '나'는 바로 아수라백작과 같은 두 목소리로 이루어졌다고 본다. '나'를 둘러싸고 주관적 자아(악마)와 객

그림 15 • 조하리 창

	자신이 알고 있는 영역	자신이 모르는 영역
타인에게 알려진 영역	열린 자아	눈먼 자아
타인에게 안 알려진 영역	숨겨진 자아	미지의 자아

관적 자아(천사)가 끊임없이 유혹하고 설득하면서 '나'의 실체가 형성되어 간다. 주관적 자아는 충동적이고 남을 의식하지 않기 때문에 제멋대로 하는 경향이 있다. 남의 시선에도 아랑곳하지 않고 자기의 욕구와 의도를 드러내는 '자기개방'이 주관적 자아의 속성이다. 반면 객관적 자아는 남의 시선을 의식하면서 자기 욕구를 억누르고 타인의 요구에 순응하려고 노력한다. 이를 우리는 '사회화'라고 말한다. 부모의 요구에 순응하거나, 선생님의 기대에 맞추려는 것이 객관적 자아의 지향점이다. 이를 위해서는 나를 바라보는 타인의 반응에 유의하고 이러한 피드백을 반영하는 성찰이 중요하다. 결국 나의 자아는 '자기개방'과 타인의 '피드백'에 대한 반응 사이의 줄다리기 속에서 힘의 균형이 이루어지는 한 지점에 위치하고 있다. 나의 자아는 안과 밖의 두 개의 '나'의 관점을 끊임없이 교환함으로서 보다 완전하고 정확한 자신에 대한 지각에 도달하게 되는 것이다.

자기개방과 피드백이 교차하는 지점에 따라 우리의 자아는 네 가지 유형을 갖는다. 자신도 알고 있고 타인에게도 알려져 있는 '열린 자아', 자신은 알고 있지만 타인에게는 알려지지 않은 '숨겨진 자아', 자신은 모르지만 남은 알고 있는 '눈먼 자아', 마지막으로 자신도 모르고 남도 모르는 '미지의 자아'가 그것이다.

조하리 창을 통해 우리는 다음과 같은 수사학적인 함의를 얻는다. '열린 자아'란 말로 표현해서 상대방에게 이미 드러나 있는 '나'이다. '숨겨진 자아'란 말로 표현하지 않고 감추고 있는 내 안의 '나'의 영역이다. '눈먼 자아'란 내가 드러내려고 하지 않았음에도 불구하고 다른 사람들이 이미 알고 있는 '나'이다. '미지의 자아'란 나도 모르고 남도 모르는 내안의 낯선 '나'이다.

이렇게 정리하면 말로써 내가 의식적으로 관리하는 '나'는 '열린 자아'와 '숨겨진 자아' 정도이다. 내가 나를 얼마만큼 드러내고 얼마만큼 숨길지에 대한 판단은 말하는 사람의 몫이자 전략이다. 대개 관계 자체가 목적인 경우에는 나를 많이 열어둔다. 서로 사귀고 있는 연인관계를 생각해보면 이해가 빠를 것이다. 반면 관계 자체가 도구적이고 수단에 불과할 때는 나를 선뜻 열려고 하지 않는다. 대인관계에서 낯선 타인을 만나면 '열린 자아' 영역이 차지하는 비중이 크지 않다. 그러나 교류를 지속하게 되면 서로 간에 정보를 교환할 기회가 많기 때문에 이 영역의 크기가 점차 커지게 된다.

'숨겨진 자아'는 다른 사람에게 나를 드러내지 않는 영역이다. 즉 말로 표현되지 않은 나의 본 모습인 셈이다. 자신을 숨기는 이유는 자신이 노출되었을 때 예상되는 부정적인 결과를 두려워하거나, 자신만의 원칙에 따라 특정한 사항은 공개하려고 하지 않기 때문이다.

'눈먼 자아'는 내가 모르고 있기 때문에 의식적인 관리의 대상이 되지 못한다. 내가 의식하지 못하는 가운데 줄줄 새는 나의 어떤 지점인 것이다. 이는 내가 굳이 말하지 않는데도 불구하고 상대가 내 뜻을 알아채는 경우라 할 수 있다. 대인관계에서 상대방의 피드백에 대해 주의를 기울여야 하는 이유가 바로 '눈먼 자아'의 비중을 줄일 수 있는 유일한 방법이기 때문이다.

'미지의 자아'는 나도 의식하지 못하지만 상대방도 의식하지 못하는 무의식의 영역이라고 할 수 있다. 그러나 이 영역의 나 역시 표현을 한다. 정신분석학에 따르면 무의식의 표현은 꿈의 수사학이 된다. 꿈속에서 우리는 현실에서 억압한 성적 욕망을 은유 혹은 환유의 방식으로 표현한다. 예를 들어 '성기'는 '버섯'으로 치환되고 '어머니'는 '핸드백'으로 전치되어 나타난다.

커뮤니케이션 이론에 의하면 우리가 대화하는 상황에서 주고받는 정보 가운데 6/7이 말 아래에 깔려있는 숨은 정보다.(Boes & Kaseric, 2006) 앞서 '언표 vs 비언표'의 관계에서 언표수준에 자신의 욕구나 의도를 드러내는 경우는 약 15% 남짓인 셈이고, 나머지 85%는 모두 말 아래에 잠재되어 비언표수준에 머물러 있다는 말이다. 자신의 욕구나 심리를 드러낸 '열린 자아'의 입장에서 상대와 대화하는 경우가 불과 1/7에 불과하다는 말과도 같다.

필자가 몇 학기에 걸쳐 학생들을 대상으로 '조하리 창'에 입각한 자아 유형에 대해 자기평가를 한 결과(294쪽 '조하리 창을 활용한 자아평가' 참조), 70~80%의 학생들이 스스로를 '열린 자아'의 비중이 가장 크다고 응답하였다. 이 같은 결과는 자신의 개방성에 대한 스스로의 판단과 실제 자기개방 정도 사이에 상당한 편차가 존재한다는 것을 의미한다. 다시 말하면 우리는 자신의 의도나 심리를 단지 15% 정도만 연상태에서 상대와 커뮤니케이션하고 있음에도 불구하고, 스스로는 자신의 자아를 많이 열고 있고, 타인의 반응에 대해서도 민감하다는 편견에 사로잡혀 있다는 뜻이다. 이러한 편견이 단지 학생들에게만 국한되어 나타나는 현상일까? 필자를 포함한 독자 모두 이러한 체계적인 편견에 사로잡혀 있다고 볼 수 있다. 이처럼 내 안에 '숨겨놓은 나'와 내 안의 '나도 모르는 나'가 다른 누군가와 대화에 나서게 되면, 이해와 소통보다는 오해와 불통을 낳을 가능성이 그만큼 커지게 된다.

자아의 4가지 유형과 의사소통행위이론

우리의 자아 안에는 '조하리의 창'의 네 가지 유형이 모두 다 존재한다. 다만, 사람에 따라 특정 유형의 자아가 차지하는 비중이 더 클 수도 있고 작을 수도 있는데, 이 같은 비중의 차이에 따라 사람의 스타일을 구분할 수 있다. 예를 들어 '열린 자아'가 가장 많은 비중을 차지하는 사람은 '개방형' 스타일이고, '눈먼 자아'가 차지하는 비중이 가장 크면 '자기 선전형' 스타일, '숨겨진 자아'가 가장 크면 '신중형' 스타일이고 '미지의 자아'가 가장 크면 '고립형' 스타일이 된다.

수사학의 입장에서 '개방형'은 인간관계가 원만하고 적절하게 자기 표현을 하며 타인의 피드백에 경청하는 소통형 인간에 가깝다. 이 스타일은 우리가 도달하고자 애쓰고, 또 앞의 설문조사에 따르면 도달했다고 '착각하고' 있지만, 정신분석학이나 커뮤니케이션 이론에 의하면 영원히 도달할 수 없는 이상적 인간형에 속한다.

'자기 선전형' 스타일은 자신의 기분이나 의견을 잘 표현하는 자신감 있고 비교적 솔직한 성격을 특징으로 한다. 하지만 상대방의 반응에

그림 16 • 자아의 비중에 따른 네 가지 인간 스타일

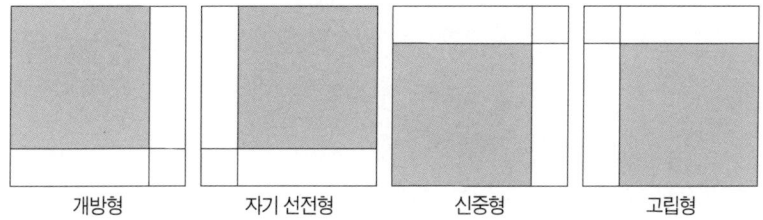

는 비교적 무관심하거나 둔감하고 독단적인 경향이 강하다. 자기를 중심으로 일어나는 문제에 대해 말을 많이 하는 편이고 그것이 자기 자랑에 치우쳐 대인관계에 불균형이 초래될 우려가 있다.

'신중형' 스타일은 타인의 피드백에 대해서는 수용적이지만 자신에 대해서는 함구하는 유형이다. 즉 자기개방 없이 상대 정보만 얻는 경향이 많아 점차 다른 사람들로부터 경계대상이 되기 쉽다. 내면적인 고독감에 가득 찬 오늘날의 현대인이 대개 이 유형에 속한다고 할 수 있다.

'고립형' 스타일은 인간관계에 소극적이고 혼자 있는 것을 즐기는 편이나. 문제를 자기중심적으로 생각하고, 자신은 아무런 불편이나 죄의식이 없지만 상대방에게 부담을 주는 편이다. 자신의 잠재적 능력을 사장하고 다른 사람의 의욕을 좌절시킨다는 점에서 조직사회에서 부적응자의 삶을 살 가능성이 높다.

이 같은 자아에 따른 인간 유형에 좀 더 사회적인 개념을 도입해보자. 하버마스는 앞서 우리가 1장에서 살펴본 플라톤의 '수사학 개념분류도'와 유사한 분류식으로 '의사소통행위이론'을 제시한 바 있다.

하버마스에 따르면 인간의 행위는 크게 의사소통행위와 전략적 행위 두 가지로 구분된다. 의사소통행위란 서로의 관계 자체를 목적시하고 상호이해를 위해 의사소통을 하는 행위이다. 이 같은 의사소통행위를 하는 사람은 아마도 '열린 자아'에 입각한 '개방형 인간'이 될 것이다.

전략적 행위란 경제적, 정치적, 사회적인 목적을 위한 도구로 의사소통이 활용되는 경우이다. 상품판매라는 경제적 이익실현을 목적으로 광고와 마케팅 커뮤니케이션을 하는 경우나 정치적인 권력 획득을 위해 유권자를 설득하여 표심을 모으는 경우가 이에 해당한다. 전략적 행

그림 17 • 하버마스의 의사소통행위와 전략적 행위

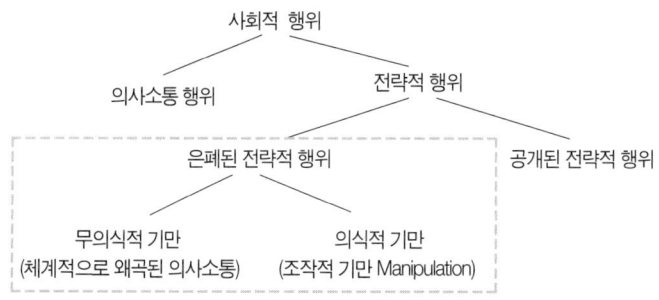

(출처: Habermas, 1988)

위 가운데 공개된 전략적 행위는 목적을 위한 수단으로 커뮤니케이션을 동원한다는 것을 명시적으로 드러내는 경우로 여전히 '공개된 자아'에 입각한 '개방형 인간'에 속한다.

문제는 이 같은 의도를 숨긴 채 전략적 행위를 하는 경우가 될 것이다. 은폐된 조작에 성공하는 경우는 '숨겨진 자아'로 뭉쳐진 '신중형' 스타일에 해당한다. 말을 동원한 '사기'나 '선전'이 여기에 속한다. 반면 의도를 숨겼음에도 불구하고 상대가 이를 알아챘을 경우도 있을 것이다. 이 경우는 '눈먼 자아'의 비중이 높은 '자기선전형'에 속할 것이다. 즉 실패한 사기꾼이나 선전가들이 이에 해당한다고 볼 수 있다.

마지막으로 무의식적 기만이란, 자신도 의식하지 못하는 가운데 누군가를 속이는 유형에 해당하는 것으로 조하리 창에서는 '미지의 자아'가 많은 '고립형'에 속하는 대목이다. 이 영역을 하버마스는 '체계적으로 왜곡된 의사소통행위'라고 부르는데, 이데올로기가 관장하는 영역이라고 할 수 있다. 이처럼 자아에 관한 심리학 이론인 조하리 창

표 8 • 의사소통행위이론과 조하리 창과의 관계

의사소통행위이론			조하리 창	
의사소통 행위			열린 자아	개방형인간
전략적 행위	공개된 전략			
	은폐된 전략	의식적	숨겨진 자아	신중형
			눈먼 자아	자기선전형
		무의식적	미지의 자아	고립형

을 사회학 이론인 의사소통행위이론에 접목시키면 〈표 8〉과 같은 도식이 그려진다. 이 표를 기반으로 조하리 창에서 제시한 자아 스타일에 따라 어떠한 대인 커뮤니케이션 상황이 전개되는지 살펴보자.

1) 개방형 스타일의 대인 관계

먼저 첫 번째 유형으로 의사소통행위의 관점에서 '개방형' 스타일의 대인관계를 생각해보자. 이 유형이 '열린 자아'를 가진 또 다른 사람과 관계를 맺는 경우를 떠올릴 수 있다. 이는 서로간의 이해 지평을 넓혀 나가는 관계다. 여기서 말은 서로의 열린 자아를 확장해나가는 도구이자 매개체가 된다. 상호작용이 거듭될수록 서로에게 개방하는 면적이 커지는 것도 분명한 사실이다. 하버마스의 관점에서 이는 생활세계에서 맺어지는 이해지향적 인간관계의 전형이다. 가족이나 친구, 연인 등과 같이 사적 공간에서 이루어지는 개방적 의사소통이 여기에 속한다.

의사소통을 수단시 하지만, 자신의 목적을 공개하는 공개된 전략적 행위의 경우도 '개방형' 인간 사이의 상호관계에 해당한다. 이는 경제나 정치와 같은 (공적) 체계에서 맺어지는 인간관계의 특징이라고 할 수 있다. 경제체계에서 화폐를 지불하고 그 반대급부로 재화나 서비스와 같은 유·무형의 상품을 구매하는 행위나, 정치체계에서 세금을 지불하고 그 반대급부로 다양한 행정서비스의 수혜를 받는 경우가 이에 해당한다. 나아가 기업에 취직해서 노동을 제공하고 임금을 받거나, 시민들이 투표를 통해 권력을 위임하면 정치권이 정책을 통해 서비스를 제공하는 경우도 모두 이 같은 교환행위의 대표적인 사례들이다.

이처럼 하버마스는 의사소통행위의 차원이든 전략적 행위의 차원이든 '공개된 자아'를 기반으로 하는 대인 커뮤니케이션 자체는 전혀 문제가 되지 않는다고 보았다. 서로간의 의도가 공개된 상황에서 수행되는 전략적 행위들은 공적 영역에서 경제나 정치와 같은 시스템을 구성하는 기본 활동들이기 때문이다. 현대적 관점에서 보면, 과거 소피스트와 같이 영리를 목적으로 법정이나 정치 영역에서 수사적 활동을 도와주는 공개된 전략적 행위 자체는 지극히 정상적인 '영업' 활동인 셈이다.

2) 자기선전형 스타일의 대인 관계

두 번째 유형으로 '자기선전형'을 살펴보자. 1장에서 살펴본 플라톤의 소피스트에 대한 개념분류도를 떠올려보자. 플라톤은 생계를 목적으로 하든, 돈 자체를 목적으로 하든, 영리를 위해 소피스트들의 교육 활동을 하는 자를 '자기선전형' 선생으로 이해했다. 자신의 무지함을 자신만 모르고 있다고 보았던 셈이다. 코락스와 티시아스의 일화도 떠올려 보자. 이 일화는 선생과 제자 사이에 재화를 제공하고 수사학 기술을 서비스 받는 교환관계에 얽힌 에피소드다. 이때 스승은 제대로 된

교육서비스를 제공할 능력이 없었고, 제자는 교육비를 준다고 속이고 교육을 받은 후에는 나 몰라라 했다. '자기선전형' 선생이 자신의 의도를 숨기고 교육을 받은 '신중형' 제자를 만나 벌어진 해프닝인 셈이다.

3) 신중형 스타일의 대인 관계

세번째 유형은 '숨겨진 자아'를 기반으로 하는 '신중형' 스타일이 다른 유형의 사람들과 관계를 맺는 경우이다. 하버마스가 문제시 한, 즉 비판적 담론분석의 대상으로 삼은 관계가 바로 이처럼 자신의 목적을 은폐한 채 수행하는 내화나 설득의 경우이다. 자신을 의식적으로 노출시키지 않는 '신중형'의 사람이 '개방형'을 만나 상대를 의도적으로 이용하려고 할 때 사기와 조작manipulation이 발생한다. 소크라테스나 플라톤이 소피스트의 활동을 "영혼을 홀리는 기술을 가르치는 사기 행위"라고 비판하거나, "거짓말의 기술이며 설득의 술수"라고 수사학을 공격한 대목도 이 유형에 속하는 악덕 소피스트들을 염두에 둔 것이다.

오늘날에는 선전이 이 유형에 속하는 전형적인 경우이다. 나치 하에서 선전활동을 주도했던 괴벨스는 100%의 거짓말보다 99%의 거짓말과 1%의 진실을 말할 때 더욱 설득적이라고 했다. 은폐된 전략적 행위는 선전활동의 핵심 가이드라인인 셈이다. 또한 사람들이 "한 번 거짓말을 들으면 쉽게 믿지 않지만, 반복해서 듣게 되면 결국에는 이를 믿게 된다"고도 했다. 이 또한 선전의 효과를 극대화시키기 위한 전략적 행동지침 가운데 하나이다. 이명박 전 대통령이 "선거 때 무슨 얘기를 못하나 … 표가 나온다면 뭐든 얘기하는 것 아닌가. 세계 어느 나라든지(한겨레, 2008년 11월 18일자)"라고 발언했던 대목도 은폐된 전략적 행동의 속내를 드러낸 발언이라고 할 수 있다.

4) 고립형 스타일의 대인관계

마지막 네 번째 유형은 '미지의 자아'로 이루어진 '고립형' 스타일이 다른 유형(개방/자기선전/신중 등)의 자아를 가진 사람들과 커뮤니케이션 했을 때이다. 무의식의 차원에서 주체가 자신이 하는 일이 무엇인지도 모르고 수행하는 이 차원을 하버마스는 무의식적인 조작이자 왜곡된 의사소통의 전형으로 이해하였다. 국가나 자본의 이데올로기를 무비판적으로 수행하는 현대인들을 이 같은 왜곡의 희생자이자 담지자agent로 본 것이다. 자신의 계급적 기반과 무관하게 정치적 의사표현인 투표를 하는 시민들이나 경제자본의 이해관계를 스스로 나서서 대변하는 임노동자 등이 이에 해당할 것이다. 이렇게 보면, 발화 주체의 자리에 있기는 하지만 '내가 말하는 것이 아니라 구조가 나를 빌어 말을 하는' 형편에 놓인 사람들이 이 관계에 들어간다고 볼 수 있다.

하버마스는 담론분석을 통해 일상생활에서 당연한 것으로 받아들여지는 신념체계, 규범, 가치 및 이데올로기에 관한 배경적 합의들을 명시적으로 논제화하고 비판하였다. 왜곡된 의사소통을 무의식적 차원에서 수행하는 주체들은 비판이 아니라 구제의 대상이다. 그들은 자기가 무슨 짓을 하는지 모르기 때문에 용서와 이해의 대상이지 비판과 제거의 대상은 아니다. 아리스토텔레스가 소피스트들이 활용했던 기술적인 설득수단들을 분석해내고, 생략삼단논법을 통해 상식doxa이 논리와 과학의 외포를 쓰는 과정을 포착했던 것도 바로 이 같은 일상의 무의식적 왜곡과정을 파헤치려는 노력의 일환이었다고 해도 과언이 아니다.

| 실습 | 조하리 창을 활용한 자아 평가

다음 물음에 대해 아래의 기준에 따라 자신의 상태에 맞는 적당한 숫자를 택하시오.

수직축 분할점 (합계 9점 만점)
1) 다른 사람에게 나에 관한 이야기를 잘 하는가?(3점 만점)
   다른 사람에게 나의 모습을 잘 드러내 보이는가?(3점 만점)
   다른 사람에게 나의 속마음을 잘 내보이는가? (3점 만점)

수평축 분할점 (합계 9점 만점)
2) 다른 사람이 나를 어떻게 생각하는지 알려고 노력하는가? (3점 만점)
   다른 사람이 나에 관해서 하는 말에 귀를 기울이는가? (3점 만점)
   다른 사람이 나를 어떻게 평가하는지 잘 알고 있는가? (3점 만점)

위의 두 문항에서 1) 문항의 총점을 수직축(자기개방의 정도)의 해당 점수에 체크하고 2) 문항의 총점을 수평축(피드백을 얻는 정도)의 해당 점수에 체크하여 선을 그으면 4개의 면이 분할된다. 그 가운데 가장 큰 면적을 차지하는 유형이 자신의 유형이다. 295쪽 도표를 활용하여 독자 여러분의 자아와 심리 그리고 관계의 현주소를 성찰해보는 것도 꽤 의미 있는 작업이 될 것이라 기대한다.

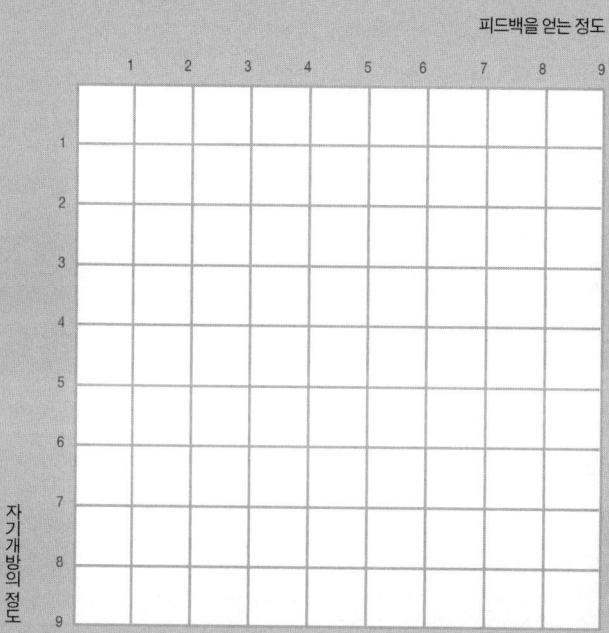

| 에필로그 |
수사학이 꿈꾸는 커뮤니케이션의 이상(理想)

말은 양면의 칼이다. 선하게 쓰면 약이지만, 악하게 사용하면 독이 되어 돌아온다. 아리스토텔레스는 진리와 정의의 관점에서 수사학의 유용성을 받아들이자고 제안한다. 그는 말이 몸보다 더욱 인간을 인간답게 구별해주는 것인데, 몸을 보호하는 것을 당연시 하면서 말로 자신을 보호하려는 노력을 하지 않는 것은 불합리하다고 보았다.

아리스토텔레스는 수사학이 없어도 진리와 정의가 반드시 거짓과 부정의를 이긴다고 보았다. 왜냐하면 참된 것과 올바른 것은 그 자체로서 '자연스러운 힘'이 있기 때문이다. 마찬가지로 양 쪽이 모두 수사학으로 무장한 상태라 해도 진리와 정의가 거짓을 이길 수 있다고 보았다.

문제는 거짓과 부정의가 불순한 의도를 가지고 수사학으로 무장하고 나섰을 때이다. 말의 부당한 사용에 힘입어 거짓과 부정의가 진리와 정의에 맞설 때 수사적 능력을 갖추지 못한 진리와 정의의 방어력은 무너져서 백전백패 할 수밖에 없다. 이 점에서 수사학은 말의 정당한 사용을 통해 참된 것과 올바른 것을 보호하기 위한 무기여야 한다. 아리스토텔레스는 소피스트로부터 수사학을 분리시키면서, 윤리와 정의를 지키려는 필요에 따라 수사학을 사용할 수밖에 없다는 점을 인정했다. 이 때 수사학은 아첨이나 사기를 위한 즉 나쁜 의도를 지닌 기술이 아니라, 가치와 정의를 지키기 위한 수호자 역할을 하는 것이다.

아리스토텔레스의 〈수사학〉은 바로 이러한 관점에서 말에 관한 체계를 이론적으로 정립함은 물론, 말의 윤리적 실천원리를 정립한 최초이자 최고의 저술이다. 말과 의도의 관계를 통해 소피스트와 수사학을 구분하려고 했던 점도 현대 수사학이론에서 흥미로운 논점을 제공할 만큼 모던하고 급진적인 시각이었다. 상식과 가치 그리고 생략 가능한 통념과 지표 등의 개념을 동원하여 오늘날 이데올로기 분석에 활용되는 주요 개념들을 이미 포착했다고 하는 점에서도 대단한 통찰력이라고 하지 않을 수 없다. 이러한 점들을 고려했을 때, 아리스토텔레스의 수사학은 말에 관한 이론서이자 실용 매뉴얼, 나아가 윤리적인 실행교본으로서의 가치와 매력을 여전히 잃지 않고 있다. 21세기 정보의 시대에 고대 그리스 시대의 말의 교본이었던 수사학을 다시 꺼내들어야 할 이유가 바로 여기에 있다.

저는 상대주의 철학이 민주주의의 보편적 가치와 충돌하는 것이 아니라고 생각합니다. 상대주의는 절대적 진리 또는 가치를 부정하고 절대주의를 반대하지만, 보편적 가치나 보편적 원리를 부정하거나 반대하지 않습니다. 절대주의는 다른 가치나 반대를 인정하지 않고 억압하고 배제합니다. 그와는 달리 보편주의 입장은 보편적 원리나 가치를 중요하게 생각하지만, 그렇다고 반드시 다른 가치나 견해를 배척하고 억압하지는 않습니다. 이런 점에서 보편적 가치 또는 원리는 절대주의와 다른 것이라고 생각합니다. 민주주의에서 상대주의 가치는 적극적으로 상대주의 그 자체의 진리성을 강조하는 데 있는 것이라기보다는, 다른 가치와 사상을 '반대는 하더라도 억압하거나 배제하지 않는다.' 라는 소극적 태도에 있습니다. 그리고 이것은 '사상의 자유를 보장하는 근거'가 되기 때문이 민주주의 사상의 기초로서 소중한 원리가 되는 것입니다. 다만, 그럼에도 상대주의가 스스로 절대적 가치를 주장하는 경우가 있습니다. 그것은 민주주의를 파괴하는 행동에 관한 경우입니다. 민주주의 헌법에 관한 보편적인 이론은 민주주의를 부정하는 사상이라 할지라도 사상의 수준에서는 자유를 인정해야 하지만, 그것이 민주주의를 파괴하는 행동으로 발전할 때에는 이를 용납할 수 없는 것이라는 입장에 있는 것 같습니다. 우리가 상대주의의 한계, 관용의 한계라고 말하는 것이 바로 이것입니다.

위의 글이 주인공이 누구인지 추측할 수 있겠는가? 이 글을 요약하면 상대주의가 민주적으로 작동하면 보편주의에 도달하지만, 상대주의의 가치를 부정하면 절대주의가 도래하며 이는 민주주의의 파괴라고 경고한 것이다. 이 글의 핵심적인 생각을 들여다보면 마치 프로타고라스가 써내려간 듯한 메시지들로 가득 차 있다. 이 글의 주인공은 바로 고 노무현 대통령이다. 이 글은 노 전 대통령이 퇴임 후인 2009년 3월 13일에 자신이 구축한 웹사이트knowhow.or.kr에 올린 '상대주의와 보편적 가치' 가운데 한 구절이다.

참여정부의 국정 모토는 '원칙과 상식'이었다. '상식이 통하는 상대주의 사회'가 프로타고라스가 꿈꿨던 이상이었다면, 참여정부가 지향했던 정치적인 이상 역시 이와 다를 바 없었다고 본다. 비록 집권기간 내내 '입이 가벼운' 대통령으로 시중의 조롱과 비난을 한 몸에 받았지만, 친근하고 대중적인 언어를 동원하여 격정적으로 연설했던 노무현 전 대통령이야 말로 정치를 상식의 영역으로 복귀시키려고 노력했던 연설가이자 사상가였다. 정치적인 이념 차이를 떠나 절대주의에 맞서는 상대주의 원리를 통해 민주주의적 가치를 지키고자 애썼던 그의 노력만큼은 재평가되어야 할 것이라고 본다.

상대주의니 관용이니 하는 말이 '동의하지 않지만, 반대하지만, 미워하지만, 그러나 그것을 그의 권리로 인정하고, 인내한다. 나도 상대와 논리를 비판하고 공격할 수 있지만, 민주적으로 합의된 규칙에서 허용된 방법을 넘어서는 반칙을 하거나, 상대를 억압하거나 배제하려고 해서는 안 된다' 이런 원리를 이야기한 것에 불과합니다. (노무현, '상대주의와 보편적 가치' 중에서)

절대주의에 맞선 상대주의 노선은 '반대' 나 '미움' 이라는 인간적인 감정을 넘어서는 지향점을 지니고 있다. 다르다는 것을 틀리다고 생각하는 절대주의에 내재된 폭력적인 힘에 상대주의의 원칙만으로 맞서기에는 사실 무기력한 측면이 있다. 노 전 대통령의 자살은 반칙을 하거나 상대를 억압하거나 배제하려는 절대주의적 발상에 맞서 말과 글로도 저항을 다하지 못했을 때, 우리 시대 소피스트가 선택할 수 있었던 마지막 카드였을지 모르겠다.

노 전 대통령의 비극적인 죽음 이후, 우리 사회는 말 대신 물리력이, 설득 대신 권위가 지배하는 사회로 퇴행하는 듯하다. 비록 실패한 미완의 개혁일지라도 노 전 대통령이 펼치고자 했던 상식과 상대주의의 민주 실험이 이 땅에 남긴 흔적의 가치는 높게 평가받아 마땅하다. 말로 인해 늘 구설수에 오르면서도 소통과 설득의 힘을 믿었던 정치인, 나아가 말에 행동을 맞추려고 끝없이 노력했기 때문에 말을 보면 다음 행동이 예측되었고, 말에 내면을 투명하게 담으려고 애썼던 사상가로서의 노 전 대통령은 우리 시대의 소피스트이자 한국판 '프로타고라스'였다.

　이제 우리 사회도 소피스트를 넘어 소통의 원리와 윤리를 정착시킬 제2의 '아리스토텔레스'의 재림을 기대할 시점이 되었다. 그 역할을 누가 맡든 윤리와 정의의 관점에서 말의 힘을 구현하고 잃어버린 소통을 되찾을 때, 바로 아리스토텔레스가 수사학을 통해 꿈꿨던 설득 커뮤니케이션의 이상이 비로소 이 땅에 구현될 것이다. 수사학의 원리를 다룬 이 책이 이러한 커뮤니케이션의 이상향이 도래하는 데에 자그마한 보탬이라도 될 수 있기를 바란다.

| 참고문헌 |

강태완·김태용·이상철·허경호(2001). 토론의 방법. 커뮤니케이션 북스.
권용선(2003). 이성은 신화다, 계몽의 변증법. 그린비
김용규(2007). 설득의 논리학:말과 글을 단련하는 10가지 논리도구. 웅진지식하우스
김재홍(1999). 아리스토텔레스의 변증술과 소피스트적 논박. 한길사.
김헌(2008). 위대한 연설. 인물과 사상사.
김혜숙(2003). 파토스. 한국수사학회 월례 발표회 자료. 한국수사학회 홈페이지 자료실.
박규철(2009). 소크라테스와 소피스트. 동과 서
박성창(2000). 수사학. 문학과 지성사.
양태종(2000). 수사학이야기. 동아대출판부.
양태종(2009). 수사학이 있다:수사학의 이해. 유로
이상수(2007). 한비자, 권력의 기술. 웅진지식하우스
차배근(1999). 매스 커뮤니케이션 효과이론 제2판. 나남출판사.
탁석산(2001). 오류를 알면 논리가 보인다. 책세상.
탁석산(2006). 토론은 기싸움이다. 김영사.
하병학(2000). 토론과 설득을 위한 우리들의 논리. 철학과 현실사.
Adam, Jean-Michel & Marc Bonhomme/장인봉 역(1997/2001). 광고논증:찬사와 설득의 수사학. 고려대 출판부
Amossy, R. (2000/2003). L'argumentation dnas le discours. 담화속의 논증:정치담화, 사상문학, 허구. 동문선.
Aristoteles/Krapinger, Gernot(1999), Aristoteles Rhetorik, Reclam: Ditzingen
Aristotels/Freese, J. Henry(1975). The Art of Rhetoric. Havard University Press: Massachusetts
Aristotle/김재홍 역(1998). 변론론. 까치
Aristotle/이종오 역(2007). 아리스토텔레스 수사학 Ⅰ, Ⅱ, Ⅲ. 리젬
Aristotle/이창우·김재홍·강상진 역(2006), 니코마코스의 윤리학. 이제이북스.
Aristotle/홍원표 편저(2006), 니코마코스의 윤리학. 타임기획.
Aristotle/김재홍 역(1999). 소피스트적 논박. 한길사.
Aristotle/김진성 역(2005). 범주론·명제론. 이제이북스.
Austin, J. L./김영진 역(1975/1992). 말과 행위. 서광사.
Arthur Conan Doyle/백영미 역(2002). 셜록 홈즈 전집 5: 셜록 홈즈의 모험. 황금가지.
Barthes, Roland/김현 편역(1985). 수사학. 문학과 지성사.

Benoit, W. L. (1997). Image repair discourse and crisis communication. Public Relations Review, 23(2), 177-186.
Boes, Stefanie Grosse & Tanja Kaseric(2006), Trainer-Kit. Die wichtigsten Traininigs-Theorien, ihre Anwendung im Seminar und Uebungen fuer den Praxistransfer. Bonn: Managerseminare Verlags
Bourdieu, Pierre/정일준 편역(1995). 상징폭력과 문화재생산. 새물결.
Bourdieu, Pierre/최종철 역(1996). 구별짓기:문화와 취향의 사회학 상·하. 새물결.
Brton, Philippe & Gilles Gauthier/장혜영역(2000/2006). 논증의 역사. 커뮤니케이션북스.
Chris Widener/류지연 옮김(2008). 영향력:다른 사람 마음에 나를 심는 기술. 리더스북
Cicero, Marcus Tullius/양태종 역(1995/2004). 화술의 법칙. 유로
Cicero, Marcus Tullius/안재원 역(2006). 수사학. 말하기의 규칙과 체계. 도서출판 길.
Crosswhite, J./오형엽 역(1996/2001). 이성의 수사학. 글쓰기와 논증의 매력. 고려대 출판부.
Eemeren, F. H. van. & L. Erlbaum(1996). Fundamentals of argumentation theory. A Handbook of historical backgrounds and contemporary developments. New York: Erlbaum
Harvard Buiness School/최지아 역(2005/2008). 리더에게 필요한 권력, 영향력, 설득력. 웅진윙스
Fiske, J./강태완·김선남 역(1990/2001). 커뮤니케이션이란 무엇인가. 커뮤니케이션 북스.
Goffman, Erving(1974). Frame analysis: An essay on the organization of experience. London: Harper and Row.
Habermas, Juergen(1988). Theorie des kommunikativen Handelns. Bd. 1 & 2. Frankfurt: Suhrkamp Verlag.
Hart, Roderick(1997). Modern Rhetorical Criticism (2nd. ed.). Boston, MA: Allyn and Bacon.
Heinrich, Jay/하윤숙(2008). 유쾌한 설득학. 세계사.
Hermandez, Jose & Maria Garcia/강필운 역(2001). 수사학의 역사. 문학과 지성사
HR Institute/이봉노 역(2005). 전략적 의사결정을 위한 문제해결 툴킷. 새로운 제안.
Kerferd, G. B/김남두 역(1981/2003). 소피스트운동. 아카넷.
Lakoff, George/유나영 역(2004/2006). 코끼리는 생각하지마. 삼인.
Milgram, Stanley/정태연 역(1974/2009). 권위에 대한 복종. 에코라이브
Patkanis, Anthony & Elliot Aronson/윤선길·정기현·최환진·문철수 역(2005). 프로파간

다 시대의 설득전략. 커뮤니케이션북스.

Perelman, Ch. & L. Olbrechts-Tyteca(1958/1971). The New Rhetoric. A Treatise on Argumentation. trans by Wilkinson, John & Purcell Weaver. University of Notre Dame Press. London.

Plantin, Christian/장인봉 역(2003). 논증연구: 논증발언 연구의 언어학적 입문. 고려대 출판부

Plato/김태경(2001). 소피스테스. 한길사.

Plutchik, Robert/박권생 역(2003/2004). 정서심리학. 학지사.

Pressfield, Steven./류가미 역(2002/2006). 최고의 나를 꺼내라. 묵북서.

Reboul, O./홍재성·권오룡 역(1980/1994). 언어와 이데올로기. 역사비평사.

Reboul, O./박인철 역(1989/1999). 수사학. 한길사

Rifkin, Jeremy/ 이원기 역(2004/2005). 유러피언 드림. 민음사.

Searle, J. R./이건원 역(1969/1991). 언화행위. 한신문화사.

Toulmin, Stephen/고현범·임건태 역(1957/2006). 논변의 사용. 고려대출판부

Trapp & J. Schuetz (eds.). Perspectives on Argumentation. Essays in honor of Wayne Brockriede. Prospective Heights, IL: Waveland Press.

Ueding, Gert/박성철 역(1996). 고전수사학. 동문선

Weston, Anthony/이보경 역(2000/2004). 논증의 기술. 필맥

Williamson, Judith/박정순 역(1978/1998). 광고의 기호학: 광고읽기, 그 의미와 이데올로기. 나남출판.